授業への反応を通して捉える
英語学習者の動機づけ

磯田 貴道

渓水社

まえがき

　本書は，2007 年 6 月に早稲田大学大学院教育学研究科へ提出した博士論文に基づいて，若干の加筆と修正を行ったものである。データの多くは学会誌等で発表したものであるが，ひとつにまとめることで，一編の論文では表せなかったことを表現することができたと思う。もっとも，動機づけを高めることは，多様な人間相手の仕事ゆえ答え一つで割り切れるものではない。そのため，どうすれば動機づけを高められるかという問いに対して完全な答えを提供できるわけではないが，本書が何かしらのヒントになれば幸いである。

　博士論文の執筆，ならびに本書の刊行は，私一人の力でできるものではなく，多くの方々からの御指導と励ましで可能になった。仕事をしながらの執筆であったため思うように時間が取れず，ねこの手まで借りたという表現がぴったりなほど，多くの方の支えによりなんとか完成にこぎつけた。直接的にも間接的にも励ましやご支援くださった方々に心よりお礼申し上げる。

　ここに記して謝意を表すべき方は多数おられるが，敢えて数名に限らせていただいて以下に記したい。博士論文の執筆と審査では早稲田大学の先生方に大変お世話になった。指導教授である松坂ヒロシ先生には，学位取得まで多大なご苦労をおかけすることになったにもかかわらず，いつも温かく御指導していただいた。まとまった時間が取れなかったため執筆が進まず，また書いたものは考察が十分でないところが多かったため，途中で諦めようと思ったこともあったが，先生の御指導と激励のおかげで執筆を継続でき，貧弱だった論文を鍛えることができた。また，審査の労を執っていただいた，中野美知子先生，原田哲男先生，麻柄啓一先生にもお礼申し上げたい。第一線で活躍される先生方に審査していただいたことは幸運であった。

　ひとつ残念なのは，完成した博士論文を田辺洋二先生にお見せすること

ができなかったことである。田辺先生には早稲田大学を定年退職されるまで御指導いただいた。論文が完成したら審査をお願いするつもりであったが，2004年12月に急逝された。英語教育の研究室にいながら心理学の文献ばかり読み，研究がまとまらずにいる私を注意するのではなく，逆にどんどんやりなさいと励ましてくれた。裾野を広げなさいというアドバイスであった。今の研究の形ができたのは，目先の研究成果を求めずに長い目で御指導いただいたことが大きい。

　先生方の御指導のおかげで，これまでの研究をまとめることができたわけだが，果たして御指導いただいたことが生かされているかどうか，自信はない。至らぬところも多々あろう。それはひとえに私の力不足によるものである。至らぬところは次の課題とし，研究を発展させ，よりよい授業実践を行うことで学恩に報いたい。

　最後に，本書の出版をお引き受けいただき，刊行にご尽力いただいた溪水社の木村逸司氏にお礼申し上げたい。

2008年8月

磯田　貴道

目次

まえがき·· i

第一部
研究の目的と理論的背景

第1章 序論·· 3
1.1 本研究の目的······································ 3
1.2 本研究の背景と視点································ 3
   1.2.1 動機づけ研究への期待　3
   1.2.2 教師と研究のギャップ　5
   1.2.3 「授業への反応」から見る理由　6
   1.2.4 動機づけを研究するとは　8
   1.2.5 分析の単位：階層という視点　11
   1.2.6 特性と状態の水準の区別　13
   1.2.7 本研究における分析の視点　15
1.3 各章の概要······································ 17

第2章 理論的背景―認知的評価と動機づけ―·············· 21
2.1 本章の目的······································ 21
2.2 第二言語学習における動機づけ研究·················· 21
   2.2.1 1990年代以前：社会心理学的研究　21
   2.2.2 1990年代以降：動機づけを捉える視点の拡大　36
   2.2.3 特定状況下での研究の起こり　41
   2.2.4 特定状況下での研究に共通する枠組　42
   2.2.5 研究例　46
   2.2.6 先行研究の限界　50
2.3 本研究での枠組·································· 52
2.4 他分野との接点·································· 61

2.4.1 Learner Beliefs 研究とのつながり　62
2.4.2 学習方略・メタ認知研究とのつながり　66
2.4.3 感情の研究とのつながり　77
2.4.4 不安・WTC 研究とのつながり　80
2.4.5 共通のプラットフォームとしての認知的評価　85

第3章　授業と動機づけの関係についての先行研究　87
3.1 本章の目的　87
3.2 授業に対する認知の影響　87
3.3 異なる教授条件間の比較　93
3.4 動機づけの経時的変化を追った分析　107
3.5 研究を概観した考察　111

第二部
認知的評価を中心とした動機づけプロセスの検証

第4章　動機づけのプロセスの検証　121
4.1 本章の目的　121
4.2 研究1：パス解析による検証　121
 4.2.1 対象者と学習課題　121
 4.2.2 データ収集　122
 4.2.3 分析方法　123
 4.2.4 結果　126
 4.2.5 考察　132

第5章　認知的評価の検証　135
5.1 本章の目的　135
5.2 クラスター分析の利用　135
5.3 研究2：認知的評価の検証（1）　137
 5.3.1 分析方法と結果　137
 5.3.2 考察　140
5.4 研究3：認知的評価の検証（2）　140
 5.4.1 対象者，学習課題，およびデータ収集　141
 5.4.2 分析方法　141

  5.4.3 　結果　142
  5.4.4 　考察　146
 5.5 　総合考察・・　149

第6章 　学習方略使用に影響する要因・・・・・・・・・・・・・・・・・・・・　151
 6.1 　本章の目的・・・・・・・・・・・・・・・・・・・・・・・・・・・・・・・・・・・・・・・　151
 6.2 　研究4：方略の使用頻度と有効性の認知の関係・・・・・・・・・・　153
  6.2.1 　目的　153
  6.2.2 　対象者と授業　153
  6.2.3 　明示的な文法学習の役割　153
  6.2.4 　質問紙の作成　156
  6.2.5 　質問紙の実施　157
  6.2.6 　分析方法　157
  6.2.7 　結果　158
  6.2.8 　考察　159
 6.3 　研究5：方略を使用しない理由・・・・・・・・・・・・・・・・・・・・・・・　160
  6.3.1 　目的　160
  6.3.2 　データ収集　160
  6.3.3 　自由記述の分類方法と結果　162
  6.3.4 　考察　163
 6.4 　総合考察・・・　169

第三部
授業が学習者の動機づけに与える影響

第7章 　授業の何に反応するのか・・・・・・・・・・・・・・・・・・・・・・・・・　173
 7.1 　本章の目的・・・・・・・・・・・・・・・・・・・・・・・・・・・・・・・・・・・・・・　173
 7.2 　研究6：認知的評価に影響する授業の側面・・・・・・・・・・・・・　174
  7.2.1 　目的　174
  7.2.2 　対象者　175
  7.2.3 　データ収集　175
  7.2.4 　分析方法　175
  7.2.5 　結果　175
  7.2.6 　考察　178

第8章 特性の変化—学習活動に対する認識— ... 187
8.1 本章の目的 ... 187
8.2 変化を捉える分析方法 ... 188
8.3 研究7：文章構成の重要性の認識の変化 ... 189
8.3.1 目的　189
8.3.2 対象者と授業の概要　190
8.3.3 データ収集　191
8.3.4 分析方法　191
8.3.5 結果　192
8.3.6 考察　200
8.4 研究8：音読についての認識の変化 ... 203
8.4.1 目的　203
8.4.2 対象者と授業の概要　203
8.4.3 データ収集　203
8.4.4 分析方法　204
8.4.5 結果　204
8.4.6 考察　213
8.5 総合考察 ... 214

第9章 特性の変化—英語でのスピーキングに対する抵抗感— ... 217
9.1 研究の目的 ... 217
9.2 スピーキングの抵抗感を軽減させることの必要性 ... 217
9.3 研究9：スピーキングに対する抵抗感の軽減（1） ... 219
9.3.1 研究の目的　219
9.3.2 対象者　219
9.3.3 授業方法　220
9.3.4 データ収集　224
9.3.5 分析方法　226
9.3.6 結果　226
9.3.7 考察　230
9.4 研究10：スピーキングに対する抵抗感の軽減（2） ... 231
9.4.1 目的　232
9.4.2 対象者　232
9.4.3 授業方法　233
9.4.4 データ収集　234

9.4.5　分析方法　235
　　9.4.6　結果　235
　　9.4.7　考察　239
　9.5　総合考察 ･･ 240

第四部
総合考察

第10章　本研究のまとめ ････････････････････････････････ 247
　10.1　認知的評価を想定し分析することについて ････････････ 247
　10.2　状態(state)と特性(trait)を区別することについて ･･････ 251
　10.3　状態としての動機づけを高めることについて ･･････････ 253
　10.4　特性の変化について ････････････････････････････････ 256
　10.5　今後へ向けて ･･････････････････････････････････････ 259

資料編

付章　同一タスクにおける学習行動の個人差 ･･････････････ 265
　1. 本章の目的 ･･ 265
　2. 研究 ･･ 267
　　2.1　対象者と授業　267
　　2.2　データ収集方法　268
　　2.3　分析方法　270
　　2.4　結果　271
　　　2.4.1　1回目の結果　271
　　　2.4.2　2回目の結果　279
　　　2.4.3　1回目から2回目への変化　284
　　2.5　考察　293

引用文献 ･･ 297

資料 …………………………………………………………… 318
　資料1　音読についての認識尺度　318
　資料2　音読時の動機づけ尺度　319
　資料3　文法の練習問題における動機づけ尺度　322
　資料4　文法学習方略　324
　資料5　文章構成の重要性尺度　326
　資料6　パラグラフ学習課題に対する認知的評価尺度　327

授業への反応を通して捉える

英語学習者の動機づけ

第一部

研究の目的と理論的背景

第1章 序論

1.1 本研究の目的

　本研究は，英語学習者の動機づけ[1]を学習者の「授業への反応」を通して捉え，動機づけを高める方策について考えるための基盤を作ることを目的としたものである。この目的のために，学習者の「授業への反応」という視点を動機づけ研究に位置づけて，その反応を捉えるための研究の枠組を作り，データに基づいて英語学習者の動機づけを分析する。その中で，1) 授業への反応を中心とした動機づけプロセスの検証，2) 反応は授業のどの側面に対してなされているか，3) 学習者の特性の変化，といった3点について分析を行う。

1.2 本研究の背景と視点

1.2.1 動機づけ研究への期待
　英語学習が成功する条件の一つとして，学習意欲の重要性は誰もが認めるところであろう。たとえ適性に恵まれていても，実際に勉強をしなければ何の学習も起こらない。そのため，学習意欲は学習が起こる必要条件のひとつと言える。しかし，学校のカリキュラムの中で英語の授業を受ける者すべてが意欲的であるというわけではなく，授業を行う教師にとっては，受け持ちの学習者の学習意欲をどうすれば引き出すことができるかと頭を悩ませるところである。そのような問いに対する答えを，英語教育研究は出せるようにしなければならない。
　学習意欲，あるいは単に意欲ややる気ということばが使われることもあるが，それらは研究上の概念ではないため，明確に定義されたものではな

---
[1] 1.2.4 で述べるように，動機づけという用語が学習意欲という用語と同一として用いられることが一般的になっているため，本研究ではこの2つの用語を区別して用いることはしない。

い（下山, 1985）。学習意欲ということばは，一般的には積極的に学習することや，進んで学習する態度などといった意味で用いられるだろう。学習意欲とは，「意」と「欲」という漢字が使われるように，新井(1997)は一般的な定義として,「学習行動を行う際に必要となる意志や欲求」であると述べている。英語教育における学習意欲の研究では，三浦(1983)が学習意欲の定義として辰野(1980)を引用している。辰野(1980)は，まず意欲という語の国語辞典などによる定義を心理学的にまとめ，意欲とは「あることをしようとする動機（欲求）がいくつかある時にその中の一つを選択し,その動機（欲求）の目指す目標を実現しようとする意志の働き」としている。そしてこれを学習に適用し，学習意欲とは「学習動機を選択し，それを実現しようとする心の働き」としている。つまり学習しようという動機（欲求）を持ち，かつそれを実行しようとする気持ち（意志）を持っていることと考えられる。

　このように，学習意欲とは学習者をある一つの方向，つまり学習するという方向へ向けて突き動かす「心的エネルギー」（桜井, 1997, 1998）と言えよう。授業における学習を考えてみると，何らかの学習活動を行う際に，学習者はそれに取り組んで学習したいか，あるいは取り組まずに別のことをしたいか，といった異なる方向性の動機（欲求）があり，その時に学習するという動機を選び，実際にそれに取り組むということである。仮に，学習活動に取り組んではいるがいやいや取り組んでいるような場合，それは学ぶという欲求が低く，学習意欲とは言えないだろう。

　このような学習者の意志や欲求は,教育研究では心理学の概念である「動機づけ」として研究されてきた。第二言語の学習に関する分野でも学習者の情意要因として動機づけが研究され，その研究の歴史は長く，これまで数多くの研究がなされてきており，研究の蓄積がある。そのため，教師は学習意欲を高める方策についての答えを動機づけの研究に求めるわけだが,しかし動機づけ研究が教師の悩みに対して十分な答えを与えてきたとは言い難く，長年の研究の蓄積があるにもかかわらず，研究の知見が教育実践にあまり応用されていないように感じられる。その原因のひとつは，教師が研究に求めるものと，研究が目指すものにギャップがあることが考えら

れる。

1.2.2 教師と研究のギャップ

　動機づけという概念については 1.2.4 でも述べるが，心理学の動機づけの研究は，人間の行動の背景を解明し記述することが目的である。人はなぜそのような行動をとるのかという問いが前提にあり，その行動に至った背景にある要因や過程などを解き明かすことが研究の目的である。また，第二言語学習における動機づけの研究では，長らく習熟度の個人差を生み出す要因として動機づけが研究されてきた。そこでは学習の目的の違いや，目標言語集団に対する態度などの要因が取り上げられ，習熟度との関係の強さが分析された。このように，動機づけの研究では，行動（そしてその結果としての学習成果や習熟度）に影響する要因を見出すことが目的となる。要因を解明し記述することにより，いわば行動を「理解」することが目的であると言える。

　一方，教師が知りたいのは，いかに学習者の学習意欲を高めるかということである。なかなか意欲を見せない学習者に対し，授業改善などを通して積極的な学習行動を引き出したいが，そのためにはどうすればよいかということが疑問の中心にある。これは，動機づけ研究の目的が行動の「理解」にあるとすれば，意欲を高めるというのは行動を「変容」させることにあると言える。行動を変容させるためには，行動の背景を理解することはもちろん必要であろうが，理解するだけでは変容のための具体的な方策についての答えは出ない。理解をした上で，さらに変容の仕方についての検討も必要である。

　また，行動を理解することを目的とした研究の枠組が，行動の変容にすぐに応用できるとは限らない。例えば，第二言語学習における動機づけ研究の多くで，習熟度と学習目的(orientation)の関係が分析対象とされてきた。これは，第二言語学習の全体を包括した，抽象的な水準での分析である。仮に何らかの学習目的と習熟度に関係があるという結果が見出されたとすると，それは行動（そしてその結果である学習成果や習熟度）の背景にある要因が浮かび上がったことを意味し，行動の理解が目的である動機づけ研究

としては成功である。一方，教師は授業の中で学習意欲を高めようとするが，それは学習全体という大きな水準ではなく，具体的な授業場面ひとつひとつの水準である。そのような中では，学習理由も影響する要因のひとつであろうが，より状況に密接に関係する要因，例えば学習内容への興味や教師の好き嫌いなどがクローズアップされるだろう。したがって，学習の目的の違いが習熟度に影響しているという研究上の知見のみでは，意欲を高めるためにはどうしたらよいかという教師の疑問に答えることが難しいと思われる。このように，研究と教師の間に，現象を捉える視点の不一致があると，研究の上で重要視される要因が授業場面でも重要視するに値するかどうか疑問である。

したがって，第二言語学習における動機づけ研究が，教師に期待されるように学習意欲を高めることに資することを目的にするならば，研究結果の応用可能性を視野に入れて，教師の視点を研究に取り入れる必要がある。本研究ではその試みのひとつとして，学習者の「授業への反応」から英語学習者の動機づけを考える。

1.2.3 「授業への反応」から見る理由

教師が学習者の意欲について語るとき，学習者の何を意欲と呼んでいるだろうか。あるいは，何をもって学習者に意欲がある・ないといった判断をしているだろうか。また，意欲を高めるとは学習者の何を高めることであろうか。

人それぞれに意欲の見方があろうが，教師の大半は，学習者と授業との関わりの中で意欲を捉えていると考えられる。教師は授業中の学習者の様子を見て，積極的に学習に取り組んでいる様子であれば意欲的，そうでなければ意欲的でないと判断するであろう。

また，意欲的でない学習者がいる場合，教師は何とかして意欲を引き出したい。そのような時教師は，学習者が少しでも授業に対して魅力を感じられるように，授業の工夫をするだろう。例えば，学習者が興味のある話題を授業で取り上げたり，ゲームを取り入れて雰囲気を変えたりするなど，授業方法を工夫することで学習者の意欲を高めようとする。

このような教師の授業改善の裏には，授業を工夫することによって，学習者の授業に対する反応を良くし，その結果積極的な学習行動を引き出したいという考えがあると言える。したがって，教師が考える学習意欲は，学習者の内的要因だけを指しているのではなく，学習者と授業との相互作用として起こる，動的な現象として学習意欲を捉えていると言えるのではないだろうか。

　このように，学習者と授業との相互作用の結果として学習意欲を捉える場合，学習者の授業への反応は，学習者の内面と授業との接点であり，学習意欲を引き出すことを考える上で重要な側面であると考えられる。意欲を高めるための研究は教師の視点を取り入れる必要があるということを先に述べたが，本研究ではこの学習者の「授業への反応」の重要性に鑑み，学習者の動機づけを授業への反応という視点から捉えることとする。

　「授業への反応」から動機づけを考えることは，言い換えると，英語学習全般を分析の対象として動機づけを研究するのではなく，実際の授業場面での動機づけを研究することと言える。このような，実際の場面で動機づけを研究するという視点は，第二言語学習における動機づけ研究において，1990年代以降に起こった動きのひとつでもある。ただし，まだ研究の数が少なく，また学習者の反応を充分に捉えることができていないため，さらなる研究が必要とされるところである。

　授業への反応という視点は，動機づけを捉えるための唯一の視点ではない。他にも様々な捉え方が可能である。本研究は，動機づけ研究の知見が教育実践に生かされることを念頭に，教師が学習者の意欲について考えるときの視点である学習者の「授業への反応」を研究の枠組に取り入れる。このように動機づけを捉える視点を明確化するのは，動機づけという概念が複合的であり，様々な角度からアプローチが可能であるため，視点を特定しなければ何を捉えているのかあいまいになるからである。以下では動機づけという概念はどのようなものであるか考察し，本研究がどのような視点から行われるのか述べたい。

1.2.4 動機づけを研究するとは

1.2.1 で述べたように,学習意欲ややる気といったことばは研究上の用語ではない。学習意欲についての研究は,心理学の概念である動機づけがそれにあたると考えられるが,厳密には次で述べるように,動機づけと学習意欲は同じ概念とは言えない。動機づけ研究が研究対象としている動機づけとは非常に大きな概念であり,学習意欲はその動機づけの一部分に包含されるものである。したがって,動機づけ研究を教育実践に応用する際には,どのような概念が動機づけと呼ばれているのか,その捉え方を充分に精査し,果たして実践に応用できるものかどうか判断することが必要となろう。

そこで,まず動機づけという概念についてのいくつかの定義を引用し,それらの共通点から,動機づけという概念は何を指しているのか,また,動機づけ研究は何を目的としているのか考えたい。表 1-1 は,心理学の事典や,動機づけ研究をまとめた論文や書籍から,動機づけという概念についての定義を引用したものである。

表 1-1 動機づけの定義

出 展	定 義
金城 (1981)	行動を一定の方向に向けて発動させ推進し持続させる過程,ないしはそれにかかわる機能の全般をおおまかに示す用語。あるいは目標指向的行動を規定する要因ないし諸要因間の相互作用の全体をさす。(p. 621)
赤井 (1999)	行動の理由を考える際に用いられる大概念であり,行動を一定の方向に向けて生起させ,持続させる過程や機能の全般を指す。(p.622)
Heckhausen (1991)	The term "motivation" in psychology is a global concept for a variety of processes and effects whose common core is the realization that an organism selects a particular behavior because of expected consequences, and then implements it with some measure of energy, along a particular path. The observed goal-directedness of the behavior, the inception and completion of a coherent behavioral unit, its resumption after an interruption, the transition to a new behavioral sequence, the conflict between various behavioral goals and its resolution, all of these represent issues in motivation. (p. 9)

| Graham and Weiner (1996) | Motivation is the study of why people think and behave as they do. (p.63) |
| Pintrich and Schunk (2002) | Motivation is the process whereby goal-directed activity is instigated and sustained. (p.5) |

　これらの定義の共通点から動機づけということばが何を指しているのか考えると，次の2つのことが分かる。

1）動機づけ研究は行動のプロセスを知ることである

　まず，動機づけとは行動の生起・維持・終了の「プロセス」であるという点が重要であり，動機づけの研究は「なぜそのような行動をとったのか」ということを知ることにあることが分かる。つまり動機づけ研究は，行動の背景には何があるのか知ることが目的であると言える。プロセスという見方をすると，それは静的なものではなく，動的であることを意味している。したがって，何らかの心理的要因ひとつをもって動機づけ全てを説明できるものではなく，様々な要因が関係しており，さらにそれらの要因がお互いに影響しあって心的過程を生み出していると考えられる。

　動機づけとはプロセスであるならば，それを研究する上では，プロセスをどのような段階に分けるのか，プロセスのどのような側面に焦点を当てるか，プロセスに影響する要因はどのようなものがあるか，といった点を明確にすることが求められるだろう。

2）行動全てが研究対象となる

　表1-1に引用した定義の中で，行動とはどのような行動を指すのか明確にされていない。これは，動機づけ研究は，人（またはその他の有機体）の行動全般を対象とすることを意味する。したがって，動機づけ研究が対象とする行動は，労働，摂食行動，遊び，消費行動など，あらゆる領域の行動を含み，学習のみを対象とするわけではない。

　動機づけは行動全般を含むという点を踏まえると，動機づけということばと意欲・やる気ということばの意味の違いが分かる。意欲ややる気とい

う言葉は，積極的な行動やがんばり，努力を含意していると考えられる。しかし，動機づけは上記のように，人の行動一般を指すため，必ずしも積極的な行動や，がんばりや努力を伴う行動のみを対象とするわけではない。例えば食事をすることや買い物をすることは，意欲的な行動とは言えないだろうが，これらの行動も動機づけである。また，学習しないといった消極的な行動も，意欲的ではないが動機づけである。

このように，動機づけという概念は非常に大きなもので，そこに含まれる心的要因や心的プロセスは幅広い。したがって，動機づけを捉える視点は多様であり，研究や理論も，その視点によって多様である。その状況をWeiner (2000)は次のように述べている。

> Motivational psychologists ask *why* questions: Why do humans and nonhumans think and act as they do? Given the breadth of this search, variations in the answers are to be expected. Some motivational psychologists seek answers to *why* questions by turning to evolutionary biology, whereas others look to culture. Some motivational psychologists are guided by principles of genetics, others by the rules of learning. Many motivational psychologists impose higher-order thought processes to account for action, whereas others regard living organism as robots or machines without volition. A few such psychologists answer *why* questions with very general theories that address many behaviors, while others are content with more specific explanations that have little generality. Some theories of motivation are complex with many inter-related variables, while other theories rely on only one central concept. Some motivational theorists primarily embrace experimental methodologies, although others adopt a more clinical or nonexperimental approach. Some in the field of motivation build theoretical networks, while others eschew theory in the search for practical solutions to the many motivational problems in everyday life. (Weiner, 2000, pp. 314.)

このように，動機づけは幅広い行動を含む概念であるため，動機づけにせまるアプローチは多様である。また，実際の研究は，労働，学習，購買といった何らかの領域での行動を対象として行われるが，領域が異なれば，行動の背景にあるプロセスの中で研究上重要となる側面が異なったり，プロセスに関係する要因が異なったりするだろう。例えば，学習を対象とし

た研究と労働を対象とした研究では，注目すべき要因は異なるであろうし，おのずと研究の焦点が異なるだろう。

なお，英語教育研究では，動機づけということばが学習意欲ややる気と同一の意味で用いられることが一般的となっている。そのため，両者を区別して用いることは混乱を生じさせる可能性があるため，本来は異なるものとして扱うべきであろうが，本研究では特に動機づけと学習意欲（または単に意欲）ということばを区別せずに用いることとする。

1.2.5 分析の単位：階層という視点

これまで述べたように，動機づけという言葉はひとつであっても，それが指す内容は幅広く，どのような領域の行動を対象とするかによって，その捉え方は異なるだろう。そのため研究の上では，どのような見方で動機づけを捉えるのか，その視点を明確にする必要がある。しかしそれだけでは不十分である。さらに動機づけを捉えることを複雑にしているのが，ひとつの領域のなかにも異なる水準の領域が存在することである。

例えば，学習行動を例に考えてみたい。一口に学習と言っても，そこには学校での学習，自宅での学習，塾での学習，自らの興味に基づいて行う自主学習など，様々な領域がある。これらは「学習」という領域を構成する一部であるので，学習という領域のほうがより幅広く，他はその一部であり，より狭い領域と考えられる。さらに学校での学習を考えてみると，そこには国語，数学，英語など，異なる教科や授業が含まれる。これらはすべて，「学校での学習」という領域の一部をなしている。また，「英語の学習」を考えると，文法の授業，会話の授業など，内容の異なる授業が存在することもある。

このように，ひとつの領域は独立して存在するのではなく，それを包含する大領域や，さらに細分化した小領域が存在する。対象とする領域が異なれば，研究上重要となることも異なることが予想される。例えば「学校での学習」という領域を対象とした場合，異なる教科をまたいだ一般的な視点が求められる。一方で，英語の授業を領域とした場合，英語に特化した要因に焦点が当たるだろう。

第一部　研究の目的と理論的背景

　動機づけをとらえる領域の違いは，すなわち分析の単位が異なることを意味するが，分析の単位の違いを考える上では，対象としている行動を抽象度により階層的に捉えることができる。速水(1998)は，Vallerand (1997)が動機づけを全体的水準(global level)，文脈の水準(contextual level)，事態的水準(situational level)の3つに分けたことに基づいて，動機づけを捉える単位を階層として考えている。全体的水準とは，パーソナリティーの水準を指し，特定の文脈を超えた一般的なレベルである。文脈的水準とは，仕事，学習，余暇などといった，何らかの特定の領域での動機づけを指す。事態的水準は，人が実際に経験する動機づけを指し，実際の場面の中で起こる動機づけを指す。このように大きく3つの水準に分けて動機づけを考えることはVallerand and Ratelle (2002)，鹿毛(2002)，上淵(2004)にも見られるが，速水(1998)は文脈的水準はひとつではなく，さらに細分化して考えることができることを指摘している。これは上述の，学習という領域が教科などに細分化されることにあたると考えられる。またこれに加えて，速水(1998)は階層間や同じ階層での動機づけの間に，相互に影響する関係があることを想定している。つまり，ひとつの水準での動機づけが，他の水準や，同じ水準での別の領域での動機づけに影響する可能性があることを示唆している。速水の論点を図示すると，図1-1のようになる。

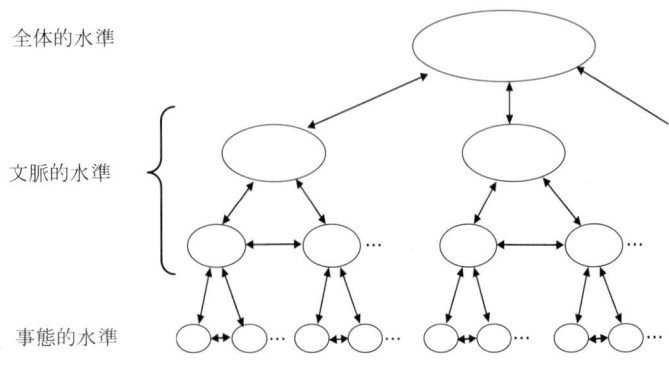

図 1-1　動機づけの階層

桜井(1997)も同様に動機づけを階層として考えているが[2]，特に学習における動機づけを対象としているため，最上の水準は学習全般を指す水準で，それが細分化される階層を考えている。速水(1998)の階層では，全体的水準が行動全般を指す水準であるため，桜井(1997)における最上の水準は，速水(1998)の階層でいう文脈的水準に相当すると考えられる。ただ，最上の水準に違いはあるものの，両者ともひとつの文脈が更に細かく分かれ，実際の場面で起こる事態的水準の動機づけまで細分化されるものと考えている。

1.2.6 特性と状態の水準の区別

このように分析の単位を階層として考えると無数の水準が存在することになるが，伊田(2002)が指摘するように，階層の区切り方や，階層間の関係が問題となろう[3]。しかし，桜井(1997)や下山(1985)が述べるように，少なくとも，実際の場面の水準である事態的な水準と，それより上の水準の区別は必要と思われる。このような区別を基に，下山(1985)は学習意欲を，状況的意欲と特性的意欲とに分けている。また，Brophy (2004)にも同様の区別が見られ，学習意欲を，学習に対して価値を見出し積極的に学習に取り組む傾向としての学習意欲(motivation to learn as a disposition)と，特定の場面において学習に積極的に取り組んでいる状態としての学習意欲(motivation to learn as a state)に区別している。

事態的水準のように，実際の場面で起こっていることを対象とする水準と，より抽象的な傾向としての水準の区別は，動機づけ研究以外の研究領域においても見られる。例えば不安の研究では，特定の状況で実際に感じる状態不安(state anxiety)と，不安になりやすい傾向を指す特性不安(trait anxiety)の区別がなされている(Spielberger, 1966)。この不安研究における状態と特性の区別は，後に第二言語学習における動機づけ研究に応用されるこ

---
[2] 桜井(1997)では速水(1998)と異なり，同じ水準における単位間での相互関係は想定されていないものと思われる（伊田，2002）。
[3] 特に，階層間の関係については図1-1のように単純には表せない可能性がある。例えば，英語学習は学校での学習という大きな文脈と結びつくだろうが，将来つきたい職業のために英語学習を行っている場合，英語学習は学校での学習だけでなく，職業や進路といった別の文脈とも結びつくことになる。伊田(2002)が指摘するように，図1-1ではひとつの文脈が上位の文脈ひとつとしか結びついていないが，実際は複数の文脈と結びつく可能性がある。

とになる。他にも，動機づけと関連が深い自己制御学習(Self-Regulated Learning)の研究において，Winne and Perry (2000)は実際の学習場面における自己制御過程を event と呼び，傾向としての学習者要因を指す aptitude と区別している。

　この状態と特性の区別は本研究にとって重要である。本研究は，学習者の授業への反応を中心として動機づけを捉えることをねらいとしているが，授業への反応という視点は，実際の授業場面で起こることであるので，上記の区別で言えば状態の水準に当たる。したがって，本研究では動機づけを状態として捉えるということが必要となるわけである。これが意味することについて，以下で考えてみたい。

　Ferguson (2001)は状態と特性の区別について次のように述べている。状態の水準での動機づけとは，ある状況で実際に動機づけが起こっていることを指し，何らかの思考過程や行動が起こった覚醒(arousal)の状態であることを意味する。一方，特性の水準での動機づけは，状況を一般化したものであるため，思考過程がその場で実際に起こっていることを意味しているわけではなく，そのような行動や思考をとりやすいということを意味するため，傾向(disposition)として捉えられる。

　同様の区別は Fridhandler (1986)にも見られる。Fridhandler (1986)は，心理学におけるそれまでの特性と状態の区別についてどのような視点から区別されてきたか見渡したうえで，Ryle (1949)に基づき事象(occurrence)と傾向性(disposition)の区別を導入し，状態は事象，特性は傾向性にあたるとしている。事象とは，ある状況において何らかの思考や行動が起こっていることを指し，観察や内観によりそれが起こっていることを知る，または指し示すことができる。したがって，明示的な実体のあるものである。また，実際に起こっていることであるので，時間が関係し，ある時に始まり，ある時に終わる。ただし，その時間が長いか短いかということは問題ではない。例えば，うれしいと感じる気分が，5分続くことも，1日続くことも，両方とも感情が実際に起きていることを意味するので事象であると言える。したがって，事象（状態）は，必ずしも短時間しか起こらないというものではない。傾向性とは，ある環境，条件下で起こると予期される反応や行動

のことを指す。したがって，実際に事象として顕在化していることを指すのではなく，そのような行動などが起こりうる傾向を指すため，明示的な実体はない。しかし，実際に起こっている事象として明示的に指し示すものはなくても，何らかの傾向があると考えるように，抽象的な実体として捉えていると言えよう。また，傾向性は実際に起こったことではないので，時間には依存しない。

この違いについて，Fridhandler (1986)はRyle (1949)から次のような例をあげている。ある人が愛煙家かどうかということについて考える時，それはその時にその人が煙草を吸っているかどうか考えるのではなく，いろいろな場面でその人が煙草を吸う習慣があるかどうか考えるであろう。実際に煙草を吸うという行動は，煙草を吸う「習慣」が顕在化したもので，明らかな実体がある。しかし，煙草を吸う習慣とは，ある場面での行動を指すのではなく，いろいろな場面を一般化して考えて，そのような行動をとる傾向にあることを意味するため，傾向や習慣というものは，明示的な実体を伴わない。

このような事象と傾向性，または覚醒と傾向といった区別を基に，状態と特性を区別すると，概念の定義のみならず，測定方法に対しても示唆がある。学習者の反応を捉えるということは，実際の授業場面で起こる学習者の思考過程を捉えることを意味する。授業への反応を，例えば英語が好きかどうか，授業は楽しいか，などと授業場面を一般化した形で質問すると，それは顕在化した学習者の反応ではなく，そのように感じる傾向を測定していることになる。したがって，本研究では，実際の学習場面において学習者がどのように感じたかということを，その学習活動を参照しつつ測定することが必要となる。

1.2.7 本研究における分析の視点

これまでの考察で，動機づけを研究する上で視点を明確にするために考えるべきことは，1点目に分析の単位は何か，つまりどの領域の行動を対象とするかという点である。これにより，プロセスの重要となる側面はどこか考える手がかりができる。そして2点目に，プロセスのどこに焦点が

置かれているのか明確にすることが求められる。以下ではこの2点について，本研究における視点について述べたい。

分析の単位について

　本研究は英語学習という領域での動機づけを対象とし，特に教師の視点を取り入れた研究を行うために，学習者の授業への反応を通して動機づけを捉える。この授業への反応という見方は，実際の状況のなかで起こっている現象として動機づけを捉えることになる。教師は学習意欲を高めようとして授業を工夫するが，これは実際の状況下で行われることである。このことから，本研究は学習者の動機づけを特定状況下で捉えることとする。

　ただし，特定状況下での動機づけは，それよりも上位の単位（図1-1の文脈的水準など）の影響を受けると考えられる。授業を工夫して特定状況下の意欲を高めても，それはその場限りでの行動に対して効果のあることであり，別の場面でも学習者が意欲的になるとは限らないと思われる。別の場面でも意欲的になるには，上位の水準の要因（つまり特性）が変化することが求められると考えられる。そのため本研究では特性の変化についても分析するが，実際の学習場面での動機づけと特性を区別し，特定状況下での動機づけの検証と特性の変化を，分析を分けて考察する[4]。

プロセスのどこに注目するのか

　学習意欲を高める必要性を感じている教師は，受け持ちの学習者が積極的に学習に取り組んでないという悩みがあるために，意欲を高める必要性を感じていると考えられる。言い換えると，教師は学習者からいかに積極的な学習行動を引き出すかということについての示唆を求めていると考えられる。これは，動機づけのプロセス（行動の生起・維持・終了）の上では，行動の生起の段階が重要であると考えられる。したがって本研究では，行動の生起の段階に焦点を当てる。授業の中で学習行動が起こるプロセスを

---

[4] 本研究での状態と特性の区別は，状態を特定状況下で実際に起こっている現象を指す水準とし，特性を状況を一般化した傾向としての水準としている。特性という語は，図1-1の階層でいえば全体的水準（パーソナリティー要因）のみを指して使われ，他の水準は含まないこともあるが，本研究では文脈的水準も含めて特性という語を使用する。

検証し，そこから得られる知見にもとづいて意欲を高める方策について考える手がかりとしたい。ただし，特定状況下での動機づけに加えて特性の変化も重要であることを述べたが，これは行動について振り返ることで自分の認識等が変わることと考えられるので，特性の変化については行動生起のプロセスと区別して考察する。

1.3 各章の概要

　本書は大きく四部に分かれている。第一部は，本章と第2章，第3章までを含み，本研究の理論的背景や先行研究との関連を述べることを目的としている。第2章では，本研究の理論的背景を説明する。特に第二言語学習における動機づけ研究で特定状況下での研究が行われるようになった背景について振り返り，その上で授業への反応という視点を，第二言語学習のみならず心理学における動機づけ研究も含めて研究上の概念として位置づけ，本研究における枠組について述べる。動機づけの研究は，先述のように行動の背景を知ることが目的であり，行動の生起・維持・終了の過程を動機づけと呼んでいる。動機づけ研究では「授業への反応」にあたるものとして，認知的評価という概念がある。認知的評価とは状況に対する主観的な評価であり，この評価が特性と行動を媒介すると考えられており，動機づけを高める方策について考える上で重要な概念である。これを本研究の中心に据え，動機づけのプロセスの中で特に行動生起の段階を捉える枠組を考えたい。続いて第3章では，授業と動機づけの関係を分析した先行研究を振り返り，どのような研究がなされてきたか概観し，それを基にどのような研究が求められるか考察する。

　第二部は第4章から第6章までを含み，第2章で述べる理論的枠組に則り，動機づけのプロセスを，特に認知的評価（つまり授業への反応）に焦点をあてて，データに基づいて検証することを目的とする。第4章では，中学生が英語の授業で教科書の音読に取り組んだ際の動機づけについてデータを収集し，パス解析を用いてプロセス全体を検証する。つづいて第5章では，第4章で浮かび上がった分析の問題点を克服するために，異なる分

析方法を用いて認知的評価の段階のプロセスを検証する。第6章は，先の2つの章と異なるアプローチからプロセスの検証を行うことで，研究の結果を補完する役割を持つ。第4章と第5章は，理論から導かれるモデルに基づいて変数を選択し分析を行っているため，いわばトップダウン的な分析であるが，第6章ではそれを補完するために，学習行動に対して影響する要因を，学習者の自由記述を分類することによってあぶりだす，いわばボトムアップ的な分析を行う。

　第三部は第7章から第9章までを含み，授業が学習者の動機づけに与える影響について分析することを目的とする。第7章は，状態としての動機づけを高めることについて考察するために，授業のどのような側面に対して認知的評価が行われているか検証する。第二部における動機づけのプロセスの検証のみでは，意欲を高める方策のヒントが得られない。そのため，学習者が授業のどのような側面に反応した結果意欲が出ているのか知ることにより，意欲を高めるために授業のどの側面を変えると良いのか考える手がかりを得たい。第8章と第9章は，特性の水準での学習者の変化を分析する。授業を受けることで学習者の特性がどのように変化するのか，同一の学習者群を縦断的に追跡した研究の結果を報告する。認知的評価は授業という状況が刺激となって起こるが，特性が基準となって主観的な評価がなされると考えられる。授業を工夫して意欲を高めることは，その場の意欲を高めることであり，次の授業でも学習者が意欲的になるとは限らない。教師の願いは，教師の介入がなくとも意欲的に学習してくれることであり，これは長期的な変化，あるいは傾向としての変化を望んでいることを示す。この長期的な変化は特性の水準での変化と言える。第8章では，分析の対象となった授業で中心的なテーマであった学習内容の重要性についての認識と，授業で継続して行っていた学習方法に対する認識を取り上げて，授業を受けることでそれらの特性がどのように変化するのか分析する。第9章では，英語でのスピーキングに対する抵抗感を取り上げ，抵抗感を軽減することを目的にスピーキングの活動を行った結果，学習者の抵抗感がどのように変化するか分析する。

　第四部には第10章が含まれ，第三部までで述べられた理論的枠組や分析

結果を総合的に考察し，本研究の動機づけ研究に対する示唆や，動機づけを高める方策に対する示唆について述べる。

　最後に付章として，第10章までの研究を補足する研究結果を報告する。実際の学習時の学習行動の個人差を記述することで，認知的評価は絶えず繰り返されていること，また，認知的評価は個人ごとに特異であることを示す。

第 2 章　理論的背景
—認知的評価と動機づけ—

2.1 本章の目的

　第1章で述べたように,本研究は教師の視点を研究に取り入れるために,学習者の授業への反応から動機づけを捉えるわけであるが,それは動機づけを特定状況下で捉えることを意味する。このように特定状況下での動機づけを研究することは,第二言語学習における動機づけの研究の中で,研究の枠組をより教育的な示唆に富むものにしようとする動きのひとつである。そこで本章では,まず第二言語学習における動機づけ研究で,特定状況下での動機づけを研究する動きが生まれた背景を概観する。そして,先行研究の限界を踏まえ,本研究での枠組について述べる。また,本研究の枠組は,動機づけ以外の分野で議論されていることにも共通するものであるため,それらの分野との共通点について論じる。

2.2 第二言語学習における動機づけ研究

　第二言語学習における動機づけ研究の歴史を振り返ると,1990年代以前の研究とそれ以降の研究で,大きく流れが変わっている。これは,1990年代に動機づけ研究をより教育的に示唆に富むものにしようとする動きが起こったためである。特定状況下での動機づけを研究する動きも,このなかで生まれた。以下では,特定状況下での研究が行われるようになった背景と,それらの研究の枠組について概観する。

2.2.1 1990年代以前:社会心理学的研究
　第二言語学習における動機づけの研究は,カナダにおいて異言語のコミュニティーに関して社会心理学的な研究を行っていた Wallece Lambert, Robert C. Gardner らによる統合的動機づけの研究がきっかけとなった。二

人は，何が人を第二言語を習得しようと動機づけるのかということに関心を持ち，第一言語習得の研究である Mower (1950)に基づき，目標言語を話す集団の一員となることを目的に学習することが重要と考え，そのような目的から第二言語を習得しようとする動機を持つことを，統合的動機づけ(integrative motive)と呼んだ(Gardner, 1966; Gardner & Lambert, 1972)。この理論は 1950 年代から研究が始まり，研究が蓄積されるにつれて理論も変遷し拡大していった。この理論では以下に述べるように，当初は学習目的が目標言語集団の一員となることかどうか，目標言語文化に対する態度は肯定的かといった点を重要な要因として取り上げ，これが他の研究者による研究にも影響を与えたため，第二言語学習における動機づけ研究では，このような社会文化的な要因が重視されるようになった(例えば Lukmani, 1972; Schumann, 1975; Schmidt, 1983; Spolsky, 1969; Teitalbaum, Edwards, & Hudson, 1975)。以下ではこの統合的動機づけの理論について，その概念の内容と変遷について概観したい。

　Gardner らの初期の研究（主に 1950 年代から 1960 年代の研究）では，この統合的動機づけを持つ背景に，学習者は目標言語や目標言語文化に対して肯定的な態度を有すること，また，目標言語集団の一員となろうとしてその言語を学ぶ目的を有していることが重要と考えられた。つまり，目標言語集団に対する肯定的な態度と統合的な学習目標の 2 つの要因が統合的動機づけを支える要因として考えられていた。そして，それら 2 つの要因，さらに知能偏差値や言語適性と学習成果との関係について分析がなされるようになった(Gardner & Lambert, 1959; Gardner, 1960; Anisfeld & Lambert, 1961; Peal & Lambert, 1962; Lambert, Gardner, Barik, & Tunstall, 1963)。

　それらの初期の研究では，主に相関係数と因子分析を用い，分析の対象となった変数の間にどのような関係が見られるか，探索的な分析がなされている。それらの結果では，知能や適性のみならず，態度や学習目的も学習成果と相関があることが報告されている。また，因子分析の結果では，知能や適性が同じ因子において因子負荷量が高く，能力に関する因子を形成しており，学習成果もその因子において因子負荷量が高い傾向が見られたが，態度や学習目的と同じ因子において学習成果の因子負荷量が高いと

いう結果も得られている。したがってこれらの結果から，知能や適性といった学習者の認知的能力は学習成果に関係するが，学習成果に関係する要因はそれだけではなく，態度や学習目的といった情意的要因も関係していると考えられた。

　さらに，これらの研究は主にカナダのバイリンガル環境において行われてきたが，Gardner and Lambert (1972)ではアメリカやフィリピンといった，カナダとは環境が異なる地域で研究を行った結果を報告している。そしてここまでの研究で，統合的動機づけと学習成果の関係は，いつも一定であるとは限らないことが示されている。研究間では因子の構造が異なっており，必ずしも態度と学習目的が同じ因子で負荷量が高いわけではない。結果が異なる原因は，測定に用いられる項目等が研究間で異なることが影響しているのではないかと考えられるが，それ以上に研究が行われる社会的環境や，対象者の背景を考慮することが重要と思われる。Gardner and Lambert (1959)では，態度と学習目的が共通の因子から高い負荷量を受けているが，Gardner (1960)では，態度と学習目的は異なる因子から影響を受けているという結果になった。ただし，これらの2つの要因は学習成果に関係があることは示されている。この結果を受けてGardner (1960)は，第二言語の能力が発達することに対して統合的動機づけは重要であるが，その背景をなす基盤は環境により異なると考えている。また，Gardner and Lambert (1972)は，様々なコミュニティーにおける分析結果を基に，変数間の関係はコミュニティーにより異なると述べている。

　その他に，Lambert, Gardner, Barik, and Tunstall (1963)では，対象者を習熟度の高い群と低い群に分けて，それぞれの群で相関分析や因子分析を行っているが，変数間の関係は群ごとに異なっていた。習熟度の低い群では，Gardner and Lambert (1959)と同じように態度と学習目的が共通の因子で因子負荷量が高く，学習成果も同じ因子から影響を受けていたが，習熟度の高い群では態度と学習目的の間には関係は認められず，学習成果との関係も認められなかった。同様に，モノリンガルとバイリンガルの比較を行ったPeal and Lambert (1962)でも両者で結果が異なり，モノリンガルでは態度と学習目的が学習成果に対し影響するが，バイリンガルではその影響が小

さいという結果であった。これは，バイリンガルはほとんどの者がすでに肯定的な態度を有しているため，言語使用において問題を起こすことはないが，モノリンガルは，バイリンガルに見られるような全体的に肯定的な態度を有しておらず，そのため態度の影響が強いと考えられている。またその他の研究では，仕事で必要だから学ぶといった道具的な学習目的が，あるコミュニティーでは必然的にその言語集団と交わることを意味するため，統合的な意味合いも持つことが Anisfeld and Lambert (1961)や Teitelbaum, Edwaeds, and Hudson (1975)により示唆されている。このように，態度や学習目的の影響は，環境や研究対象者の背景により異なることが示されている。

ここまでで取り上げた統合的動機づけに関する初期の研究では，統合的動機づけの背景として取り上げられた要因は，態度と学習目的であった。しかし，以後の研究では，それらに加えて新たな要因が加わる。Gardner and Smythe (1975)では，態度や学習目的に加えて他のどのような要因が動機づけに関係するか述べられ，また Gardner, Smythe, Clement, and Gliksman (1976)では，授業に対する評価や授業における不安といった授業に関する要因や，第二言語学習一般に対する態度として外国語への興味といった変数が用いられ，成績や第二言語学習を継続する意図との間に相関があったことを報告している。

これらの研究では，要因ひとつひとつを個別に扱い，それらと成績などとの相関を分析する方法がとられていたが，Gardner, Lalonde, and Moorecroft (1985)ではいくつかの要因をまとめて合成得点を産出する方法がとられるようになり，要因を高次の概念にまとめる動きが見られる。そして，それまでの研究の蓄積を基に，統合的動機づけに関係する概念を測定するための標準的な尺度である AMTB (Attitude/Motivation Test Battery)の開発とその信頼性・妥当性の検証がなされたり(Gardner & Smythe, 1981; Gardner & MacIntyre, 1993)，態度や動機づけの要因と学習成果の関係を実験により検証する研究(Gardner, Lalonde, & Moorcroft, 1985)がなされるなど，綿密な研究を重ねて統合的動機づけの理論を発展させた。

そして，それまでの研究結果に基づいて，いくつかの変数をまとめて上

位概念を構成し，それらの概念間の関係を明示した，社会教育モデル(Socio-educational model)が提唱された(cf. Gardner, 1985)。統合的動機づけはこのモデルの一部を成す。社会教育モデルが構築されると，これまでの研究では相関をもとに分析を行っていたが，因果関係を想定した分析がなされるようになった(Gardner, 1983; Gardner, Lalonde, & Pierson, 1983; Lalonde & Gardner, 1984; Gardner, Tremblay, & Masgoret, 1997)。

ここで，社会教育モデルとはどのようなものであるか概観したい。まず，動機づけが第二言語習得のプロセスの中でどのような位置にあるのかという点について，Gardner (1985)では図 2-1 のように考えられている[1]。

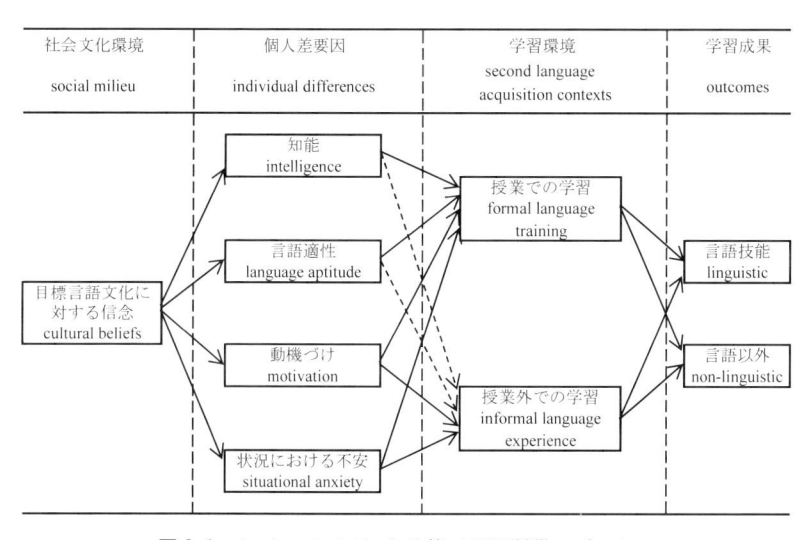

図 2-1 Gardner (1985)による第二言語習得のプロセス

このモデルでは，第二言語習得のプロセスが 4 つの段階に分けられており，最初の段階には学習者の社会文化環境(social milieu)があり，そのなかで形成される学習者の信念が目標言語文化に対する信念(cultural beliefs)である。これが次の段階の個人差要因の知能(intelligence)，言語適性(language aptitude)，

---

[1] 社会教育モデルの各要因の邦訳にあたっては，倉八(1994b, 1998)，八島(2004)による訳を参考にした。

動機づけ(motivation), 状況における不安(situational anxiety)を介して学習に影響するとされている。しかし、それら4つの個人差要因の影響は、学習の環境により異なる。知能や適性は、授業という形式的(formal)な環境では直接的に学習に影響するが（図2-1では実線で表されている），授業外の非形式的(informal)な環境では，間接的にしか学習に影響しない（図2-1では破線で表されている）。一方で動機づけと不安は，両方の環境で直接に学習に影響する。そして、ある学習環境の中で学習が行われた結果，学習成果(outcome)が生じる。学習成果は言語技能の獲得としての成果(linguistic)とそれ以外の成果(non-linguistic)がある。

ここで，個人差要因のひとつに挙げられている動機づけ(motivation)とは，"effort plus desire to achieve the goal of learning the language plus favorable attitudes toward learning the language"(Gardner, 1985, p.10)とされている。つまり，Gardnerの考える動機づけとは，その言語を身につけたいという気持ち，その言語を学ぶことに対する好意的な態度，および学習に力を注ぐことの3つを含んでいる。

このように定義される動機づけに対して，どのような要因が影響するのか仮定したのが社会教育モデル(Socio-educational model)である（図2-2）。

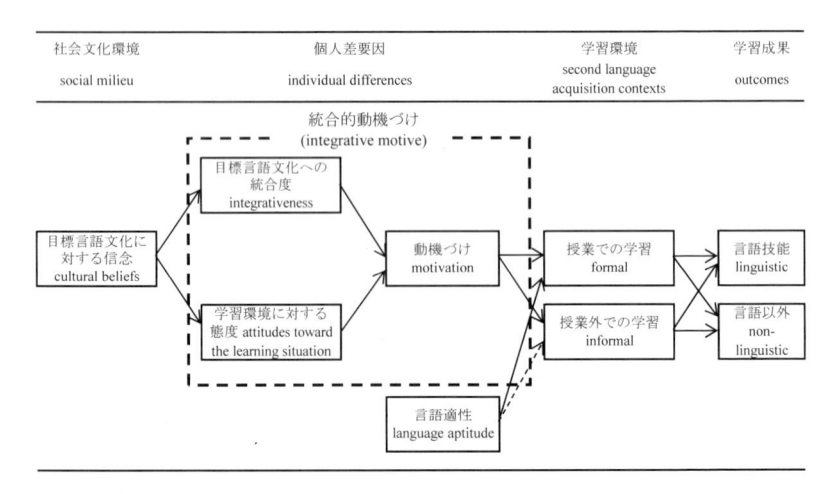

図2-2 社会教育モデル

図 2-2 と図 2-1 と比較すると，言語文化に対する信念(cultural beliefs)から動機づけ(motivation)へいたる経路に，目標言語文化への統合度(integrativeness)と学習環境に対する態度(attitudes toward the learning situation)の2つの要因が加わっていることが分かる。そして，目標言語文化への統合度，学習環境に対する態度，動機づけの3つを包括したものを統合的動機づけ(integrative motive/motivation)と呼んでいる。

上記のように，統合的動機づけは，目標言語文化への統合度，学習環境に対する態度，動機づけの3つの要因をまとめた概念であるが，そのうち動機づけ(motivation)は，先述したとおり，その言語を身につけたいという気持ち，その言語を学ぶことに対する好意的な態度，および学習に力を注ぐことの3つの要因を含む上位概念である。また，目標言語文化への統合度(integrativeness)と学習環境に対する態度(attitudes toward the learning situation)も，いくつかの下位要因から構成される上位概念である。目標言語文化への統合度は，統合的な学習目的(integrative orientation)，外国語への興味(interest in foreign language)，目標言語文化への態度(attitudes toward L2 community)といった三つの下位要因からなるとされる。学習環境に対する態度は，教師に対する評価(evaluation of the L2 teacher)，授業に対する評価(evaluation of the L2 course)といった二つの下位要因からなる。これら下位要因と上位概念との関係を図示したものが次の図2-3である[2]。これを見ると分かるように，Gardnerらの初期の研究では，目標言語集団に対する態度と統合的な学習目的の二つをもって統合的動機づけとしていたが，それが後に他の要因も含むようになり，統合的動機づけの概念が拡大していることが分かる。

では，それぞれの下位概念がどのようなものであるか，それらの概念の測定のために用いられる項目を参照しながら概念の内容について見てみたい。まず，動機づけの下位概念には，第二言語を学ぶ欲求(desire to learn the L2)，遂行強度(motivational intensity または effort)，第二言語学習に対する態度(attitudes toward learning L2)が含まれる。第二言語を学ぶ欲求とは，その目標言語を学びたいとどの程度思っているかということを指す。その測定に用

---

[2] 図2-3の作成に当たっては，Dörnyei (2001a)およびDörnyei (2005)による統合的動機づけの概念図を参考にした。

第一部　研究の目的と理論的背景

```
統合的な学習目的        外国語への興味           目標言語文化への態度
integrative           interest in             attitudes toward
orientation           foreign languages       L2 community
                                                              第二言語を学ぶ欲求
                                                              desire to learn the L2
         目標言語文化
         への統合度
         integrativeness        動機づけ         遂行強度
                                motivation     motivational intensity/
                                               effort
         学習環境に対する
         態度 attitudes toward
         the learning situation
                                                              第二言語学習に対する
                                                              態度 attitudes toward
                                                              learning the L2
教師に対する評価       授業に対する評価
evaluation of the    evaluation of the L2 course
L2 teacher
```

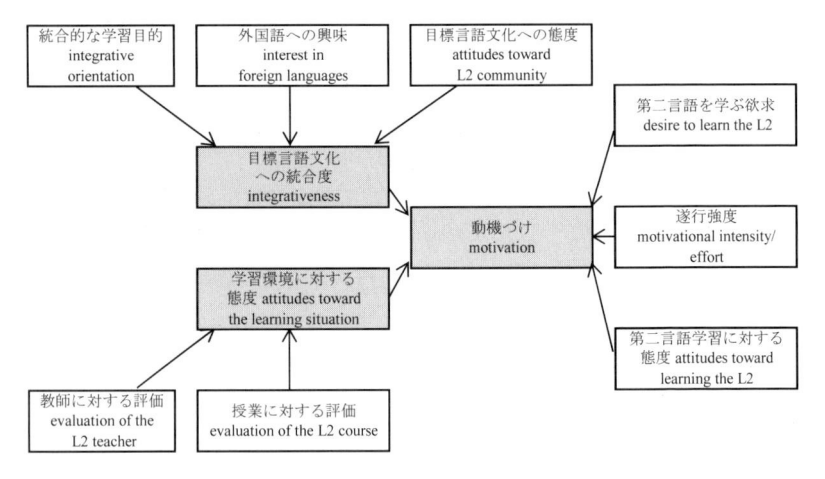

図 2-3　統合的動機づけの構成

いられる項目の例を表 2-1 に示す（表 2-1 に挙げられる項目例ではフランス語を例としているが，研究の文脈により目標言語が異なるので，それに応じて項目が変わる）。これらの項目は多肢選択式であり，3 つの選択肢の中からひとつ選ぶ。それぞれの選択肢には欲求の強さに応じて得点が割り当てられており，選択肢の文末に示される数字がその得点である。得点が高いほど第二言語を学ぶ欲求が強いことを示す。目標言語であるフランス語の学習機会，あるいはフランス語の使用機会をより強く求める行動を表す項目で，得点が高いことがわかる。

表 2-1　第二言語を学ぶ欲求の測定に用いられる項目の例(Gardner, 1985)

During French class, I would like:
　a) to have a combination of French and English spoken. (2)
　b) to have as much English as possible spoken. (1)
　c) to have only French spoken. (3)
If I had the opportunity to speak French outside of school, I would:
　a) never speak it. (1)
　b) speak French most of the time, using English only if really necessary. (3)
　c) speak it occasionally, using English whenever possible. (2)

Compared to my other courses, I like French:
　　a) the most. (3)　　b) the same as all the others. (2)　　c) least of all. (1)
If there were a French Club in my school, I would:
　　a) attend meetings once in awhile. (2)
　　b) be most interested in joining. (3)　　c) definitely not join. (1)
If it were up to me whether or not to take French, I:
　　a) would definitely take it. (3)　　b) would drop it. (1)
　　c) don't know whether I would take it or not. (2)
I find studying French:
　　a) not interesting at all. (1)　　b) no more interesting than most subjects. (2)
　　c) very interesting. (3)
If the opportunity arose and I knew enough French, I would watch French T.V. programmes:
　　a) sometimes. (2)　　b) as often as possible. (3)　　c) never (1)
If I had the opportunity to see a French play, I would:
　　a) go only if I have nothing else to do. (2)
　　b) definitely go. (3)　　c) not go. (1)
If there were French-speaking families in my neighbourhood, I would:
　　a) never speak French to them. (1)
　　b) speak French with them sometimes. (2)
　　c) speak French with them as much as possible. (3)
If I had the opportunity and knew enough French, I would read French magazines and newspapers:
　　a) as often as I could. (3)　　b) never. (1)　　c) not very often. (2)

　遂行強度とは，第二言語学習に対して費やす努力や，積極的に学習する度合を指す。この測定に用いられるAMTBの項目の例を表2-2に示す。この概念の測定も多肢選択型であり，各選択肢に遂行強度に応じて得点が割り当てられており，各選択肢の文末の数字がその得点を表す。得点が高いほど学習に対して努力を注いだり，学習に対して積極的であることを示す。

表 2-2　遂行強度の測定に用いられる項目の例(Gardner, 1985)

I actively think about what I have learned in my French class:
　　a) very frequently. (3)　　b) hardly ever. (1)　　c) once in awhile. (2)
If French were not taught in school, I would:
　　a) pick up French in everyday situations (i.e., read French books and newspapers, try to speak it whenever possible, etc.). (2)

        b) not bother learning French at all. (1)

        c) try to obtain lessons in French somewhere else. (3)
When I have a problem understanding something we are learning in French class, I:

        a) immediately ask the teacher for help. (3)

        b) only seek help just before the exam. (2)   c) just forget about it. (1)
When it comes to French homework, I:

        a) put some effort into it, but not as much as I could. (2)

        b) work very carefully, making sure I understand everything. (3)

        c) just skim over it. (1)
Considering how I study French, I can honestly say that I:

        a) do just enough work to get along. (2)

        b) will pass on the basis of sheer luck or intelligence because I do very little work. (1)

        c) really try to learn French. (3)
If my teacher wanted someone to do an extra French assignment, I would:

        a) definitely not volunteer. (1)   b) definitely volunteer. (3)

        c) only do it if the teacher asked me directly. (2)
After I get my French assignment back, I:

        a) always rewrite them, correcting my mistakes.(3)

        b) just throw them in my desk and forget them. (1)

        c) look them over, but don't bother correcting mistakes. (2)
When I am in French class, I:

        a) volunteer answers as much as possible. (3)

        b) answer only the easier questions. (2)   c) never say anything. (1)
If there were a local French T.V. station, I would:

        a) never watch it. (1)   b) turn it on occasionally.(2)   c) try to watch it often. (3)
When I hear a French song on the radio, I:

        a) listen to the music, paying attention only to the easy words. (2)

        b) listen carefully and try to understand all the words. (3)

        c) change the station. (1)

　第二言語学習に対する態度とは，第二言語を学ぶことを楽しんだり好んだりすることや，第二言語学習を重要視することなど，学習に対してどの程度肯定的な態度を有しているかどうかということを指すものである。この測定のために用いられる項目の例を表 2-3 示す。第二言語学習に対して肯定的な内容の項目と否定的な内容の項目があり，まったくそう思わない

(strongly disagree)からとてもそう思う(strongly agree)までの7段階による評定法により回答する。

表 2-3 第二言語学習に対する態度の測定に用いられる項目の例(Gardner, 1985)

肯定的な表現の項目
1. Learning French is really great.
2. I really enjoy learning French.
3. French is an important part of the school programme.
4. I plan to learn as much French as possible.
5. I love learning French.

否定的な表現の項目
1. I hate French.
2. I would rather spend my time on subjects other than French.
3. Learning French is a waste of time.
4. I think that learning French is dull.
5. When I leave school, I shall give up the study of French entirely because I am not interested in it.

次に、目標言語文化への統合度を形成する下位概念には、統合的な学習目的(integrative orientation)、外国語への興味(interest in foreign languages)、目標言語文化への態度(attitudes toward L2 community)の3つが挙げられている。統合的な学習目的とは、学習の理由や目的が目標言語の集団とコミュニケーションをとることや、その集団に溶け込むことを指すものである。その測定に用いられる項目の例を表2-4に示す。これら項目に対しては、それぞれの項目がどの程度自分に当てはまるか評定法により答える。

表 2-4 統合的な学習目的の測定に用いられる項目の例(Gardner, 1985)

1. Studying French can be important to me because it will allow me to be more at ease with fellow Canadians who speak French.
2. Studying French can be important for me because it will allow me to meet and converse with more and varied people.
3. Studying French can be important for me because it will enable me to better understand and appreciate French Canadian art and literature.
4. Studying French can be important for me because I will be able to participate more freely in the activities of other cultural groups.

また，統合的動機づけの概念には含まれていないが，研究によっては道具的な学習目的(instrumental orientation)を測定することもある。道具的な学習目的とは，質問項目に示されるように，職業上の必要性や他者からの賞賛を得ることなどを目的として第二言語を学ぶことを指す。その測定に用いられる項目の例を表 2-5 に示す。

表 2-5 道具的な学習目的の測定に用いられる項目の例(Gardner, 1985)

1.	Studying French can be important for me only because I'll need it for my future career.
2.	Studying French can be important for me because it will make me a more knowledgeable person.
3.	Studying French can be important to me because I think it will someday be useful in getting a good job.
4.	Studying French can be important for me because other people will respect me more if I have a knowledge of a foreign language.

外国語への興味とは，外国語に対してどの程度興味・関心があるかということや，外国語を身に付けたいと思う気持ちの度合を指す。この測定に用いられる項目の例を表 2-6 に示す。項目を見ると分かるように，この概念は，特定の言語を対象としたものではなく，外国語一般を指すものである。これらの項目も，どの程度自分に当てはまるか評定法により答える。

表 2-6 外国語への興味の測定に用いられる項目の例(Gardner, 1985)

1.	If I were visiting a foreign country I would like to be able to speak the language of the people.
2.	Even though Canada is relatively far from countries speaking other languages, it is important for Canadians to learn foreign languages.
3.	I wish I could speak another language perfectly.
4.	I want to read the literature of a foreign language in the original language rather than a translation.
5.	I often wish I could read newspapers and magazines in another language.
6.	I would really like to learn a lot of foreign languages.
7.	If I planned to stay in another country, I would make a great effort to learn the language even though I could get along in English.

8. I would study a foreign language in school even if it were not required.
9. I enjoy meeting and listening to people who speak other languages.
10. Studying a foreign language is an enjoyable experience.

　目標言語文化への態度とは，目標言語話者やその言語集団の文化に対してどの程度好意的な態度を有しているかということを指す。研究の文脈により対象となる言語文化が異なるため，項目の表現は研究により異なる。Gardner らのカナダにおける研究ではフランス語話者に対する態度が研究対象とされるが，カナダ内のフランス語話者とヨーロッパにおけるフランス語話者に対する態度を測定する項目が用意されている。その項目の例を表 2-7 および表 2-8 に示す。これらの項目を見ると，目標言語文化への態度は，目標言語話者を社交的，友好的，やさしいなどと感じる度合や，目標言文化を敬う気持ち，そしてその集団に近づこうとする度合からなっていることが分かる。これらの項目に対して被験者は，それぞれの項目がどの程度自分に当てはまるか評定法により答える。

表 2-7 目標言語文化（カナダ内のフランス語話者）への態度の測定に用いられる項目の例(Gardner, 1985)

1. French Canadians are a very sociable, warm-hearted and creative people.
2. I would like to know more French Canadians.
3. French Canadians add a distinctive flavour to the Canadian culture.
4. English Canadians should make a greater effort to learn the French language.
5. The more I get to know the French Canadians, the more I want to be fluent in their language.
6. Some of our best citizens are of French Canadian descent.
7. The French-Canadian heritage is an important part of our Canadian identity.
8. If Canada should lose the French culture of Quebec, it would indeed be a great loss.
9. French Canadians have preserved much of the beauty of the old Canadian folkways.
10. Most French Canadians are so friendly and easy to get along with that Canada is fortunate to have them.

表 2-8 目標言語文化（ヨーロッパにおけるフランス語話者）への態度の測定に用いられる項目の例(Gardner, 1985)

1. The European French are considerate of the feelings of others.
2. I have a favourable attitude towards the European French.
3. The more I learn about the European French, the more I like them.
4. The European French are trustworthy and dependable.
5. I have always admired the European French people.
6. The European French are very friendly and hospitable.
7. The European French are cheerful, agreeable and good humoured.
8. I would like to get to know the European French people better.
9. The European French are a very kind and generous people.
10. For the most part, the European French are sincere and honest.

　学習環境に対する態度を構成する下位概念には，教師に対する評価(evaluation of the L2 teacher)と，授業に対する評価(evaluation of the L2 course)があり，それらをどの程度肯定的に評価しているかということを指す。このように統合的動機づけの概念には，社会文化的な要因のみならず，第二言語教育の文脈における要因も含まれており，動機づけを高めるという教育的なニーズにも配慮したモデルであると言える。これらの概念の測定に用いられる項目の例を，表 2-9 および表 2-10 に示す。これらの項目では，対の意味をなす形容詞が二極に並ぶもので，被験者は自分の考えがどちらの極にどの程度近いか，軸上に印をつけることが求められる。

表 2-9 教師に対する評価の測定に用いられる項目の例(Gardner, 1985)

efficient　　:　:　:　:　:　:	inefficient
insensitive　　:　:　:　:　:　:	sensitive
cheerful　　:　:　:　:　:　:	cheerless
competent　　:　:　:　:　:　:	incompetent
insincere　　:　:　:　:　:　:	sincere
unapproachable　　:　:　:　:　:　:	approachable
pleasant　　:　:　:　:　:　:	unpleasant
trusting　　:　:　:　:　:　:	suspicious
incapable　　:　:　:　:　:　:	capable
tedious　　:　:　:　:　:　:	fascinating
friendly　　:　:　:　:　:　:	unfriendly

第 2 章　理論的背景―認知的評価と動機づけ―

exciting	:	:	:	:	:	dull
organized	:	:	:	:	:	disorganized
unreliable	:	:	:	:	:	reliable
unimaginative	:	:	:	:	:	imaginative
impatient	:	:	:	:	:	patient
polite	:	:	:	:	:	impolite
colourful	:	:	:	:	:	colourless
unintelligent	:	:	:	:	:	intelligent
good	:	:	:	:	:	bad
industrious	:	:	:	:	:	unindustrious
boring	:	:	:	:	:	interesting
dependable	:	:	:	:	:	undependable
disinterested	:	:	:	:	:	interested
inconsiderate	:	:	:	:	:	considerate

表 2-10　授業に対する評価の測定に用いられる項目の例(Gardner, 1985)

meaningful	:	:	:	:	:	meaningless
enjoyable	:	:	:	:	:	unenjoyable
monotonous	:	:	:	:	:	absorbing
effortless	:	:	:	:	:	hard
awful	:	:	:	:	:	nice
interesting	:	:	:	:	:	boring
good	:	:	:	:	:	bad
simple	:	:	:	:	:	complicated
disagreeable	:	:	:	:	:	agreeable
fascinating	:	:	:	:	:	tedious
worthless	:	:	:	:	:	valuable
necessary	:	:	:	:	:	unnecessary
appealing	:	:	:	:	:	unappealing
useless	:	:	:	:	:	useful
elementary	:	:	:	:	:	complex
pleasurable	:	:	:	:	:	painful
educational	:	:	:	:	:	noneducational
unrewarding	:	:	:	:	:	rewarding
difficult	:	:	:	:	:	easy
satisfying	:	:	:	:	:	unsatisfying

unimportant	:	:	:	:	:	important
pleasant	:	:	:	:	:	unpleasant
exciting	:	:	:	:	:	dull
clear	:	:	:	:	:	confusing
colourful	:	:	:	:	:	colourless

　これらの下位概念を総合すると，統合的動機づけの理論では，学習者が積極的に第二言語を学習する背景にある要因のうち重要なものとして，学習者が目標言語集団に溶け込むためにその言語を学習していること，その集団に対し好意的な態度を有していること，外国語に興味があること，かつ教師と授業に対する評価が良好であることを重視しており，その結果学習者が目標言語を学習したいという気持ちを有し，積極的に学習し，かつそれを好意的に捉えると考えられていると言える[3]。このように統合的動機づけとは多くの下位概念からなる複合的な概念であり，単に学習目的が統合的かどうかといったことや，目標言語文化に対して肯定的な態度を有しているかどうかということのみを指すものではない。

2.2.2　1990年代以降：動機づけを捉える視点の拡大

　第二言語学習における動機づけの研究は，統合的動機づけの枠組が長い間主流であった。しかし，主に1990年代に，その枠組だけでは不十分であるという声が上がり，統合的動機づけとは異なる動機づけの捉え方が次々と生まれた。1990年代以前にも，統合的動機づけの理論に対して度々批判があったが（例えば Ely, 1986; Au, 1988），批判から新たな研究の潮流が生まれるには至らなかった。しかし1990年代に入り，Skehan (1991) が動機づけ研究の新しい枠組の必要性を訴えたり，Crookes and Schmidt (1991) が具体的な枠組を提案したことにより，統合的動機づけの枠組を脱し，新たな動機づけ研究の視点を求める動きが生まれた。

---

[3] 統合的動機づけは，動機づけに影響すると考えられる数多くの要因のうち，重要と思われるものを取り上げてモデル化しており，統合的動機づけに含まれる要因のみが動機づけに影響するということを意図しているわけではない (Gardner, 1985, 2001)。例えば Gardner and MacIntyre (1991) は実験により，道具的な学習目的 (instrumental orientation) も動機づけを高める機能があることを示している。

Crookes and Schmidt (1991)は，統合的動機づけの理論が目標言語集団に対する態度など，社会的な要因に力点が置かれて概念化されているため，次の3点のような問題があるとしている。

1) 統合的動機づけという枠組からは，言語教育への示唆が見出せない

　Crookes and Schmidt (1991)は，統合的動機づけは教師の考える動機づけとは異なり，統合的動機づけの研究では学習目的(orientation)が中心となるが，教師が関心があるのは学習目的ではなく，学習者が積極的に学習しているかどうかという点にあると述べ，両者の動機づけの意味が異なっているために，統合的動機づけという枠組では動機づけを高めるという教育的示唆が得られないとしている。

　ただし，Crookes and Schmidt (1991)も述べているように，この反論は，統合的動機づけの概念の一部のみを指すものであることに注意しなければならない。統合的動機づけの概念は図2-3に示されるように，学習目的や態度以外の要因も取り入れられて理論が拡大している。しかしこのような理論の変遷があるにもかかわらず，統合的動機づけとは学習目的が統合的かどうかという点のみ，あるいは統合的な学習目的と道具的な学習目的の対比のみで議論されることが多い（例えばTudor, 1996; 高梨, 1991, 1993）。したがって，一般的に統合的動機づけという概念に誤解があると言わざるを得ない。統合的動機づけの下位要因には，図2-3に示されるように，学習環境に対する態度(attitudes toward the leaning situation)といった授業場面に関係する要因も含まれている。また，統合的動機づけは統合的な学習目的(integrative orientation)のみで成り立っているわけではない。しかし，統合的動機づけの理論はその広汎さゆえに用語の混乱があり(Dörnyei, 1994b, 2005)，また，初期の研究で学習目的(orientation)のみを扱ったことが原因(Gardner, 2001)で，統合的動機づけ(integrative motive/motivation)と統合的な学習目的(integrative orientation)が同一視される誤解が生じ，統合的動機づけの理論は学習理由が統合的か道具的かの違いとして単純化されて考えられている不運があると言えよう。

2) 他分野での動機づけ研究と第二言語での動機づけ研究の関連がない

統合的動機づけは Gardner 独自の理論であり，他の分野，特に心理学における動機づけ研究の理論とは大きく異なる。そのため，心理学で扱われる動機づけ概念と，統合的動機づけにおける概念が一致せず，両者の関連づけができない。

3) 第二言語習得のメカニズムとの関連が見えない

統合的動機づけの理論は，社会心理学がその背景にあるように，目標言語集団やその文化に対する態度など，社会文化的な要因が重視されている。そのため，第二言語学習のメカニズムとの関係が見出せない。第二言語習得研究のひとつのアプローチとして，習得プロセスを認知心理学的に解明しようとする流れがあり，学習者の積極的な選択の役割がクローズアップされている。例えば，注意の役割(cf. Schmidt, 1995, 2001; Tomlin & Villa, 1994)や学習方略やメタ認知の研究(cf. O'Malley & Chamot, 1990)のように，学習者は自ら注意を向けるべきインプットの側面を選択したり，学習方略を選択したりすることで，習得プロセスを制御しているという見方がなされている。社会文化的な要因が強調される統合的動機づけの理論では，このような学習者の積極的な学習行動の選択との関係が明確にできないため，第二言語習得のメカニズムとの関連が見出せない。

Crookes and Schmidt (1991)による統合的動機づけに対する批判がなされて以降，動機づけ研究の枠組を拡大する動きが活発となった。特に，1994年から 1995 年にかけて The Modern Language Journal 誌上で，動機づけ研究の方向性が議論されることにより，その動きは加速した(cf. Dörnyei, 1994a, 1994b; Oxford & Shearin, 1994; Oxford, 1994; Gardner & Tremblay, 1994; Tremblay & Gardner, 1995)。1990 年代以降に生まれた新たな研究の動きのなかで特に顕著なものは，次の 2 つであろう。

a) 他分野の動機づけ理論を応用

統合的動機づけの理論は，第二言語学習の分野で生まれた理論であった

が，1990 年代以降，他の分野，特に心理学における動機づけの理論が第二言語学習の分野に応用される例が増えた。それは，統合的動機づけが社会心理学を背景とし，社会文化的な要因が中心であったのに対し，それ以外の側面から動機づけを捉える枠組を求めた動きといえる。また，学習目的の分類が，統合的か道具的かという 2 つの分類しかなかったものを拡大する動きとも言える。例として，Crookes and Schmidt (1991)による ARCS Model (cf. Keller, 1983)の応用，Wen (1997)による期待×価値理論(cf. Vroom, 1964)の応用，Dörnyei and Ottó (1998)および Dörnyei (2000)によるアクションコントロール理論(cf. Kuhl, 1987)の応用，Chambers (1999)による Theory of Planned Behavior (cf. Ajzen, 1988)の応用，Williams and Burden (1999)による原因帰属理論(cf. Weiner, 1986)の応用，Noels, Pelletier, Clément, and Vallerand (2000)による自己決定理論(cf. Deci & Ryan, 1985)の応用，Egbert (2003)によるフロー理論(cf. Csikszentmihalyi, 1975)の応用が見られる。また，Oxford and Shearin (1994, 1996)や Dörnyei (1998, 2001a) では，その他の動機づけ理論も紹介されている。

b) 分析の単位が多様化

動機づけという概念は非常に大きいもので，動機づけを捉える分析の単位は様々にあることを 1.2.5 で述べた。統合的動機づけの研究は，第二言語学習全体にまたがる領域を対象としており，比較的抽象的なレベルであったと言える。これは，Gardner and Lambert (1972)が述べるように，目標言語を使えるようになるという大きな目標に向かって行う長期間の学習を支える要因を研究対象としたことで，特定の状況の中で起こる要因ではなく，一般性の高い要因を研究対象としたことによる。

1990 年代以降，この分析の単位が学習全体にまたがる水準だけでなく，より小さな水準でも研究する必要性が唱えられた。Crookes and Schmidt (1991)は動機づけの機能を議論する上で，分析の単位を Micro Level (注意資源の配分などの情報処理の水準)，Classroom Level (授業の方法や活動の水準)，Syllabus/ Curricular Level (教育内容の決定に関する水準)，Outside-the-Classroom Level (授業外での学習の水準)に分け，それ以前の動機づけ研究では，Classroom Level での研究が少なかったことを指摘している。同様に Dörnyei

(1994a)は，動機づけを捉える水準を，言語の水準(Language Level)，学習者の水準(Learner Level)，学習場面の水準(Learning Situation Level)に分けて，それぞれの水準で関係すると考えられる要因を列挙している（表2-11を参照）。

表 2-11　動機づけの水準(Dörnyei, 1994a)

言語の水準 (Language Level)	統合的動機づけを構成する要因 　(integrative motivation subsystem) 道具的動機づけを構成する要因 　(instrumental motivation subsystem)
学習者の水準 (Learner Level)	達成欲求 (need for achievement) 自信 (self-confidence) 　・言語使用不安 (language use anxiety) 　・第二言語能力の認知 (perceived L2 competence) 　・原因帰属 (causal attribution) 　・自己効力感 (self-efficacy)
学習場面の水準 (Learning Situation Level)	授業に関する要因 (course-specific motivational components) 　・興味 (interest)　・関連性 (relevance) 　・期待 (expectancy)　・満足度 (satisfaction) 教師に関する要因 (teacher-specific motivational components) 　・親和欲求 (affiliative drive) 　・権威 (authority type) 　・動機づけの直接的な社会化 　　(direct motivation socialization) 　・モデリング(modeling) 　・学習活動の提示(task presentation) 　・フィードバック (feedback) 学級集団に関する要因 (group-specific motivational components) 　・目標志向 (goal-orientedness) 　・規範・報酬 (norm and reward system) 　・クラスのまとまり (group cohesion) 　・目標構造 (classroom goal structure)

　言語の水準の要因は，学習者が置かれる社会文化的環境の中で形成される対象言語に対する社会的，文化的な態度や価値を指し，従来統合的動機づけの研究で取り上げられてきた要因がこの水準に当たると考えられている。学習者の水準の要因は，学習者のパーソナリティー要因や，第二言語学習の領域に固有な特性を含む。達成欲求は，何かを成し遂げようとする気質

を指し，第二言語学習のみならず行動一般についてのパーソナリティー要因である。自信は第二言語の領域で形成される特性と考えられる。この要因はいくつかの下位要因を含むと考えられており，第二言語使用不安，学習者自身による第二言語能力の評価，原因帰属，自己効力感がある。学習場面の水準の要因は，授業や教室といった学習が行われる環境に関する要因である。この水準では授業，教師，学級集団の3つが関係するとされ，それぞれ下位要因があげられている。授業に関する要因とは，授業方法，教材，シラバス，学習課題などに関係する要因であり，Dörnyei (1994a)はCrookes and Schmidt (1991)がKeller (1983)に基づき提案した，授業に対する興味，関連性，期待，満足度を挙げている[4]。教師に関する要因とは，教師の行動やパーソナリティーに関するものである。学級集団に関する要因とは，クラスメートや教師が存在する集団として発生する要因である。

2.2.3 特定状況下での研究の起こり

　分析の単位が多様化し，授業やカリキュラムといった教育実践に直接関係する水準で研究がなされることが重要視される中で，教育的な動機づけ研究を目指す動きのひとつとして，動機づけを実際の学習場面で研究することも1990年代以降の研究の動きの中で起こった。ここではその背景を概観したい。

　動機づけの新しい研究の枠組についての議論の中で，Gardner and Tremblay (1994)は特定状況下で動機づけを研究する必要性を述べている。その理由として2点挙げている。1点目は，研究上の理由による。それまでの研究は第二言語学習全般にわたる大きな水準で行われ，様々な要因と習熟度の関係が研究されてきたが，全体的に相関が低く，そのため分析対象となった動機づけ要因と習熟度との関係が十分に分析されたとは言い難かった。この問題を解決するためには，動機づけ要因と学習行動との関係を分析する必要がある。習熟度は何らかの学習が行われた結果生まれる学習成果であるので，動機づけ要因は学習行動に影響し，その結果習熟度が影

---

[4] Keller (1983)は動機づけの理論ではなく，動機づけを高めるための授業設計の理論であり，興味・関連性・期待・満足度とは，授業設計において着目すべき動機づけの側面を示したものである。Kellerの理論の詳細については3.3を参照されたい。

響されるという一連の流れがあると考えられる。そのため,動機づけの機能を充分に解明するためには,動機づけ要因と学習行動の関係を解明する必要がある。同様の指摘は Dörnyei (1996)にも見られる。また,Crookes and Schmidt (1991)が統合的動機づけの理論を批判する3つの理由のうちのひとつに,動機づけ要因と学習者自身が行う選択との関係が分析できないことが挙げられていたが,動機づけ要因と学習行動との関係を分析することは,この点とも関係すると考えられる。

2点目の理由は教育上のものである。実際の状況下での動機づけは,状況に影響を受けると考えられる。したがって,状況を工夫することで,動機づけを高めるための教育的介入ができる可能性があることを Gardner and Tremblay (1994)は述べている。同様の主張は Julkunen (2001)にも見られる。

1点目の理由は研究上の必要性から生まれたものであるが,動機づけ要因はいかに学習行動に影響するのかということを研究することは,いかに動機づけを高めるかということに対しても示唆を与えると考えられるため,その研究成果が教育的介入の可能性を拡げるものと考えられる。

2.2.4 特定状況下での研究に共通する枠組

Gardner and Tremblay (1994)が特定状況下での研究の必要性を訴えた後,実際に特定状況下での学習を対象とした研究が行われ,その結果が報告されている。これらの研究には共通する枠組がある。それは,学習者は学習課題に対して,自分に関連のあることかなどと主観的な判断を行っており,その判断が行動に影響するというものである。この主観的判断は,本研究で取り入れようとしている学習者の「授業への反応」という見方と一致すると考えられる。

Tremblay, Goldberg, and Gardner (1995)および Gardner and Tremblay (1998)は,心理学における特性(trait)と状態(state)の区別を第二言語学習での研究に応用し,学習者の傾向である特性的動機づけ(trait motivation)と,実際の場面で学習者が見せる状態的動機づけ(state motivation)の区別を行った。この特性と状態の区別は,1.2.5 において述べた,動機づけが実際に覚醒(arousal)してい

る事態的水準と，それよりも抽象的な傾向(disposition)としての水準の区別と同一である。Tremblay, Goldberg, and Gardner (1995)および Gardner and Tremblay (1998)では，特性的動機づけを，言語学習に対する態度，外国語に対する興味など，第二言語学習全般を指すレベルで測定しており，従来 AMTB (The Attitude/Motivation Test Battery: Gardner, 1985)によって測られる要因の多くは，特性としての動機づけであると述べている。また，状態的動機づけ(state motivation)は，実際の学習状況に対する学習者の反応の結果生じる動機づけであると定義している。

Tremblay, Goldberg, and Gardner (1995)および Gardner and Tremblay (1998)において特性と状態を区別する理論的枠組は，主に Boekaerts (1986)の認知的評価(appraisal)を取り入れた動機づけの理論に基づいている。Boekaerts (1986)は，同じ授業でも学習者間で動機づけに差があることや，同じ個人が異なる教科や異なる学習活動に対して見せる動機づけが変化することに注目し，状況を超えて安定している特性としての動機づけ(GMO: General Motivational Orientation)と，学習を行っている際の状態としての動機づけ(TSMO: Task-Specific Motivational Orientation)を分けている。Boekaerts (1986)は，この TSMO とは "the outcome of a set of appraisal processes at the moment a learner is confronted with a learning activity" (p. 231)であるとしている。これは，学習者は授業に対して主観的に自分との関連性などを判断する認知的評価(appraisal)を行っており，その結果として状態としての動機づけが生じて行動が起こるということを意味している。

一方，Dörnyei and Kormos (2000), Dörnyei (2002), および Kormos and Dörnyei (2004)は，動機づけのプロセスモデル(Dörnyei & Ottó, 1998; Dörnyei, 2000)と，それに基づいてタスクレベルでの動機づけを概念的に表した task-processing model (Dörnyei, 2003)を背景に，学習時の動機づけを研究している。プロセスモデルでは，動機づけは時間の経過とともにその機能が変わることが指摘され，動機づけのプロセスを行動前の段階(pre-actional stage), 行動の段階(actional stage), 行動後の段階(post-actional stage)に分けて，それぞれの段階における動機づけの機能(motivational functions)と，その機能に影響する要因(main motivational influences)を図示している。図 2-4 に Dörnyei (2002)によ

第一部 研究の目的と理論的背景

Pre-actional Stage (Choice Motivation)	Actional Stage (Executive Motivation)	Post-actional Stage (Executive Motivation)
Motivational Functions -Setting goals -Forming intentions -Launching action	*Motivational Functions* -Generating and carrying out subtasks -Ongoing appraisal (of one's performance) -Action control (self-regulation)	*Motivational Functions* -Forming causal attributions -Elaborating standards and strategies -Dismissing intention and further planning
Main Motivational Influences -Various goal properties (e.g., goal relevance, specificity and proximity) -Values associated with the learning process itself, as well as its outcomes and consequences -Attitudes towards the L2 and its speakers -Expectancy of success and perceived coping potential -Learner beliefs and strategies -Environmental support and hindrance	*Main Motivational Influences* -Quality of the learning experience (e.g., pleasantness, need significance, coping potential, self and social image) -Teachers' and parents' influence -Classroom reward- and goal-structure (e.g., competitive or cooperative) -Influence of the learner group -Knowledge and use of self-regulatory strategies (e.g., goal setting, learning and self-motivating strategies) -Learner beliefs and strategies -Environmental support and hindrance	*Main Motivational Influences* -Attributional factors (e.g., attributional styles and biases) -Self-concept beliefs (e.g., self-confidence and self-worth) -Received feedback, praise, and grades

図 2-4 動機づけのプロセスモデルの概要（Dörnyei (2002)による図を改編）

るプロセスモデルの概要[5]をまとめたものを示す[6]。

　行動前の段階では，動機づけは行動の選択(choice motivation)としての機能を持つ。この段階では学習者は行動の選択肢の中から様々な判断を経てある行動を選択し，それを実行しようとする決断をする。次に，行動の段階は，前段階で決定された行動を実際に行う段階であり，ここでは行動を維持することが動機づけの機能となる。最後に行動後の段階では，自分が行ったことを振り返り，原因帰属を行ったり，自己概念を変化させたりする。

　プロセスモデルに認知的評価を位置付けると，それは行動前の段階にあたると考えられる。この段階に関係する要因が図 2-4 に挙げられているが，それらを見ると，多くは学習者が学習課題などの外的環境に対して評価した結果作られる心的表象であると考えられる。また，前出の task-processing model (Dörnyei, 2003)では，動機づけのプロセスモデル(Dörnyei & Ottó, 1998; Dörnyei, 2000)に基づいて，タスクに取り組む際の動機づけのプロセスを大きく appraisal, task execution, action control の 3 つに分けており，認知的評価(appraisal)がこのモデルにも組み込まれていることが分かる。

　ここまで概観した特定状況下での動機づけの研究に共通する動機づけの捉え方を図式化すると，図 2-5 のようになる。

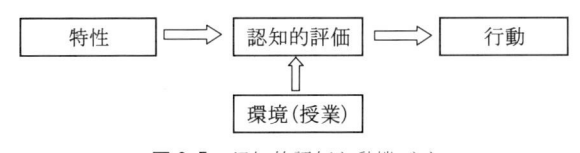

図 2-5　認知的評価と動機づけ

---

[5] 図 2-4 はプロセスモデルの概要であり，motivational functions のプロセスが簡略化されている。モデルの詳細は Dörnyei and Ottó (1998)，および Dörnyei (2000)を参照されたい。

[6] 2.3 で述べるように，goal と intention は類似した概念であり，研究者によっては同一の概念として扱われることがある。しかしこのモデルでは，行動前の段階で goal と intention は異なる概念として扱われている。ここでは intention は Kuhl (1987)と同じく行動のプランがありそれを実行しようとする決断(commitment)をしていることを指す。一方 goal は "the first concrete mental representation of desired endstate"と定義されており，意図の形成の前に生じる願望や希望といったものであるとされている。このような願望は様々な価値や期待の見積を経て意図へ変換されるが，意図は決断(commitment)を伴い，その行動プランを実行することを決めているという点で，goalとは区別されている。

動機づけのプロセスに認知的評価の段階を想定することは，第1章で述べた「授業への反応」という見方と一致する。学習者が学習課題に取りかかる際，外的要因である学習課題が刺激となって，特性である態度や興味や過去の学習の記憶などが覚醒され，それに基づいて学習者が「自分にとって関連のあることか」などと，学習課題について主観的に意味づけを行っていると考えられる。その意味づけは，特性が基準となって行われるが，個人によりその特性は異なるため，同じ状況でも人により受け取り方が異なる。また，ある学習者が，異なる教科や異なる学習場面に対して見せる意欲が変化するのは，刺激となる状況が変化することで評価が変化していることを意味する。

これを別な見方をすると，認知的評価は特性と行動を媒介する機能を持つと言える。これは研究上重要な点である。何らかの特性があると，必ず特定の行動に結びつくのではなく，認知的評価を介して行動へ至ると考えることで，行動の生起するプロセスに焦点を当てることができる。動機づけを第二言語学習全般のようなマクロな水準で捉える研究では，動機づけ要因がいかに行動に影響し習熟度へ至るか不明であったが，認知的評価の段階を想定することで，この点がより詳細に分析ができると考えられる。また，認知的評価が特性と行動を媒介するという考え方は，状況が動機づけに影響することを意味するため，状況を変えることで人為的に行動を変容させる，つまり動機づけを高める余地のあることを示している。

特定状況下での研究が始まったきっかけに，Gardner and Tremblay (1994) が挙げた，動機づけ要因と行動との関係を研究する必要性と，動機づけを高めるための介入の可能性の2つがあった。その2点について研究を進めるには，認知的評価を詳しく研究することが不可欠であると言える。認知的評価を研究することにより，行動が起こるプロセスが理解できるだけでなく，状況が動機づけに与える影響についても研究できると考えられ，動機づけを高めるということに対しても示唆を与えるだろう。

2.2.5 研究例

ここでは，特定状況下での動機づけを分析対象として行われた研究を概

観したい。これらの研究は，特定状況下での動機づけの機能について分析すること以外のことについても研究の目的に含んでいるが，ここでは特定状況下での動機づけに関連する分析の結果に限定して研究を概観したい。

　Tremblay, Goldberg, and Gardner (1995)は，6セットからなるヘブライ語と英語の単語のペア学習を用いた実験を行い，学習成果と動機づけの関係を分析している。この研究では，動機づけを特性的動機づけ(trait motivation)と状態的動機づけ(state motivation)に区別し，特性的動機づけは状態的動機づけに影響し，その結果学習が起こると仮定した。この研究では主成分分析の結果に基づき，特性的動機づけを attitudes toward learning languages, interest in foreign languages, persistence, attention といった要因を総合することで得点化している。なお，研究の手続により，この研究における被験者はヘブライ語の学習経験がないため，特性的動機づけの質問項目は，特定の言語を対象としない形で作成されている。また状態的動機づけは，学習課題の各セットの前後で，どの程度意欲があるかという質問（1項目）に評定法で答えることにより測定している。

　特性的動機づけが学習に与える影響を分析するために，特性的動機づけの中央値で学習者を高群・低群にわけ，状態的動機づけなどを従属変数とする多変量分散分析が行われた。その結果，特に特性的動機づけと状態的動機づけの関係に関しては，特性的動機づけが高い群のほうが状態的動機づけも高いという結果であった。また，状態的動機づけが学習に与える影響を分析するために，状態的動機づけの中央値で学習者を高群・低群に分け，各セットの学習成果を従属変数として分散分析が行われた。その結果，高群のほうが学習の速度が速く，セットが進むにつれて2群に学習成果の違いが現れた。さらに，動機づけと学習成果との相関分析においては，特性的動機づけは相関がなかったものの[7]，状態的動機づけは学習成果との相関があったことを報告している。

---

[7] この研究では，特性としての動機づけを測定する項目が特定の言語への言及がない，外国語学習一般を指す内容であった。これらの項目を用いて測定された特性としての動機づけと，ヘブライ語の学習成果には直接の関係がないという結果であったことから，特性としての動機づけが学習成果に影響するには，領域固有である必要があると結論付けている。

これらの結果を総合して Tremblay, Goldberg, and Gardner (1995)は，これらの分析のみで因果関係を特定することはできないものの，最も理論的な可能性として，特性的動機づけは直接に学習成果に作用するのではなく，状態的動機づけに影響し，それが学習成果を左右すると考えている。

　Gardner and Tremblay (1998)は，状態的動機づけが特性的動機づけと学習成果を媒介するということを支持する更なる結果を得ている。彼らは状態的動機づけ，特性的動機づけ，学習成果の3変数を用い，偏相関により状態的動機づけの機能を分析した。特性的動機づけと学習成果の間に相関がある時，状態的動機づけを制御変数として，特性的動機づけと学習成果の間の偏相関を算出し，それが実質的に0になると，特性的動機づけと学習成果の関係は直接的なものではなく，状態的動機づけの媒介があることを示す[8]。このような論理に基づき偏相関分析を行った結果，特性的動機づけと学習成果の間の相関は，状態的動機づけの媒介が説明していることが分かった。この結果から，特性的動機づけは直接に学習成果に影響するのではなく，特性的動機づけは状態的動機づけに作用し，それにより学習者は学習に取り組み，その結果学習成果が生まれると結論付けている。

　Tremblay, Goldberg, and Gardner (1995)および Gardner and Tremblay (1998)による研究は実験室環境で行われたものであるのに対し，教室環境でのタスクを用いた研究が Dörnyei and Kormos (2000), Dörnyei (2002), および Kormos and Dörnyei (2004)により報告されている。Dörnyei and Kormos (2000)では，ハンガリーの英語学習者を対象に，ペアで話すタスクにおける学習者の発話と動機づけ要因との関係を分析している。動機づけ要因には，目標言語文化への統合度(integrativeness)や，英語力を身につけることへの動機(incentive values of English proficiency)，授業に対する態度(attitudes towards the English course)などが含まれるが，特定状況下での動機づけにあたると解釈できるものに，タスクに対する態度(attitudes towards the task)がある[9]。学習者

---

[8] 当然ながら，偏相関の結果のみならず，ある変数が他の2変数の媒介をすることが理論的にも整合性があることが必要になる。

[9] Dörnyei and Kormos (2000), Dörnyei (2002), Kormos and Dörnyei (2004)では，状況的な要因としてタスクに対する態度のほかに，言語学習に対する自信(linguistic self-confidence)や授業に対する態度(attitudes towards the English course)も挙げられているが，後者2つは特定場面での認知や態度を表してはおらず，本研究で意図され

の発話の指標として，発語数と会話の役割交代の回数が記録された。分析ではこれらの指標と動機づけ要因との相関が算出された。学習者全体で相関を算出した結果，タスクに対する態度と発話の指標の間に正の相関が見られたが，他の動機づけ要因と発話の指標との間には相関が見られなかった。この原因として，学習者が必ずしもタスクに積極的に取り組んだとは限らないため，動機づけ要因と発話の間に相関がなかったのでないかと考えられた，これを受けて，タスクに対する態度の中央値で高群と低群に学習者を二分し，群ごとに相関を算出した。その結果，2群で相関のパターンが異なり，高群においては多くの動機づけ要因と発話の指標の間に相関が見られたが,低群においては相関が見られる動機づけ要因が少なかった。

　続いてDörnyei (2002)でも同様のタスクを用いて，同様の分析方法が用いられた。この研究でも動機づけ要因と発話の指標の間の相関が予想したほど高くなかったため，タスクに対する態度の中央値で学習者を高群と低群に分けて，群ごとに相関係数を算出している。結果はDörnyei and Kormos (2000)と同様であり，高群では多くの動機づけ要因と発話の指標の間に相関が見られたが，低群ではわずかしか相関が見られなかった。

　Dörnyei (2002)ではさらに，会話の相手の動機づけが与える影響を分析するために，発話の指標と会話の相手の動機づけ要因との相関を分析している。対象者全体で相関を算出した場合，会話相手のタスクに対する態度と発話の指標には相関があることが分かった。また，対象者をタスクに対する態度の中央値で高群・低群に分けると，それぞれの群で異なる傾向が見られた。もともとタスクに対する態度が肯定的である高群の場合，相手の動機づけ要因と自分の発話の間にはさほど相関がないが，タスクに対して態度が肯定的でなかった低群の場合，相手のタスクに対する態度と自分の発話に相関があった。この結果に関して，Dörnyei (2002)は二通りの解釈の可能性をあげている。ひとつは，タスクに対して肯定的な態度を有している学習者は積極的に発話をするため，その会話の相手の発話が促されるという可能性である。もうひとつは，タスクに取りかかる際の動機づけは個人のみで生まれるのではなく，相手の動機づけの影響を受けて自分の動機

る状態としての動機づけとは異なると考えられる。

づけも上がるという可能性である。いずれの解釈も可能であるが，Dörnyei (2002)は後者の解釈を支持し，タスクに取りかかる際の動機づけは互いの影響を受けて作り上げられるものであると考えている。

　Kormos and Dörnyei (2004)は，Dörnyei and Kormos (2000)やDörnyei (2002)と同様の研究を行っているが，その分析の対象を拡大し，タスクにおける発話の量的な側面のみならず，発話の質的な側面（文法的正確さ，使用される語彙の幅広さ，主張をする回数など）と動機づけ要因との関係を分析している。相関分析の結果，発話の量的な側面のほうが，質的な側面よりも動機づけ要因と関係が強いと結論付けている。また，Dörnyei (2002)と同様に，会話の相手の動機づけの影響についても分析を行っている。特に，タスクに対する態度の高群と低群に分けて相関分析を行った結果，高群においては，相手の動機づけの影響は小さいが，低群は相手の動機づけに自分の発話が影響されているという結果であった。これはDörnyei (2002)と同様な結果であった。これらに基づきKormos and Dörnyei (2004)は，タスクに取り組む際の動機づけは互いの影響を受けて生まれるものであると述べている。

2.2.6 先行研究の限界

　前述のように，Gardner and Tremblay (1994)は，特定状況下での動機づけを研究する必要性がある理由として，動機づけ要因と学習行動の関係を解明する必要があること，また，状況を変えることで動機づけを高められる可能性があることを挙げている。そして 2.2.5 で概観したように，実際に特定状況下での動機づけについてデータを基に分析がなされてきた。しかし，それらの研究は，動機づけ要因と学習行動との関係を充分に解明できたわけではなく，また，研究結果から動機づけを高めることに対する示唆が得られたとも言い難い。

　その理由に，これらの研究では認知的評価そのものが十分に分析されていないことが挙げられる。Tremblay, Goldberg, and Gardner (1995)とGardner and Tremblay (1998)で状態的動機づけ(state motivation)の測定に使われた項目は，各学習セットの後では"How motivated were you to do well on the last trial?"，次の学習セットに移る時には"How motivated will you be to learn the

第2章 理論的背景―認知的評価と動機づけ―

items on the next trial?"といった項目であったが，これらの項目がどのような反応を測定しようとするものなのか明確ではない。motivatedという語は，学習課題に対する学習者の気持ちや態度を尋ねていると解釈もできるが，どの程度がんばって取り組んだかといった学習行動の意味も含まれるとも考えられるため，項目が測定しようとする概念が曖昧であり，そのため動機づけ要因がいかに学習行動に影響するのかという点について考察することができない[10]。

また，Dörnyei and Kormos (2000)，Dörnyei (2002)，および Kormos and Dörnyei (2004)では，特定状況下での動機づけに関する要因としてタスクに対する態度(attitudes towards the task)を測定しているが，この測定のために項目2つを使用したと報告されている。それらの項目は，タスクが役に立つものであったか，タスクを好んだかという内容であり，これらの項目と，研究の理論的背景である動機づけのプロセスモデル(Dörnyei & Ottó, 1998; Dörnyei, 2000)で認知的評価に相当する段階に挙げられる要因（図2-4を参照）を比較すると，上記の項目が測定する反応の次元は，認知的評価の一部でしかない。このように，先行研究では認知的評価を十分に捉えることができておらず，そのため，動機づけ要因と学習行動の関係が充分に分析されているとは言い難い。

また，動機づけを高めるという観点からは，単に動機づけ要因を挙げるのではなく，認知的評価の段階ではどのような反応が形成されて，どのように行動につながるのか明確にし，どのような反応を引き出すことで意欲が高まるのか示す必要があろう。この点についても，先行研究では認知的評価が充分に捉えられていないため，充分な示唆が得られない。

このように，先行研究では認知的評価が充分に捉えられていないという限界があるため，学習者の行動の背景の解明は，動機づけを高めることに対する示唆が得られるほどに進んでいるとは言えない。したがって，このような研究の限界を克服するためには，認知的評価により焦点を当てる必要があり，学習行動の背景が明確になり，かつ動機づけを高めるための方

---

[10] 統合的動機づけの理論（図2-3）を見ると分かるように，Gardnerの考える動機づけ(motivation)という概念には，学習者の気持ちや態度に加えて，学習に力を注ぐといった学習行動も含まれている。

策について示唆が与えられるような形で認知的評価を分析することが求められる。

2.3 本研究での枠組

2.2.6 で述べたような先行研究の限界を受け，ここでは本研究での枠組について述べたい。動機づけが学習行動に与える影響を明確にすること，また，意欲を高めるという教育的なニーズに対して示唆が与えられるような形で認知的評価を捉えるために，本研究では，認知的評価を広く動機づけ研究全体に位置づけて概念を整理し，期待・価値・意図の 3 つの側面で認知的評価を捉えることとする。その理由を以下で述べる。

Weiner (2000)が述べるように（1.2.4 を参照），動機づけ研究において動機づけや行動を捉える視点は，文化，遺伝，学習など様々である。このように，動機づけ研究には様々な視点からの理論的系譜がある。本研究では，学習者の授業への反応（つまり認知的評価）という視点を中心として動機づけを捉えようとしているわけだが，このような視点は，外界の刺激に対する反応の結果行動が生起するという見方をしているということになる。このような視点から動機づけを捉えるのは，動機づけ研究の様々な理論的系譜の中では，認知的動機づけ理論の特徴である(下山, 1985; 奈須, 1995a, 1995b; 鹿毛, 1997)。この系譜にある動機づけの概念は，期待×価値モデルに集約できるとされ，その特徴は，人は外界からの刺激に対し認知的処理を行い，その刺激に対する価値と期待の認知像をつくり，行動へと至ると考えられている点にある(奈須, 1995a, 1995b)。図 2-6 はそれを図示したものである。この認知的処理は，ここまで述べてきた認知的評価に相当すると考えられる。したがって，認知的評価の結果つくられる心的表象は，期待と価値という 2 つの概念で捉えることができると考えられる。

期待と価値とはどのような概念であるか，期待×価値モデルに基づいて研究を展開する Jacquelynne S. Eccles, Allan Wigfield の理論(Eccles, 1987; Eccles, Adler, Futterman, Goff, Kaczala, Meece, & Midgley, 1983; Eccles & Wigfield, 2002; Wigfield & Eccles, 1992, 2000)を，実際の状況下という文脈に合わせて概

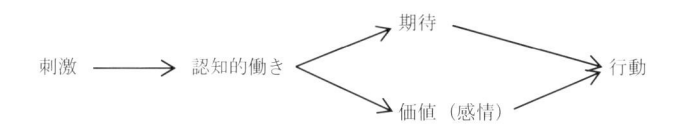

```
刺激 ────→ 認知的働き ──→ 期待 ──→ 行動
                    └→ 価値（感情）↗
```

図 2-6 期待×価値モデルの要約（奈須, 1995a, 1995b）

観したい。期待とは，その課題を遂行する自信があるかどうかという主観的確率のことを指す。この判断には，課題の遂行に要求されるもの(task demands)の見積と能力認知(ability beliefs)が関係すると考えられている。課題の遂行に要求されるものの見積とは，課題がどの程度困難なものなのか，どのような知識や技能が必要とされるのか判断することを指す。能力認知は，自分が課題を行うだけの知識や技能を持ち合わせているかどうか判断することである。これらの判断に基づいて，課題を遂行することができる可能性がどの程度あるのか主観的に判断がなされる。

　価値とは，その課題を行う心理的必然性（鹿毛, 1995a, 1995b）があるかどうかという判断であると言える。この判断の内容として，次の4つの次元が挙げられている。まず，内発的興味(intrinsic value)が挙げられる。これは，課題に取り組むことそのものに対する楽しさや興味を指す。次に重要性（attainment value または importance）がある。これは，自分が望ましいとする自己イメージ（例：男らしさ・女らしさ，有能さなど）と，課題を達成することで得られるものの整合性の判断であり，自己概念と関係する。有用性(utility value または usefulness)は，将来の目標などのニーズから発生する価値で，外発的な動機と言える。最後にコスト(cost)であるが，これは価値を低める否定的な側面で，課題に取り組むことで逆に失うもの（例：宿題をするとテレビを観る時間がなくなる）や，予期される不安，失敗すること（または成功すること）により自尊心が傷つく可能性や，大きな労力を必要とされることが予期されるなど，課題に取り組むことを避ける要因を指す。

　このように，期待と価値は，外的刺激に対して様々な判断を行った結果作られる心的表象である。そのため，期待と価値という概念は，複数の動機づけ理論をまたぐ大きな概念であり(Murphy & Alexander, 2000)，種々の動機

づけ概念は，期待と価値という枠組の中で議論することが可能である(Brophy, 2004; Keller, 1983, 1992, 1994)。ひとつの概念に多くの下位概念が含まれることは，動機づけを詳細に記述することにおいては不利になるが，学習意欲高揚への応用を念頭に置くと，逆に利便性があると考えられる。動機づけのプロセスは非常に複雑なものであり，かつ研究対象が人の行動全てを含むため，動機づけの研究にはパラダイムの異なる理論が多数存在し，動機づけに関する概念や用語も多い。しかし，概念や用語の氾濫は，動機づけの理解を妨げる原因にもなりかねず，特に，学習意欲を高めることのように動機づけ研究を応用しようとする場合，理論が複雑すぎては応用が難しくなる。また，研究によっては，動機づけに関わる一部の要因のみを取り上げて議論するものもあるが，学習意欲を高めることを考える場合，学習者の動機づけの全体を見渡してどう対処すればよいか考える必要があるため，動機づけの一部のみではなく，全体を俯瞰できる視点が必要となる。したがって，研究を教育実践に応用することを考えた場合，理論はあまり複雑すぎてはいけないが，応用する上で重要となる要因を浮かび上がらせることができる適度な緻密さを保ちつつ，全体を見渡すことのできる視野の広さが必要となる。期待と価値という概念は，様々な動機づけ概念を包括するため，動機づけを俯瞰するという目的に合致し，かつ教育的応用を念頭にした場合に重要となる動機づけの側面を反映できるものと思われる。また，期待×価値モデルのように，できるかどうかの判断（期待）と，やりたいかどうかの判断（価値）の結果で行動が決まるという見方は，人が日常的にとる意欲の見方とも一致する(Graham & Weiner, 1996)と思われるため，認知的評価を期待と価値で捉えることは，研究者でなくとも応用がしやすいと考えられる。

期待と価値は別個の概念であるが，両者の間には正の相関があると考えられ(Wigfield & Eccles, 1992; Eccless & Wigfield, 2002)，Eccless and Wigfield (1995)やWigfield, Eccless, Yoon, Harold, Arbeton, Freedman-Doan, and Blumenfeld (1997)は，実際のデータに基づき相関があったことを報告している。この結果からは，期待と価値の関係は2通り考えられる。つまり，できそうだと思う（期待が高い）課題に対して価値が高まること，あるいは価値が高い課

題に対してより高い期待を持つようになることといった，2つの方向性が考えられる(Pintrich & Schunk, 2002)。ただし，どちらの関係の方向性が妥当かということについては，結論を見ていない。期待と価値には相関があり，どちらかが高まるともう一方も高まるという関係にあることは示されているが，その因果の方向（つまり，どちらが原因となりどちらが結果となるかということ）は断定されていないため，両者の因果関係については結論が保留されている(Eccless & Wigfield, 1995; Wigfield et al., 1997)。

　ここまで，認知的評価の結果形成される心的表象を，期待と価値という側面から概観してきたが，しかし期待と価値のみでは，認知的評価が充分に捉えられるとは言えない。期待×価値モデルでは，図2-6のように期待と価値が行動に直接影響するようにモデル化されているが，期待と価値は，対象についての主観的な解釈の結果であり，この解釈の結果がどのように行動を起こすのか明確ではない。解釈に加えて，Williams and Burden (1997)の動機づけのモデルのように，意思決定段階があると考えるべきであろう。

　そこで，価値や期待の見積の後に，行動の強さや方向性を決める段階として目標設定(goal setting)，または意図(intention)の形成の段階があると考えることで，期待と価値から行動へ至る動機づけのプロセスをより反映できると思われる。動機づけ研究では目標(goal)という概念に関する理論はいくつかあるが，その内容を検討すると，目標という概念には，行動の方向付けをする目的や理由という側面と，達成する基準という側面があると考えられたり(Lemos, 1996,1999; Schutz, 1994; Harackiewicz, Barron, & Elliot, 1998)，その基準を達するため行動の計画や，目標の背景にあると考えられる態度，欲求，願望などといった要因を含むと考えられる(Locke & Latham, 1990)。Locke and Latham (1990)は，目標という概念と関係する概念を，目標のどのような側面に焦点をあてているかによって分類をしている。まず，意図(intention)という概念は，行動に焦点をあてており，何らかの目標や基準を目指すことや，ある行動をとろうと決断した状態であるとしている。要求水準(level of aspiration)は，行動の結果に焦点があり，目標とする基準を指す。目的(purpose)も要求水準と同じ意味に使われるとしているが，もうひとつの意味として，そのような目標の背景にあり目標に対して影響する要因としての

意味で用いられることもある。また、目標に対して影響する要因には、目的の他に、態度、欲求、願望なども含まれる。

　本研究において、価値と期待の見積の後に想定される意思決定段階は、意図(intention)としての段階である。この段階は上述のように、どのような行動をとるかといった決定を指すものである。Kuhl (1987)は、意図とは行動の手順を示す様々なプラン(Miller, Galanter, & Pribram, 1960)が覚醒され、それが期待と価値の評価を経てある特定のプランが選択され、そしてそれを実行しようと決断(committed)した状態であるとしている。Kuhl (1987)による意図の定義で重要なのは、単に行動のプランがあれば行動が起こると考えるのではなく、その行動を実行しようと決断すること(commitment)が必要であるとしていることである。したがって、何らかの行動が望ましいと考えたり、それをしたいという欲求や動機があるだけでは行動が起こるには不十分であり、それらが期待と価値の評定を経て、実行しようと決断されることで行動が起こる。このKuhl (1987)による意図の選択過程のように、価値と期待の見積の後に行動の意思決定をするという見方と同様なプロセスを想定しているものに、Ajzen (1985, 1988)(同様にAjzen & Fishbein, 1980)、Winne and Hadwin (1998) (同様に Winne, 2001)、Kuhl (1987)、Heckhausen (1991)、Heckhausen and Kuhl (1985)がある。

　第二言語学習における動機づけ研究では、Dörnyei and Ottó (1998) (および Dörnyei, 2000) が、動機づけのプロセスモデル (図2-4を参照) を提案し、行動の生起・維持過程と、行動が終了した後の段階を詳解している。このモデルは上記のKuhl (1987)、Heckhausen (1991)、Heckhausen and Kuhl (1985)などに基づいているため、本研究の枠組みはこのDörnyeiらによるモデルとも整合性がある。本研究の枠組は行動の生起段階を表したものであるので、動機づけのプロセスモデルでは、行動の前段階(pre-actional stage)にあたると考えられる。この段階では学習者が意図を形成し行動を起こすまでのプロセスが想定されており、その過程で期待や価値に相当すると考えられる動機づけ要因が関係するとされ、その結果意図が形成されると考えられている。

　ところで、教育心理学においては目標に関する概念として、達成目標

(achievement goals)の質の違いに着目した目標志向性(goal orientation)の研究が多くなされている。目標志向性とは，達成場面において能力を追求することに関し，能力の習得のためや能力を証明するためといった目的の質の違いを指す(Harackiewicz, Barron, & Elliot, 1998)。志向性の分類は研究者により異なるが，大きく分けると，自分の能力を伸ばすことを目的として学習する習得目標（または学習目標）と，他者よりも勝りたい，あるいは他者より劣っていると見られたくないために学習する遂行目標に分けられている（上淵, 2003)。この目標志向性は，一般的には学習全般に対する目標として扱われるため，学習者の特性としての要因である。これらを踏まえて Locke and Latham (1990)の目標に関連する概念の分類に目標志向性を位置づけると，目標の背景にあり，目標の選択に影響する要因としての目的(purpose)に当たると考えられる。

このように考えると，目標志向性は特性の要因として，ある場面における認知的評価に影響し，その結果意図が形成されるというプロセスが考えられる。Eccless と Wigfield の期待×価値モデルに基づく理論でも，目標志向性のような学習一般の水準やそれよりも大きな水準での目標は，価値の見積に影響し，その結果としてその場面での目標が選択されると考えられている(Wigfield & Eccless, 1992, 2001; Wigfield, 1994)。また，目標志向性の研究では，目標志向性を特性として扱うことが一般的であるが，研究者によってはある特定の学習課題に取り組む際の目標を分析対象とすることもある（村山, 2003)。目標志向性は状態の水準での目的なのか，または特性の水準としての目的なのかといった違いは理論的に重要である。特性として学習目標を持つ学習者は，学習に対して自分の能力を高めようとして取り組む傾向にあると考えられる。しかし，いつも学習目標を持って取り組むとは限らず，時には他者よりも勝りたいという目標をもって学習に取り組むこともあると考えられる。このように，傾向としては学習目標を持ちつつも，実際の学習場面で必ずそうなるとも限らない。これについて Pintrich (2000b) は，目標志向性を状況においてアプリオリにアクセスされる知識構造（スキーマ）と捉え，状況により異なる志向性へアクセスされると考えている。特性としての目標志向性は，学習者のスキーマとして存在し，何らかの学

習場面ではそこへアクセスすることで，ある志向性が選択されるが，それは常に一定ではなく，状況に左右されることで別のスキーマへのアクセスがおこり，異なる志向性を選択すると考えられる。すなわち，特性としての目標志向性はあるものの，特定状況における目標の選択は，状況の影響を受けると考えられる。したがって，特性としての目標志向性は，特定状況下（つまり状態としての水準）での目標に影響する要因であり，その過程には状況の影響が介在していると考えられる。

　特定状況下での目標，つまり何を目指しどのような行動をとるかという意図(intention)は，学習行動の選択について研究する上で重要な動機づけの側面であると考えられる。目指すものが異なれば，行動の方向性が変わると考えられる。例えば，学習することで能力を高めるという意図を持てば，学習を促進する行動をとると考えられるが，答えを間違えて恥をかくと感じた場合などに無能だと思われるのを避けたいという意図を持てば，学習行動ではなく，学習を避ける行動をとると考えられる。また，学習方略は目標を達成するための手段である(Schutz, 1994)と考えられるので，目指すものが異なれば，学習方略のような行動の質にも違いが表れると考えられる。したがって，学習方略などの学習者の行動選択について考察する場合，学習者はどのような意図を有しているか知ることが重要となると思われる。また，意図にはどの程度の達成度を目指すかといった基準に関する判断も含まれると考えられるが，そのような判断はモニタリングの基準となるため(Pintrich, 2000a; Zimmerman, 2000)，この側面も学習者の行動を理解するうえで重要となろう。このように，期待と価値の見積に基づいて意図が形成されると考えると，授業への反応の結果学習しようとする意図を持つかどうか，どの程度の達成度を目指すか，どのような取り組み方をしようとするか，といった側面について考察できるため，意図は学習者の動機づけについて考える際に，重要な概念であると言える。

　ここまで認知的評価を動機づけ研究に位置づけてきたが，ここまでの考察は，認知的評価を取り入れた動機づけ研究の発端となった Monique Boekaerts の研究における認知的評価の理論とも整合性があることについても触れておきたい。まず，彼女の研究で認知的評価として測定される概

念について概観したい。Boekaerts (1985)では，認知的評価を 8 つの概念 (familiarity judgment, self-efficacy judgment, personal utility judgment, success-expectancy judgment, teacher perceived utility, peer success expectancy judgment, attractiveness judgment, reward value judgment)で捉えていた。その後 Boekaerts (1986)および Boekaerts (1987)では，7 つの概念 (self-efficacy judgment, personal utility judgment, success-expectancy judgment, teacher perceived utility, peer success expectancy judgment, attractiveness judgment, perceived difficulty judgment)で測定していたが(Boekaerts, 1988)，後に，それまでの研究の結果から，学習行動とさほど関係が強くない teacher perceived utility, peer success expectancy judgment を除外し，重要な側面として，subjective competence, task attraction, perceived relevance の 3 つを測定対象としている(Boekaerts, 2002; Seegers & Boekaerts, 1993; Vermeer, Boekaserts, & Seegers, 2000)。subjective competence は 3 つの下位要因からなり，perceived difficulty, success expectation, self-efficacy をまとめた概念であるとされている。task attraction は，取り組もうとする学習課題が，どれほど好きなものか，魅力的に感じるかといった，課題に対する楽しさを測定するものである。perceived relevance は，課題に対してどの程度重要・有用であると感じているかといった，自分との関連性の強さを測定するものである。

　この変遷を見ると，初期の研究で個別に分析されていた perceived difficulty, success expectation (expectancy), self-efficacy といった概念が，subjective competence というひとつの概念に統合されていることが分かる。この側面は期待×価値モデルにおける期待の概念に相当すると考えられる。また，task attraction と perceived relevance は個別に扱われているものの，それらの概念が差す内容を検討すると，期待×価値モデルにおいて価値の判断に関係するとされる内発的興味(intrinsic value)，重要性(attainment value または importance)，有用性(utility value または usefulness)に相当するものであると考えられる。したがって，Boekaserts の理論の中の task attraction と perceived relevance は，期待×価値モデルにおける価値の見積の側面に相当すると考えられる。

　さらに Boekaerts の理論では，認知的評価での見積が意図の形成に影響

すると考えられている。認知的評価が学習に影響するプロセスをモデル化した Theory of Adaptable Learning (Boekaerts, 1993) では，認知的評価の結果により，肯定的な評価ならば学習行動をとる意図を持ち，否定的な評価ならば学習を回避するなどの自己防衛的な意図を持つとされている。このように，Boekaerts の理論でも，認知的評価により期待と価値に関する見積がなされ，それらが意図の形成に影響すると考えられている。

ここまで動機づけ理論に基づいて認知的評価を捉える枠組について述べたが，それらを図示すると，図 2-7 のようになる。

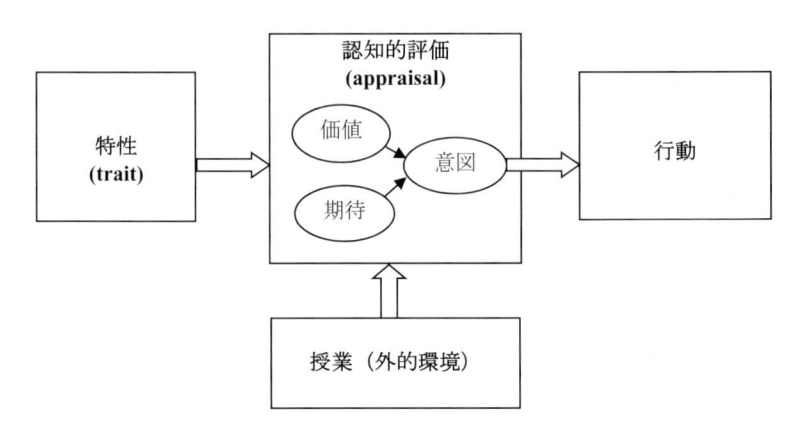

図 2-7 認知的評価を中心にした動機づけのプロセス

ここまでの考察を踏まえて，各段階についてまとめてみたい。まず，特性の段階は顕在化または覚醒したものではなく，傾向性を指す。この段階に含まれる要因は多岐にわたる。動機づけを状態と特性に分けて考えると，特性を図 1-1 のような階層に位置づければ，文脈的水準から全体的水準まで含む。したがって，特性に含まれるものは，英語の好き嫌いや，英語を学ぶ理由など，第二言語学習という文脈に関係するものから，過去の学習経験一般から構築された学習観，能力感などの自己に関する概念や，自尊心などのパーソナリティーまで含まれる。

次に認知的評価の段階は，上述のとおり，実際の学習場面において学習

者が授業や学習課題について主観的に評価し，意思決定する段階である。したがって，内的要因としての比較的固定的な傾向ではなく，環境との相互作用の中で起こる動的な認知過程である。この過程において，学習者は学習課題についての価値と期待を見積り，さらにその情報に基づいて意図を形成し，行動の方向性や強さなどが決められる。こういった認知的評価は，自分が持つ概念（つまり特性）が判断基準となりなされるものであり，個人ごとに特異であると考えられる。同一の学習課題でも，学習者によって受け取り方が異なることが考えられるが，その原因は特性の違いによるものと考えられる。

最後に行動の段階は，学習者が実際に行ったことを指す段階であるが，動機づけは行動の選択(choice)，遂行の強度(effort)，持続性(persistence)といった行動の3つの側面に影響するとされている(Graham & Weiner, 1996)。また，図には含まれていないが，行動の結果として学習成果へと至る。

なお認知的評価はある学習場面において一度だけなされるというものではない。図2-7は系列的に描かれているが，実際は外界の刺激に対して絶えず評価を繰り返しており，連続して起こる現象であると考えられる(Boekaerts, 1991)[11]。

2.4 他分野との接点

動機づけ研究は行動を理解することが目的であり，したがって，行動に影響する要因について分析する。第二言語学習の研究では，動機づけ以外の分野でも学習者の行動に影響する要因や，学習者間の行動の違いについて研究がなされており，特にLearner Beliefs，学習方略やメタ認知，感情，不安やWillingness to Communicate といった研究分野は，動機づけと関係があるとされている。しかし，それらのほとんどは動機づけと別個の研究分野であり，動機づけと関連があるとされながらも同一の領域として研究されることはあまりない。学習者の行動に影響する要因や行動の違いといった研究は動機づけの研究と共通するものであるので，これまで別個に研究

---

[11] このことを示す研究については，付章を参照されたい。

されてきたものが統合的に研究されるようになることで，学習者要因の研究が発展し，また学習意欲を高める方策についても示唆が得られるものと考えられる。

動機づけに関係するとされてきた Learner Beliefs，学習方略やメタ認知，感情，不安や Willingness to Communicate といった分野では，学習者の認知的評価を想定しているという点で共通している。したがって，図 2-7 のような認知的評価のプロセスは動機づけ研究の中の概念を基に構成されているが，それは動機づけ研究で取り上げられる要因だけでなく，他の学習者要因の研究にも有用であると考えられる。そのため，認知的評価を研究することで異なる分野の研究課題を結び付け，共通のプラットフォーム上で議論できる可能性がある。以下では，Learner Beliefs の研究，学習方略とメタ認知の研究，感情の研究，不安や Willingness to Communicate の研究と認知的評価の接点について述べ，図 2-7 のような見方が，動機づけ研究で扱われてきた要因以外にも適用ができることを示したい。

2.4.1 Learner Beliefs 研究とのつながり

学習者要因の研究の中で，Learner Beliefs と呼ばれる分野がある。beliefs という呼び方以外にも，研究者の立場によっていろいろな呼び方があるが(Wenden, 1998; Barcelos, 2003)，それらはいずれも学習者が第二言語学習について持つ考え，意見，認識といったものを研究する。以下，beliefs の訳語として認識という語を使用する[12]。

学習者要因として認識が取り上げられるのは，認識が学習者の行動に影響すると考えられており(Ellis, 1994a; Woods, 2003)，学習者の行動を変容するためには認識を変えることが必要になると考えられているためである。そのため，学習者の認識はあらゆる文脈で教育上重要な側面となる。これまで研究でも様々な文脈において学習者の認識が研究されており，例えば，第二言語習得(Chamot & O'Malley, 1994; Wenden, 1987b)，自律学習(Gremmo &

---

[12] beliefs の邦訳は定まったものがない。例えば竹内(2003)では信念，岡崎(1999)では確信，中島・関屋(2005)では信条といった語が用いられている。本論文では，それらの訳語が含意するものと Learner Beliefs 研究において対象とされるものには乖離があると判断し，認識という語を使用する。

Riley, 1995; Dickinson, 1996; Wenden, 1995, 1998), self-access center や distance learning などによる教室外での学習(Piper, 1994; Gardner & Miller, 1999; White, 1995, 1999)といった様々な分野で取り上げられている。教室での授業も例外ではなく，教師は授業を計画する際に，学習者の認識を考慮するべきであることが指摘されている(Richards & Lockhart, 1994; Nunan, 1989, 1995)。

もともと学習者の認識の研究が盛んになった背景には，学習者の認識を知ることで教室での授業に生かすという教育上の目的があった。この分野の研究が盛んになったのは1980年代後半からで，教師と学習者の認識にずれがあると指導がうまくいかない可能性があるという指摘から始まった。学習者の認識は，授業への満足度，学習への取り組み，達成度，授業では何が行われるのかという期待に関係すると考えられ，仮に学習者が教師とは違う認識を有すると，学習者は自分が求めているものが得られないことに不満を感じ，学習意欲が低下する恐れがあると懸念されている(Horwitz, 1987, 1988)。このような懸念の背景には，学習者は教師が計画し実行する授業に対し，これは自分にとってどれほど重要かなどといった意味づけや主観的解釈を行っているという考えがあると言える。学習者の認識はその解釈や意味づけに影響すると考えられているため，認識を考慮して授業を計画し，学習者の主観的な解釈や意味づけを肯定的にしたいという願いが，学習者の認識を研究することの背景にある(Block, 1994; Nunan, 1989, 1995; Richards & Lockhart, 1996)。

学習者の認識の研究は動機づけ研究とは別個に行われてきたが，学習者は授業に対して主観的な解釈などを行っており，その評価に学習者の認識が影響するという考え方は，動機づけ研究における認知的評価と同じ見方をしていると言える。学習者の認識は動機づけに関係するという示唆はなされていたものの，学習者の認識の研究と動機づけ研究は別個に発展してきたため，この2つの分野が直接に結び付けられることはこれまでなかった。しかし，特定状況下という水準で動機づけを捉える視点に立って，学習者は認知的評価を行っていると考えることで，両者を同一の理論的基盤に基づいて議論することが可能となるだろう。

しかし，これまでの学習者の認識の研究では，直接に認知的評価を組み

込んだ研究はなされていない。これまで学習者の認識に関して研究されてきたことは，次の3点にまとめることができる。

1) 認識の記述

学習者がどのような認識を持っているか記述する研究が多く見られる。質問紙やインタビューを用いて，学習者の認識を記述し，学習者間に認識の個人差があることを示している(Horwitz, 1987, 1988, 1999; Wenden, 1986a, 1986b, 1987b; Sakui & Gaies, 1999; Victori, 1999; Cotterall, 1999; Rifkin, 2000; Diab, 2006)。また授業に関する研究では，教師と学習者の認識を記述し両者を比較すると，必ずしも教師と学習者が同じ認識を有しているとは限らないことが分かり，そのような認識の乖離は学習意欲の低下を招く可能性があると考えられている(Nunan, 1989, 1995; Kern, 1995; Schulz, 1996, 2001; Peacock, 1998)。

これらの研究では認識を記述することにとどまっており，認識が学習にどのように関係するか分析されていない。また，多くの研究ではBALLI (Beliefs about language learning inventory: Horwitz, 1987)が使われているが，表2-12に示されるBALLIの項目を見ると，これは外国語学習全般にわたる質問項目であることが分かる。そのため，全ての項目が授業に直接関係するとは言い難く，また認識と学習行動や学習成果との関連，または学習意欲との関連が見出しにくいと言える。

2) 認識と行動の関係

認識の記述にとどまらず，認識と方略などの学習行動の関係，または学習成果との関係を分析する研究も見られる(Yang, 1999; Mori, 1999a, 1999b)。これらの研究では，主に認識と行動や学習成果の指標との相関に基づいて両者の関係を議論している。また Victori (1999)では，ライティングに関する認識と行動との関係を，ライティングが上手な学習者と苦手な学習者の比較を質的な分析により行い，両者のライティング行動の違いは，認識の違いが原因であると述べている。ただし，これらの研究では認識と行動に関係があることが示されているが，認識がどのように行動に影響するのかといった過程については分析がなされていない。

表 2-12　BALLI の項目 (Horwitz, 1987)

1. It is easier for children than adults to learn a foreign language.
2. Some people have a special ability for learning foreign languages.
3. Some languages are easier to learn than others.
4. English is:
    (a) a very difficult language.　　(b) a difficult language.
    (c) a language of medium difficulty.　(d) an easy language.
    (e) an very easy language
5. I believe that I will learn to speak English very well.
6. People from my country are good at learning foreign languages.
7. It is important to speak English with an excellent pronunciation.
8. It is necessary to know about English-speaking cultures in order to speak English.
9. You shouldn't say anything until you can say it correctly.
10. It is easier for someone who already speaks a foreign language to learn another one.
11. People who are good at mathematics or science are not good at learning foreign languages.
12. It is best to learn English in an English-speaking country.
13. I enjoy practicing English with the Americans I meet.
14. It's o.k. to guess if you don't know a word in English.
15. If someone spent one hour a day learning a language, how long would it take them to speak the language very well:
    (a) less than a year　(b) 1-2 years　(c) 3-5 years　(d) 5-10 years
    (e) You can't learn a language in 1 hour a day.
16. I have a special ability for learning foreign languages.
17. The most important part of learning a foreign language is learning vocabulary words.
18. It is important to repeat and practice a lot.
19. Women are better than men at learning foreign languages.
20. People in my country feel that it is important to speak English.
21. I feel timid speaking English with other people.
22. If beginning students are permitted to make errors in English, it will be difficult for them to speak correctly later on.
23. The most important part of learning a foreign language is learning the grammar.
24. I would like to learn English so that I can get to know Americans better.
25. It is easier to speak than understand a foreign language.
26. It is important to practice with cassettes or tapes.
27. Learning a foreign language is different than learning other academic subjects.
28. The most important part of learning English is learning how to translate from my native language.
29. If I learn English well, I will have better opportunities for a good job.
30. People who speak more than one language are very intelligent.
31. I want to learn to speak English very well.
32. I would like to have American friends.
33. Everyone can learn to speak a foreign language.
34. It is easier to read and write English than speak and understand it.

図2-7に基づけば，認識は特性の段階の要因であり，方略などは行動の段階，学習成果は行動の結果であると言えるが，学習者の認識と行動との関係を分析した研究では，直接に認知的評価は組み込まれていない。

3) 認識の変化

　学習者の認識の変化を報告する研究も見られる。教室外での学習において認識を変容させる試みの成果を報告するもの(Victori & Lockhart, 1995)がある他，教室での授業を受講した結果どのように認識が変化したか記述するもの(Kern, 1995)もある。Kern (1995)は，1セメスター（15週間）にわたる授業を受けた後の学習者の認識の変化を，BALLI (Beliefs about language learning inventory: Horwitz, 1987)を用いて分析した。その結果，平均値やパーセンテージにより全体的な傾向を見た場合にはそれほど変化は認められないが，個人ひとりひとりを見た場合，変化が認められる者がいた。

　このように，学習者の認識についての研究は蓄積されているものの，これらの研究では直接に認知的評価を研究に組み込んでいないため，認識がどのように認知的評価に影響するのか分析されていない。また，認知的評価を捉える枠組も提案されていないため，認識についての研究を授業に生かすためにはどのような認識を研究対象とすればよいのか，認識のどの側面を調べれば指導に役立てることができるのかといったことがはっきりしない。教室での指導に生かすための情報として学習者の認識を研究する場合，指導が行われる文脈において認知的評価に関係する認識の側面を重視することが求められよう。したがって認知的評価を捉える枠組を明確にすることで，学習者の認識の研究を授業へ生かすことが可能となると思われる。

2.4.2 学習方略・メタ認知研究とのつながり

　Dörnyei and Skehan (2003)およびDörnyei (2005)が指摘するように，第二言語学習における学習方略の研究では，方略という概念は理論的基盤に則って定義されていないため方略の定義は定まったものがないが，Weinstein

第 2 章 理論的背景―認知的評価と動機づけ―

and Mayer (1986), O'Malley and Chamot (1990), Oxford (1990), Cohen (1998)による定義を総合すると，学習方略とは学習者が学習を促進するために自らとる行動や思考のことを指すと言える。学習方略の研究は，学習行動の質の違いが学習成果にどのように影響するのかということを研究対象とし，どのようにすれば学習者が質の高い学習を行えるよう指導できるのかという教育的示唆を含んでいる。

　方略という概念は，効果的な学習のために学習者自身が主体的に学習事項の情報を操作するという，学習者を情報処理の主体と見る認知的な見方から発生している。一方，動機づけは第二言語学習における研究では情意要因として扱われることが多く，認知とは異なる分野として扱われているため，両者が同じプラットフォームで議論されることはなかった。しかし学習方略の研究では，動機づけが方略使用に影響するという研究の結果が報告されている。動機づけの研究の中でも，動機づけ要因と方略使用の関係を分析する研究も見られるように，方略と動機づけは異なる分野として研究されてきたものの，学習の過程では非常に関連が深いものである。また，動機づけをプロセスとしてみると，先に認知的評価として表されたプロセスは，方略選択のプロセスと重複すると考えられる。以下では，動機づけと学習方略の関連から，認知的評価を研究することの意義について述べたい。

学習方略の研究の発展とメタ認知

　第二言語学習における学習方略の研究は，よくできる学習者の学習方法を見出して，それを他の学習者に教授することで彼らの学習を促進したいという教育的なニーズから起こった。そのため，初期の研究（例えば Rubin, 1975; Stern, 1975; Naiman, Fröhlich, Stern, & Todesco, 1978/1996）は"good language learner study"と呼ばれ，よくできる学習者が使う，いわば「特別な方略」を探し出すことを目指した研究が多かった。しかし研究がなされるにつれて，よくできる学習者とそうでない学習者の違いは，使用する方略の数やタイプの違いにあるのではなく，状況に応じて適切な方略を「柔軟に使い分ける」ことにあることが分かり (Abraham & Vann, 1987; Vann & Abraham, 1990;

Chamot, 2001),方略選択のプロセスへ注目が移った。このプロセスでは,学習者は課題の困難さや,求められる技能,自分の知識量や,自分は課題を行うのに必要な知識や技能を持ち合わせているかどうか,といった条件を分析し,適切な方略を選ぶことが求められると考えられる。このプロセスは心理学ではメタ認知と呼ばれ,学習方略研究においてその重要性が指摘されるようになった(Chamot & O'Malley, 1994; Wenden, 1987a)。

メタ認知は心理学のいろいろな分野で研究されているものであるため,その捉え方も様々であるが,第二言語学習での学習方略研究においては,大きくメタ認知的方略(metacognitive strategies)とメタ認知的知識(metacognitive knowledge)の2つに区分して考えられている。メタ認知的方略とは,メタ認知を行うことそのものを指し,planning, monitoring, evaluating の三つに分けて議論されることが多い(例えば Wenden, 1998; O'Malley & Chamot, 1990)。メタ認知的知識とは,自分や人間一般の認知機構についての知識であり,メタ認知的方略を使うことの基礎となる(Wenden, 1987a, 1998)。

メタ認知的方略に含まれる planning, monitoring, evaluating とはどのようなものであるか概観したい。planning とは,どのように学習に取り組むか決める段階である。この段階において方略が選択される。monitoring は学習を行っている際に,学習の進み具合を監視することを指す。evaluating は,学習後に学習を振り返ることを指す。この3つのうち認知的評価との関連においては,方略選択を含む planning が重要となる。

planning の過程は学習への取り組み方を決める段階であるため,方略選択はこの段階で行われる。方略を選択する前に,学習者は取りかかろうとするタスクについて分析をして,困難度などを知る必要がある。このタスクについての分析を,Wenden (1998)は課題分析(task analysis)と呼び,次の3つの分析がなされるとしている。

1)タスクの目的は何か知る(このタスクでは何を学習することが求められているのか,それは自分のニーズと合致するかどうか)
2)タスクの困難な点はどこか分析する(以前に経験したことに近いかどうか考える)

3）タスクに求められる知識・技能を見積る（どのように取り組めばよいか，そのために必要な知識や技能は何か分析する）

　これらの分析の内容を検討すると，課題分析は認知的評価の内容と一致することが分かる。1）のタスクの目的を知る段階では，学習者はタスクで何を求められているのか考え，それと自分のニーズと合致するかどうか考えるとされているが，これは価値の見積と重なると言える。2）のタスクの困難点についての分析は，どのような困難があり，それを以前の経験により解決できるかどうか考えることであるが，これは自分がタスクを遂行することができるかどうかという期待の見積と重なる。3）の求められる知識や技能の見積は，期待の見積の中の課題の遂行に要求されるもの(task demands)の見積と同じであると考えられる。そして，planning では課題分析を基に学習する目標を立て，その目標を達成するためにふさわしい方略を選ぶわけであるが，タスクに対する見積を基に行動を選ぶということは，意図の形成の段階と一致するものと考えられる。

　また Wenden (1998)は，メタ認知的知識は学習目標の選択や評価の基準に影響することを述べており，メタ認知的知識が動機づけの概念と重複していることを示している。同様の指摘は Pintrich, Wolters, and Baxter (2000)にも見られる。このように，メタ認知のうち planning として議論されてきた思考過程は，認知的評価と同じ過程を指していると言える。

　学習方略やメタ認知という概念は，人は情報処理をする主体であると考える認知的な見方に立脚しており，一方で動機づけは，第二言語学習の研究では情意要因として研究されてきたため，両者は全く別のものを指しているように見える。しかし，動機づけ理論のうち認知的動機づけ理論は，外界からの刺激を認知的働きにより処理することで主観的な評価が行われるという見方をとっているように，動機づけと認知が相容れないわけではない。また，Winne and Marx (1989)は，認知心理学的な情報処理の機構と認知的な動機づけの見方は，処理する情報が異なるだけで処理の機構は同じであると考えている。

Wenden (2002)は，学習者トレーニング[13]研究の今後の方向性のひとつに，planning について詳しく研究するべきことを述べている。Wenden (2002)が指摘するように，これまで planning について理論的考察はなされているものの，データに基づいた研究がなされていないため，planning の機能については不明なことが多い。上述のように，planning は認知的評価と重複すると考えられるため，認知的評価を研究することは，メタ認知や方略選択の研究にも示唆を与えるものと考えられる。

学習方略と動機づけ

　学習方略の研究では，方略使用に関係する要因の研究もなされている。方略使用はメタ認知の結果とも言えるため，方略使用は方略についての知識を含むメタ認知的知識（または学習者の認識）に左右される(Wenden, 1987b)。方略使用に関係する要因は他にも，習熟度(Green & Oxford, 1995)，学習者の文化背景(Oxford & Burry-Stock, 1995; Politzer & McGroaty, 1985)，性差(Green & Oxford, 1995)，タスク(O'Mally & Chamot, 1990)などが挙げられるが，Oxford and Nyikos (1989)は様々な要因について分析を行い，動機づけが最も強い影響を与えていたと報告している。この結果は，学習方略と動機づけは密接に関係していることを示唆している。

　しかしひとつ問題がある。動機づけということばは様々な概念を包括するものであるため，動機づけが学習方略に影響すると言った場合，具体的に何が学習方略に影響するのか不明である。そもそも学習方略は学習を促進するために学習者がとる行動であるので，学習方略を使うことそのものが動機づけ（学習意欲）の表れとも言え(Dörnyei, 2001b, 2003)，この場合，学習方略は動機づけの一部とも言える。動機づけをプロセスと考えると，学習方略は行動に当たるので，方略が動機づけの一部と考えることは理論上可能である。「動機づけが学習方略に影響する」と言った場合，それはプロセスの一部の要因を指して動機づけと呼び，それと行動との間に関係があ

---

[13] 学習方略使用，ないしは学習者の自律を促すための指導。学習者トレーニングについての理論的な考察は，Dickinson (1992), Ridley (1997), Wenden (1991)を，具体的な指導方法については Chamot, Barnhardt, El-Dinary, and Robbins (1999), Ellis and Sinclair (1989), Rubin and Thompson (1994), Scharle and Szabó (2000), 大学英語教育学会学習ストラテジー研究会(2006)等を参照されたい。

るということを意味しているものと考えられる。

　一方，動機づけ研究では，動機づけ要因がいかに学習行動に影響するのかという点について研究がなされるべきであるという主張がなされており，そのための研究として，動機づけ要因と学習方略使用との関係を分析する研究の必要性が指摘された(Dörnyei, 1996)。そして実際に，様々な動機づけ要因と方略使用との関係を分析した研究がなされた。

　統合的動機づけを構成する要因と方略使用について分析をした研究がいくつか報告されている。MacIntyre and Noels (1996)は，統合的動機づけの下位要因である目標言語文化への統合度(integrativeness)，学習環境に対する態度(attitudes toward the learning situation)，動機づけ(motivation)と，方略使用の頻度の相関を分析している。方略使用の測定には Oxford (1990)による SILL (Strategy Inventory for Language Learning)を用い，方略のタイプによるカテゴリーごと（記憶方略，認知的方略，補償方略，メタ認知的方略，情意方略，社会的方略）に上記の動機づけ要因との相関が算出された。その結果，動機づけが多くのタイプの方略使用と相関があり，また目標言語文化に対する統合度や学習環境に対する態度もいくつかのタイプの方略と相関があった。

　ただし，この結果の解釈には慎重にならねばならない。統合的動機づけの構成要因としての動機づけは，その言語を学ぶ欲求(desire to learn the L2)，第二言語学習に対する態度(attitudes toward learning the L2)といった学習者の態度や情意的な要因に加え，遂行強度(motivational intensity)といった学習行動も含む概念である。学習方略使用も学習行動であり，方略を使うということはすなわち何らかの意図的な努力を要するものと考えられるため，統合的動機づけの一部としての動機づけが方略使用と相関があるとしても，それは動機づけの測定が行動も含んでいるために相関が見られたという可能性が考えられる。もうひとつの可能性としては，その言語を学ぼうとする欲求が高まることで学習方略使用も高まったという解釈も可能である。統合的動機づけの下位要因としての動機づけには，行動の強さの他にも学習者がその言語を学ぼうとする欲求も含まれるように，学ぼうとする意欲に関する要因も含まれる。したがって，その言語を学びたいという気持ちから学習行動が起こり，その結果，方略使用が高まったという解釈も可能であ

ろう。このように，統合的動機づけの理論における動機づけは，学習者の情意的な要因に加えて行動も含まれるため，方略使用と相関があるとしても解釈が困難である。

また，目標言語文化への統合度と学習環境に対する態度もいくつかのタイプの方略と相関があったことから，統合的動機づけも理論に基づけば，これらの2つの要因が高まると動機づけが高まり，その結果方略使用へつながるのではないかと考えられる。これを実証しているのが Gardner, Tremblay, and Masgoret (1997)による分析である。この分析では様々な学習者要因が習熟度へ与える影響を，構造方程式モデリングにより検証している。その一部に方略使用と動機づけに関する要因がある。このモデルでは，動機づけが方略使用に対して影響するという関係が想定され，さらに動機づけに対しては態度(Language Attitude)が影響するといった関係が想定されている。この分析における態度という要因は，目標言語文化への統合度と学習環境への態度を構成する要因すべてをひとつの因子としてまとめたものである。分析の結果，態度は動機づけを高め，そして動機づけは方略使用を高めるという関係にあることが示された。

このような結果から，動機づけに関係する要因が高まることで学習方略使用が促されると言えよう。しかし，統合的動機づけの理論での動機づけは行動の指標を含んだ概念であり，動機づけの背景要因が動機づけに影響するといった場合，それがどのような過程を経て影響するのかということが充分に分析されていない。目標言語文化への統合度や学習環境への態度が肯定的になることで，どのように行動に影響するのかということが統合的動機づけの理論では明確にされていない。それらの要因が高まることで，第二言語を学ぶ欲求が高まり，その結果遂行強度も高まるという関係にあるのではないかと推測できるが，この理論では動機づけという概念に欲求と行動がまとめられているため，そのプロセスを検証することができていない。そのため，今後の研究ではそのプロセスに焦点をあてた分析がなされることが求められよう。

統合的動機づけの理論以外の枠組でも，動機づけと学習方略の関係が分析されている。Schmidt, Boraie, and Kassabgy (1996)は，学習者の動機づけを

構成する要因と学習方略使用の関係を分析している。内発的動機づけ，目標言語集団に対する態度，期待，原因帰属など，さまざまな動機づけ概念を測定する項目からなる質問紙を，エジプトの大学生英語学習者に対し実施した。因子分析の結果，9つの因子が得られた（英語を学ぶ意思の強さ，期待，興味などに関する項目からなる「決意(determination)」の因子，「不安(anxiety)」の因子，「道具的学習目的(instrumental motivation)」の因子，クラスメートや教師と仲良くしようとする「社交性(sociability)」の因子，「外国文化に対する態度(attitudes toward foreign culture)」の因子，学習目的が外国に居住することを示す「在留(foreign residence)」の因子，「内発的動機づけ(intrinsic motivation)」の因子，失敗の原因を外的要因に帰属する「失敗の原因の認知(beliefs about failure)」の因子，英語を学ぶことを楽しいと感じる「楽しさ(enjoyment)」の因子）。学習方略の測定では英語学習に関する認知的方略を測定する25項目の質問紙が実施され，因子分析の結果，5つの因子が得られた（リハーサル方略，推測，モニタリングなどを含む「能動性(active involvement)」の因子，「組織化(organizing learning)」の因子，「リソース管理(resource management)」の因子，「対処(coping strategies)」の因子，「時間管理(time management)」の因子）。

　動機づけの因子と方略の因子の間の相関を算出したところ，決意の因子は方略の4つの因子（能動性，組織化，リソース管理，対処）と有意な相関が見られたが，道具的学習目的は能動性とのみ，社交性は能動性と組織化の方略とのみ有意な相関があった。他の動機づけ因子は方略の因子と有意な相関が見られなかった。

　Schmidt and Watanabe (2001)は，5つの外国語の学習者（中国語，タガログ語，フランス語，日本語，スペイン語）を対象に，動機づけと方略使用の関係を分析している。動機づけの質問紙データを因子分析した結果，様々な学習目的を含む「価値(value)」，不安がなく学習に対して自信がある「期待(expectancy)」，学習に力を注ぐ意図を表す「意欲の強さ(motivational strength)」，他者よりも勝りたいとする「競争心(competitiveness)」，他の学習者や教師と協力して学ぼうとする「協同性(cooperativeness)」，自らの文化的背景の言語を学ぼうとする「文化継承(heritage)」の6つの因子が得られた。方略のデータに対しても因子分析を行い，スタディースキル，認知的方略，対処方略，

社会的方略の4つの因子を得た。

　動機づけの因子と方略の因子の相関を検討すると，最も多くの方略の因子と相関があったのは意欲の強さで，認知的方略，スタディースキル，対処法略の3つの因子と相関があった。協同性は認知的方略，社会的方略，対処法略の3つと相関があった。価値は認知的方略とスタディースキルの2つと相関があった。競争心と期待は認知的方略とのみ相関があり，文化継承はどの方略の因子とも相関がなかった。このように，動機づけの因子は方略と関係があることが示されたが，異なる動機づけ因子は異なるタイプの方略と相関があることが分かる。

　ここまで挙げられた研究の他にも，心理学の動機づけ理論を第二言語学習に応用した研究の例や，教育心理学の分野で動機づけと学習方略の関係に関する研究も報告されている。以下ではそのような研究の中から，特に英語学習を研究対象としたものについて概観したい。

　堀野・市川(1997)は，日本人高校生を対象に，英語語彙学習方略と学習動機との関係を分析している。学習動機の測定には，学習者の自由記述を分類することでボトムアップに構築された動機の分類である二要因モデル（市川, 1995）に基づく尺度[14]が使用されている。これは，学習動機を学習内容の重要性の違いと，賞罰の直接性という2つの軸上で分類したものである。この尺度は教科を特定せずに学習一般を対象としているが，英語学習者の動機の研究に応用した例も見られる(Maeda, 2003, 2004)ように，英語学習に対しても適用可能と考えられる。堀野・市川(1997)による研究では，学習動機を学習内容の重要性の軸上で二分類し，学習内容を重視した「内容関与的動機」と，学習内容を軽視した「内容分離的動機」に分けて分析を行っている。学習方略は英語の単語の学習に関する方略であり，「体制化方略」「イメージ化方略」「反復方略」に分けられた。学習動機と方略との関係を重回帰分析で分析したところ，内容関与的動機と3つの方略のグループ間では有意な正の標準偏回帰係数が見られたが，内容分離的動機はいずれの方略のグループに対しても有意な係数は見られなかった。

---

[14] 二要因モデルの質問紙尺度の項目は，市川・堀野・久保(1998, p.193)を参照されたい。

第2章 理論的背景—認知的評価と動機づけ—

　久保(1999)は，日本人大学生の英語学習行動を規定する要因について研究している。そこでは，学習行動を学習方略と学習時間で測定し，それらに対し学習動機と認知的評価がどのように関係するのか，モデルを構築して検証している。学習動機は市川(1995)による二要因モデルを参考に日本人大学生の英語学習動機を測定するために開発された尺度（久保, 1997)を用い，学習自体を面白いと感じたり，頭を鍛えるために学習するといった「充実・訓練志向」と，英語ができると他の人よりも優れていると感じる自尊心や，英語ができると経済的に有利とするような報酬を目的とした「自尊・報酬志向」の2つの要因を測定する。これに加え，塩谷(1995)に基づいて認知的評価[15]をモデルに組み込み，どのように学習したらよいかわからないといった学習方法の未知感について測定する「スキルの認知」と，学習をするのは大変と感じる負担感を測定する「コストの認知」の2つを加えている。

　分析では構造方程式モデリングを用い，モデルとデータの適合を検討している。その結果，充実・訓練志向の学習動機は学習行動（学習方略）に対して影響を及ぼすと述べている。また，それぞれの要因間の相関係数を検討したところ，自尊・報酬志向の学習動機は学習方略とほとんど関係がないことが分かった。また，認知的評価も学習方略使用に対して影響することが見出されており，学習動機だけでなく学習に対してどう思っているかという認知的変数も行動に影響することを示している。

　また，充実・訓練志向の学習動機と認知的評価の間には相関があった。これは，学習動機が変わると認知的評価も変わり，逆に認知的評価が変わると学習動機も変わるという関係にあることを示していると言える。

　認知的評価のうち，スキルの認知は学習方略使用と正の相関があった。このことから，学習方法を知っていると感じている者は，より方略を使うと考えられる。また，コストの認知は学習時間と相関があり，負担感が少ないほど学習時間が長いという結果であった。また，スキルの認知とコストの認知の間にも相関があった。

　Nakayama and Yoshida (2003)は，目標志向性の違いと英語学習方略使用の

---

[15] 久保(1999)で測定される認知的評価は，特定状況下での認知的評価ではなく，英語学習全般を対象としたものである。したがって，この研究での認知的評価と，本研究で扱う認知的評価は，分析の単位が異なる。

関係を分析している。目標志向性に関しては様々な研究者が理論を構築しているが、それらは共通する部分が多いため、一般に目標の分類においては、学習することで自分の能力を高めようとする学習目標（または習得目標）と、他者よりも優れたい、または無能と見られるのを避けたいとする遂行目標に分けられる。Nakayama and Yoshida (2003)では速水・伊藤・吉崎(1989)による目標指向性の尺度を用い、因子分析の結果から、学習目標に相当する「理解志向」と、遂行目標に相当する「現実志向」と「評価志向」の3つに分けている。方略は SILL (Oxford, 1990)を使用して測定した。

　分析では、これらの目標の違いと SILL の各カテゴリーとの関係を、偏相関により分析している。つまり、あるひとつの目標志向性と方略との相関を分析する際に、残り2つの志向性を制御変数とすることで、それらの影響を排除した上で目標志向性と方略の間に関係があるかどうか分析している。その結果、理解志向は方略のいずれのカテゴリーとも相関が見られたが、他の志向性では相関がない、または低い相関しか見られなかった。

　ここまで概観した研究では、学習動機の分類の理論的背景が異なったり、用いる尺度が異なっているため、測定される概念の内容には違いがある。しかし、方略と相関があるとされた動機の種類は、学習内容を身につけようとする内容の動機であると言える。鹿毛(1995a)は、市川の二要因モデルや達成目標理論や内発的動機づけなどのさまざまな動機づけ理論における動機の種類をメタ理論的に分類しており、内容必然的な学習意欲、自己必然的な学習意欲、状況必然的な学習意欲に分けている。内容必然的な学習意欲とは、学習内容に必然性を感じることで生じる学習意欲で、「〜を学びたい」という気持ちが学習者にあることを意味する。状況必然的な学習意欲とは、学校や家庭といった生活の場、親や友人といった人間関係、社会的状況が基となる学習意欲であり、状況により要求されることで学習することを示している。この状況必然性は2つに下位区分でき、人間関係を基とするする関係必然性、報酬などを基とする条件必然性に分けられる。自己必然的な学習意欲とは、肯定的な自己概念のために学ぶということを指し、その内容により向上志向と相対比較志向に分けられている。この鹿毛(1995a)による分類に、方略使用と関係があるとされた動機をあてはめてみ

ると，内容必然性の範疇に入ると思われる。

　これらの研究は，動機づけと方略には関係があることを示し，学習者の動機の種類が学習行動に関係していることを示している。しかし，動機がいかに行動に結びつくか，その過程は示されていない。これは上述の統合的動機づけの要因と方略使用を分析した研究の課題としても浮かび上がったことである。方略研究では，方略の選択はメタ認知として研究されているが，そこに学習目的などの動機づけ要因がどのように関係するのかといった点について，より詳細に研究がなれる必要があろう。メタ認知，特に planning の過程は認知的評価の過程と重複すると考えられるため，認知的評価について研究を行うことで，その過程について知見が得られる可能性がある。

　また，動機づけを高めるという観点からは，このような研究の結果から教育実践に対する示唆を導き出すのは難しい。内容必然型の学習動機が学習方略に関係するということは，そのような動機を持つように学習者を指導することで能動的，積極的な学習行動につながると考えられる。しかし，方略に関する研究では内容必然型の動機と方略使用に関係があると示されただけであり，いかに内容必然型の学習動機を育てていくかといったことについては触れられていない。

2.4.3 感情の研究とのつながり

　感情の研究から動機づけへアプローチする研究もなされている。John Schumann は感情の心理学と感情の神経科学的機構に基づいた第二言語習得の研究を展開しており，その中で動機づけについても研究がなされている。その理論の中心にあるのが，人は外界の刺激に対して評価を行っているという点である。これは認知的評価を中心とした動機づけ研究と一致する視点である(Dörnyei, 2003)。特定状況下での動機づけ研究の端緒となった Boekaerts による研究は，認知的評価を Lazarus and Folkman (1984)より応用しているが，これは感情が生起するプロセスの研究であるように，認知的評価と感情の研究は共通するものである。

　Schumann の神経科学的視点からの研究は，生物学的な立場での価値の

概念に立脚している[16] (Schumann, 1997; Schumann & Wood, 2004)。ここでいう価値とは，有機体がいくつかの選択肢がある中で，特定のものを好むバイアスのことを指し，人はその価値に基づいて行動しているという見方に立脚している。言い換えれば，人は外界の刺激を，自分の価値基準に基づいて，危険であるか，自分にとって関係があるか，などと判断していることと言える。その価値には3つの種類がある(Schumann, 1997)。まずhomeostatic valueであるが，これは，恒常性を保つための刺激を評価することを指す。次にsociostatic valueがあるが，これは，同じ種との関わりを求めることを指す。最後はsomatic valueで，これは経験により構築される，個人に特有の価値体系から生まれるバイアスである。

　学習者の動機づけを考える上では，3番目のsomatic valueが重要であろう。これは，経験から構築される特有の価値体系を基に，外界からの刺激が自分にとって新しいものか，楽しいものかなどと判断することを意味している。第二言語学習の文脈に当てはめれば，学習者は言語，教師，授業方法などについて評価をしており，価値体系が個人により異なるため，動機づけの個人差が生まれることを意味する(Schumann, 1997)。

　認知的評価とはどのようなことに関する評価なのかという点について，Schumannによる研究(Schumann, 1997, 1999, 2001; Schumann & Wood, 2004)では，心理学における感情の研究のうち，感情の生起過程についての研究であるappraisal psychologyに立脚して，評価の次元を分類している。評価の次元については研究者によりその分類が異なるが（cf. Scherer, 1988, 1999; 唐沢, 1996），Schumannらの研究では，The Component Process Model (Scherer, 1984, 2001)に則り，表2-13に示される5つの次元を挙げている[17]。

　これらの5つの評価次元と動機づけ研究との関連について，Schumann (1997)は，社会的な要因を重視するAMTB (Gardner, 1985)で測定される統合的動機づけの概念や，Clément, Dörnyei, and Noels (1994)による，目標言語文化との接触がほとんどない外国語環境で行われた研究で議論される動機づけ

---

[16] 神経科学的なシステムの詳細は，Schumann (1990, 1994, 1997, 1999, 2001), Jacobs and Schumann (1992), Pulvermüller and Schumann (1994), Schumann and Wood (2004)を参照されたい。
[17] 各次元の邦訳と内容の記述は，唐沢(1996)を参考にした。

要因や，1990年代以降に起こった新しい動機づけ研究の枠組で議論される概念が，表2-13に示されるような認知的評価の次元に対応することを示している。このことから，5つの認知的評価の次元が動機づけ研究にも有効であると言え，認知的評価という概念は動機づけ研究にも応用ができると考えられる[18]。

表2-13 The Component Process Modelにおける評価の次元の概要

評価の次元	内容
新奇性チェック (novelty check)	できごとの新奇性，結果が予期と異なる程度を評価すること
快適性チェック (intrinsic pleasantness check)	快―不快，有害―無害について判断すること
目標重要性チェック (goal significance check)	目標達成に対して刺激がどの程度重要なものか判断すること
適応可能性チェック (coping potential check)	状況変化に対する適応可能性を判断すること
規範・自己両立性チェック (norm/self compatibility check)	自分の行動が他者の規範や自己の持つ理想などに一致するか判断すること

Schumannの神経科学的な理論では，認知的評価から行動へいたるプロセスはあまり詳細には記述されていないが，図2-7と同じように，状況の解釈に基づいて意図が形成され，行動が起こると考えていることがうかがえる。Schumannの神経科学的なモデルの中では，行動に関しては学習方略研究で研究されている行動を想定しており(Schumann & Wood, 2004)，そのような学習に対して接近する行動が起こるためには，知識を得ようとする目標(goal)が必要であり，Schumann (1997, 2001)は，そのような目標は認知的評価

---

[18] Schumannによる議論では分析の単位が明確には区別されていないため，認知的評価の対象が，授業方法のような具体的な場面を指すものから，第二言語学習全体までを含んでいると考えられる。第二言語学習における動機づけ研究で議論される概念と認知的評価の次元が対応するということは，第二言語学習全体の水準での認知的評価として述べていると言える。この点は本研究と異なるところであり，本研究では特定状況下での認知的評価を対象としているため，第二言語学習全体といった水準での要因は，特性として扱う。このような水準の違いはあるが，表2-13に示される認知的評価の次元が動機づけの概念と共通することから，感情の研究が基になっている認知的評価を動機づけの研究に適用することに妥当性があるものと考える。

が肯定的であることによって選択されると述べている。

2.4.4 不安・WTC研究とのつながり

　第二言語教育の文脈で,最も研究されている学習者の感情は,不安(anxiety)であろう。不安は学習を阻害する要因として研究され,独立した研究領域であると共に,動機づけ研究の中でも扱われてきている。

　不安とは,Horwitz, Horwitz, and Cope (1986)では,緊迫感(tension),不安感(apprehension),緊張(nervousness),懸念(worry)といった,学習者が主観的に感じる感情を指すとされる。またMacIntyre (1999)は,不安とは第二言語を使用または学習している際に学習者が感じる懸念(worry)や否定的な感情を伴う反応(negative emotional reaction)であると述べている。

　心理学でも不安が研究されているが,パーソナリティー要因として不安を感じやすい傾向かどうかといったことが扱われるように,幅広い領域をまたぐ概念として研究されている。しかし第二言語学習における不安の研究では,一般的な不安傾向とは別に第二言語学習という領域に特有の不安があると考えられている(MacIntyre & Gardner, 1989)。MacIntyre (1999)が不安の定義を第二言語の使用時や学習時に起こる感情としているように,学習活動やコミュニケーション活動に対して感じる不安を研究対象とし,特に言語不安(language anxiety)として扱われる。第二言語学習では,学習者は成熟した概念や思考を持つにもかかわらず,未発達の目標言語能力しかないことで無能感や恥ずかしさを感じるなど,自己概念が脅かされるために不安を感じやすい(Horwitz, Horwitz, & Cope, 1986)と考えられ,実際の学習場面において不安を経験し,それが繰り返し起こることで,領域固有の不安傾向ができるのではないかと考えられている。

　不安が生じる過程について考えると,不安は感情の一種であるので,例えばSchumann (1997)のように感情の心理学に基づけば,認知的評価を経て生じると考えられる。また,MacIntyre, Noels, and Clément (1997)が述べているように,自己効力感が低い,つまり成功する見込(期待)が低い時に不安が起こると考えられる。このような関係について実証的に分析をした例は第二言語の研究の分野では見られないが,数学不安の研究でそのような

分析が行われており，期待が不安に影響し，期待が低くなると不安が高まるという関係にあることがデータを基に実証されている(Meece, Wigfield, & Eccles, 1990)。

　不安が学習に与える影響については，授業における成績，第二言語使用を求める課題におけるパフォーマンス，習熟度などの学習成果と不安の関係が分析され，負の相関があることが多くの研究で報告されている(Gardner, Smythe, Clément, & Gliksman, 1976; Horwitz, 1986; MacIntyre & Gardner, 1991a, 1991b; Gardner, Day, & MacIntyre, 1992; Phillips, 1992; Aida, 1994; Gardner & MacIntyre, 1994)。このように，不安は学習成果に対して負の影響を及ぼすと考えられる。不安が学習に対して負の影響を持つ理由について MacIntyre と Gardner は，教育心理学における Tobias の理論(cf. Tobias, 1979)を基に，学習時に不安を感じることで学習とは無関係の思考がおこり，それにより注意資源が奪われてしまうため，学習に対して充分な情報処理が行えなくなり，その結果学習が阻害されると考えている(MacIntyre & Gardner, 1991b, 1994; MacIntyre, 1999)。また，認知機構をワーキングメモリという見方で捉えた場合，不安が発生することでワーキングメモリの容量が不安により奪われるため，効果的な処理ができないという見方もある（並木, 1997）。

　このように，不安の影響については認知的な側面への研究が多くなされているが，不安の影響は認知過程のみならず，学習行動の側面にも及ぶと思われる。特に，Horwitz, Horwitz, and Cope (1986)が述べているように，学習者は不安を感じる活動を避けようとすると考えられる。また，次章で詳しく述べるが，学習意欲を高めることを目的とした授業設計の理論である ARCS モデル(Keller, 1983, 1992)においても，学習者が不安を感じないようにする方略が挙げられているように，不安は学習者の動機づけに影響する要因であると考えることができる。授業における学習者の動機づけを考える際，不安が学習行動に与える影響，つまり，不安により学習を避けることが起きないように授業を設計することが求められよう。したがって，不安が学習行動へ与える影響について考察することは，授業への示唆に富むと考えられる。

　ただ，不安が行動に影響することは想像に難くないが，不安はどのよう

に行動に影響するのか実際にその関係を分析した研究は少ない。不安が行動に影響する過程について考えると，Schumann (1997)では，認知的評価が否定的な場合，その行動を回避する目標を選択すると考えられている。しかし，言語不安の研究では，そのようなプロセスはあまり研究されていない。そこで，不安が行動に与える影響について考察するためには，不安を要因の一部に取り入れている Willingness to Communicate の枠組が有用と思われる。

　Willingness to Communicate（以下 WTC とする）とは，自発的にコミュニケーションを図る意思（八島, 2003, 2004）とされる。もともとは第一言語におけるコミュニケーション研究の中で発展した概念であり，特性的な要因として研究されてきたが，MacIntyre, Clément, Dörnyei, and Noels (1998)はそれを第二言語のコミュニケーションに応用し，状況的な変数を組み込むことで，特定状況下でのコミュニケーションに対する自発的な意思として概念化を図っている。MacIntyre, Clément, Dörnyei, and Noels (1998)は，WTC と関係する要因について図 2-7 のように図式化している。

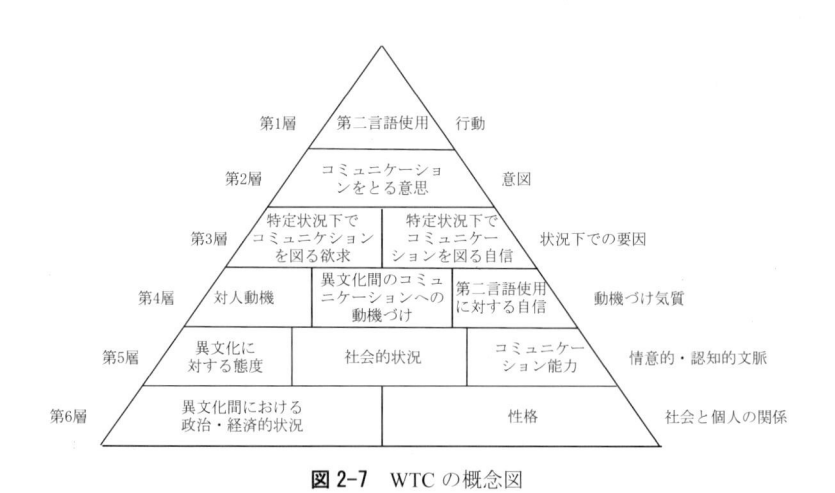

図 2-7 WTC の概念図

　第1層は第二言語を用いてコミュニケーションを行うこと(L2 Use)が位置づけられている。ここでコミュニケーションとは，話すことだけを指す

のではなく,外国語の新聞を読むことや,手紙を書くことなども含まれる。

　コミュニケーション行動に直接影響し,その先行要因となるのが第2層のコミュニケーションをとる意思(Willingness to Communicate)である。これは,コミュニケーションを図ろうとする意図(intention)を指す。この段階では,実際にコミュニケーションを取ろうという行動の決定がなされている状態である。

　そのような意図に影響する要因として,第3層に,その状況下でコミュニケーションを図る欲求(Desire to Communicate with a Specific Person)と,その状況下でコミュニケーションを行える自信(State Communicative Self-Confidence)の2つの要因が挙げられている。この第3層は,特定状況下でのコミュニケーションに対する学習者の認知であり,状況特有の要因である。また,自信は能力認知(perceived competence)と不安がないこと(lack of anxiety)の2つを含んでいる。

　第1層から第3層までは,実際の状況下で起こる思考過程や行動である。これら特定状況下での要因に対しては学習者の内面が影響すると考えられ,それが第4層以降である。したがって,第4層以降は,学習者の傾向や特性としての要因が挙げられている。

　第4層には3つの要因が挙げられている。まず対人動機(Interpersonal Motivation)は,人とコミュニケーションを行う時の動機の違いを指し,相手を制御することが目的か,相手と交流を結ぶことが目的かといったことが重要となる。異文化間のコミュニケーションへの動機づけ(Intergroup Motivation)とは,異なる文化背景の人たちとコミュニケーションを図ろうとする動機であり,そのコミュニティーの一員となろうとすることなどから生じるものと考えられる。第二言語使用に対する自信(L2 Self-Confidence)は特性的な自信であり,第二言語を使用すること全般に対する自信を指す。

　第4層の要因に影響するのが第5層の3つの要因である。異文化に対する態度(Intergroup Attitude)は統合的動機づけの概念と重複する。社会的状況(Social Situation)とは,学習者がコミュニケーションを求められる状況の性質のことで,状況によって求められるコミュニケーションの質が異なる。この側面はコミュニケーション能力(Communicative Competence)とともに,第二

言語使用に対する自信に対して影響すると考えられる。

　第6層には2つの要因が挙げられている。異文化間における政治・経済的状況(Intergroup Climate)は，自分が属する社会と，目標言語の社会との間の経済的・政治的な関係と，それに伴う相手文化に対する認識や感情を指す。そしてもうひとつの要因には，性格(Personality)が挙げられている。

　これまで述べたように，6つの層のうち，第1層から第3層までは特定の状況下での要因である，また第4層から第6層では，比較的安定した特性としての要因が挙げられている。つまり，第3層を境として状態としての要因と特性としての要因に区別されており，第4層以下の特性が，第3層における特定状況下での欲求と自信の生起に影響し，それらが意図を形成することで行動が起こるという図式である。このような図式は，本研究の枠組である認知的評価を中心とする動機づけのプロセスと共通するものである。

　ただし，異なる点がひとつある。それは自信という概念は能力認知と不安の2つの複合と考えられており，期待という概念とは必ずしも一致しないことである。期待は能力認知を含むが，不安といった感情は含まない。期待が低いことで不安が起こるという過程は考えられるが，期待という概念には不安は含まれないため，この点はWTCのモデルと本研究の枠組で異なる点である。

　このように概念化されるWTCの枠組において，不安が学習者の行動に対して与える影響を考えると，特に自信(self-confidence)がWTCに与える影響について考察することが必要となろう。WTCに影響する要因を分析した研究では，自信を構成する不安と能力認知がWTCに対して影響することが示されている(MacIntyre, 1994; MacIntyre, Baker, Clement, & Donovan, 2002; Yashima, 2002; Yashima, Zenuk-Nishide, & Shimizu, 2004)。つまり，自分はコミュニケーションを行う力があると感じ，かつ不安がないことで自信が高まり，それによりコミュニケーションを図ろうとする意思が高まるという関係にあることが分かっている。逆に言えば，自分にはコミュニケーションを行う力がないと感じ，不安が高まると自信が低下し，それによりコミュニケーションをとろうとする意思が低まると考えられる。

このように，不安はコミュニケーションを図る意思に対して否定的に働くと考えられるため，不安が高まることで学習者が学習行動を取らないという状況が生じることが考えられる。このように考えると，不安という感情は学習者の行動に対して影響する要因であると言え，学習者の動機づけについて考察する際に重要な要因となる。

不安は成功する見込みが低いと感じることで生じると考えられているように，不安の生起には期待の見積が関係していると思われる。自信という概念は能力認知と不安のないことの複合であるが，能力認知は期待の見積の一部と考えることができる。このように，特に認知的評価を中心に動機づけを捉えると，不安と動機づけとの関係についても考察できる枠組になると考えられる。

2.4.5 共通のプラットフォームとしての認知的評価

ここまで，学習者の行動についての研究や学習行動に関係する要因を研究する領域について概観してきたが，いずれの領域においても学習者の認知的評価を想定していることが分かる。しかし，認知的評価を想定しているものの，それを具体的に分析し，学習者の行動生起の過程や，様々な学習者要因がいかに学習行動に影響するのかといったことが充分に研究されていない。また，学習行動に影響すると思われる要因は，認識，不安などさまざまだが，研究の上ではそれらが個別の領域として研究されており，互いに何らかの関係があるとされながらも，その関係を分析した研究は少ない。

第二言語学習における動機づけ研究で，特定状況下での動機づけを研究する目的のひとつとして，動機づけ要因と学習行動との関係をより綿密に分析することが挙げられている。そのためには認知的評価により焦点を当てる必要があることを 2.2.6 で指摘しているが，同様の指摘が 2.4 で概観した領域に対してもなされよう。認知的評価をより詳細に分析することで，動機づけの領域で取り上げられる要因のみならず，学習者の認識，不安，方略など，これまで個別に研究されてきた要因を包括的に研究することができるものと思われる。複数の分野で認知的評価が想定されているように，

認知的評価は様々な学習者要因が交差する過程であり，したがって，これまで個別に研究されてきた要因を，認知的評価を共通のプラットフォームとすることで，同一の基盤に立って統合的に研究できる可能性がある。

　学習者要因をより包括的に研究できるメリットは，研究だけにとどまらず，教育実践への応用に対しても示唆を与えるものと思われる。授業では様々な学習者要因が働いており，ある要因の働きを個別に研究するだけでは授業における学習者の理解のためには不十分である。そのため，より包括的に学習者を捉える視点が必要になるが，そのひとつの方向性として，認知的評価に焦点をあてることで学習者の行動の生起過程を詳細に研究することが不可欠であると思われる。

第3章 授業と動機づけの関係についての先行研究

3.1 本章の目的

　本研究は動機づけを高めるという教育的応用を念頭に行われるわけであるが，そのためには動機づけそのものを分析するだけでは不十分であり，授業と動機づけの関係についても分析をする必要がある。本章ではこれまで行われた授業と動機づけに関する研究を振り返り，研究の成果と課題について考察したい。
　動機づけの研究は，動機づけの構造を分析するものや動機づけ要因の影響を分析するものが多く，それと比べると授業と動機づけの関係を分析した研究の数は少ない。しかし，少ないながらも重要な知見が得られており，動機づけを高めるということに対して示唆を与えるものと考えられる。
　授業と動機づけの関係を分析した研究は，そのタイプを大きく分けると三つに分けられる。一つ目は，学習者は授業をどのように捉え，それがどのように動機づけに影響するのかといった学習者の授業に対する認知の影響を分析した研究，二つ目は，異なる教授方法や教材を用いて指導した結果動機づけに差が現れるのかどうか分析をした，異なる教授条件間の比較による研究，そして三つ目は，授業を受ける中で動機づけがどのように変化するのかということを経時的に分析した研究である。ここではそれぞれの研究のタイプごとに，主な研究の結果を振り返りたい。

3.2 授業に対する認知の影響

　統合的動機づけの理論の中で，動機づけに影響する要因のひとつとして，学習環境に対する態度(attitudes toward the learning situation)がある(図2-3を参照)。これは，教師に対する評価(evaluation of the L2 teacher)と授業に対する評価(evaluation of the L2 course)を合わせたものである。このように，統合的動機づ

けの理論では，学習者が学習環境に対してどのように感じているかということが動機づけに影響すると仮定している。それを検証するためにGardner (1983), Gardner, Lalonde, and Pierson (1983), Lalonde and Gardner (1984)では，因果関係を想定して構造方程式モデリングを用いた分析を行い，学習環境に対する態度が動機づけに対して影響し，学習環境に対する態度が肯定的なほうが動機づけが高いという関係にあることが示されている。この結果に基づけば，学習者が環境（教師や授業）に対してもつ態度は動機づけに影響する要因であるといえ，動機づけを高めようとする場合に考慮すべき要因のひとつであると考えられる。

　しかし，統合的動機づけの枠組では，この研究結果を基に教育実践への示唆を導き出すことは難しい。統合的動機づけの理論では，学習環境に対する態度が動機づけに影響すると仮定されているが，学習環境に対する態度に対してどのような要因が影響するのかといったことが仮定されていない。唯一 Gardner, Lalonde, and Pierson (1983)で，学習環境に対する態度に影響する要因として授業の目的の重要度の認知が挙げられ，それが学習環境に対する態度に対して影響することが示されているが，他の研究においてはそれ以外の要因は挙げられていない。教師や授業に対する評価は，例えば学習者の目標言語への興味や学習目的，望ましいと考える学習方法についての認識など，学習者の特性に左右されると考えられ，授業を行う者は，学習者の特性を考慮して授業を計画するために，どのような要因が学習環境に対する態度に関係するのかといったことを知る必要があろう。しかし，統合的動機づけの理論では，学習環境に対する態度に対して影響する学習者の特性が仮定されていないため，教師や授業に対する態度を肯定的に変化させるような授業方法などについて考察することができない。統合的動機づけの中では，学習目的や外国語への興味などの学習者の特性にあたるものは，目標言語文化に対する統合度としてまとめられており，これらの要因が学習環境への態度に影響するというようには仮定されていない（図2-3を参照）。

　また学習環境に対する態度は，教師に対する評価と授業に対する評価という大きな分析の単位でなされているため，教師のどのような行動が評価

に関係しているのかといったことや，授業のどのような側面が評価に関係しているのかといったことが明確にされていない。この2つの要因の分析では，表 2-9 や表 2-10 に挙げられるような幅広い内容の項目を用いるが，各項目の得点を要因ごとに合計することで各要因の得点を求めている。つまり，教師に対する評価や授業に対する評価の次元を細分化することなく得点化しているため，教師の行動や授業の側面と学習者の評価との関連が分かりにくくなっている。

学習者の授業に対する認知にはどのような要因が影響するのかということを考える上では，Dörnyei (1994a)による動機づけの水準分け（表2-11 を参照）が参考になると思われる。学習場面の水準に関係する要因を，授業，教師，学習集団の3つに分け，それぞれで関係する要因が挙げられており，学習者の授業に対する認知について考える枠組となる。

この表に挙げられる要因の中で，クラスのまとまり(group cohesion)が Clément, Dörnyei, and Noels (1994)により取りあげられている。この研究では，クラスがまとまっていると感じる度合と学習環境に対する態度や動機づけ（ここでは目標言語に対する態度と遂行強度の合計），習熟度などとの関係を分析している。その結果，クラスのまとまりについての認知は学習環境に対する態度と相関があり，クラスがまとまっていると感じるほど，学習環境に対する態度が肯定的になるという関係にあることが示された。また，学習環境に対する態度は，動機づけと習熟度と相関があった。Clément, Dörnyei, and Noels (1994)による研究は，統合的動機づけの理論ではあまり明確にされてこなかった，学習環境に対する態度に影響する要因を浮かび上がらせることができ，Gardner, Lalonde, and Pierson (1983)で取りあげられた授業の目的の重要度の認知以外にも，クラスのまとまりという要因も学習環境に対する態度に影響することを示している。

Clément らの研究の他には，心理学における動機づけの理論である自己決定理論(Self-Determination Theory)を応用し，学習者の授業に対する認知と動機づけの関係を分析した研究も報告されている。自己決定理論は内発的動機づけに関する理論であるが，第二言語学習における動機づけ研究に応用される例が多くの研究で見られる。自己決定理論が多くの研究で応用され

る理由のひとつは，動機づけを内発的動機づけと外発的動機づけのように単純に二分するのではなく，それらは連続体であると捉え(Ryan & Deci, 2000, 2002)，その発達過程を示していることであろう。図 3-1 は，自己決定理論による動機づけの連続体をまとめたものである[1]。

動機づけのタイプ Type of Motivation	無動機 Amotivation	外発的動機づけ Extrinsic Motivation			内発的動機づけ Intrinsic Motivation
調整のタイプ Type of Regulation	非調整 Non-regulation	外的調整 External Regulation	取り入れ的調整 Introjected Regulation	同一視的調整 Identified Regulation	内発的調整 Intrinsic Regulation
行動の質 Quality of Behavior	非自己決定的 Nonself-determined				自己決定的 Self-determined

図 3-1 自己決定理論における動機づけの連続体

それぞれの動機づけのタイプと調整のタイプはどのようなものであるか，廣森(2006)は英語学習という文脈に当てはめて次のように説明している。まず無動機は全く自己決定されていない状態で，英語学習に対して拒絶反応を示していると考えられる。外発的動機づけのうち外的調整は，例えば親や教師などから進学するように言われるので仕方なく英語を学んでいるといったような，外的圧力による調整である。取り入れ的調整は，自尊心に関連したもので，英語を勉強しないと不安になるので勉強しているといった状態のように，自己価値を守るための動機と言える。同一視的調整は，英語学習を自分に重要なものとして受容し，その価値を認めた上で行動を調整している状態である。内発的動機づけは英語を学ぶことが楽しいので学ぶといった，最も自己決定の度合が高い状態である。

自己決定理論が第二言語学習における動機づけ研究で受け入れられるもうひとつの理由は，内発的動機づけの先行要因として三つの欲求が挙げら

---

[1] Ryan and Deci (2000, 2002)では，外発的動機づけに含まれる調整のタイプの分類は4つあり，図 3-1 に挙げられる 3 つに加えて統合的調整(integrated regulation)が含まれている。しかし，第二言語学習において自己決定理論を応用した Noels, Clément, and Pelletier (1999)，Noels, Pelletier, Clément, and Vallerand (2000)，Noels (2001)，廣森(2005)は 3 つに分類する枠組に基づいているため，ここではその 3 つについてのみ言及した。

れており，これらが動機づけを高める要因と考えられるため，教育的な示唆に富むと考えられるからである。三つの欲求とは，自身の行動がより自己決定的であり，責任感を持ちたいという自律性の欲求，行動をやり遂げる自信や自己の能力を示す機会を持ちたいという有能性の欲求，周りの人や社会と密接な関係を持ち，他者と友好的な連帯感を持ちたいという関係性の欲求である（廣森, 2006）。自己決定理論ではこれらの三欲求が満たされると内発的動機づけが高まるとされる。

　Noels, Clément, and Pelletier (1999)は，自己決定理論の枠組に基づき，教師のコミュニケーション・スタイルに対する学習者の認知が動機づけにどのように影響するのか分析している。Noels らは，自己決定理論では動機づけは環境の認知により左右されると考えられ，内発的動機づけの先行要因として自律性，有能性，関係性の三つの欲求が充足されることを挙げていることに基づき，自律性の欲求の充足に関係する教師のコミュニケーション・スタイルとして，学習者が教師の言動を統制的と感じる程度を，また有能性の欲求の充足に関係する教師のコミュニケーション・スタイルとして，教師が与えるフィードバックが有益で肯定的な態度を育むと感じる程度を測定し，それらと内発的動機づけとの関係を分析している。その結果，教師のコミュニケーション・スタイルと内発的動機づけとの間に相関があることが分かった。すなわち，教師の言動が統制的と感じるほど自律性の欲求は満たされなくなり，そのため内発的動機づけは低下するという関係にあり，また教師のフィードバックが有益だと感じるほど，有能感の欲求が満たされ，それにより内発的動機づけが高まるという関係にあるという結果が得られた。

　また，Noels, Pelletier, Clément, and Vallerand (2000)は，自律的に学ぶ機会が与えられていると感じる程度と内発的動機づけの関係を分析し，正の相関があることを報告している。さらに Noels (2001)では，教師に対する認知がいかに自律性の欲求と有能性の欲求の充足に関係し，結果的に内発的動機づけにどのように影響するのかということを，パス解析を用いて分析している。その結果，教師が自律的に学ぶ機会を与えていると感じる程度が高いほど自律性の欲求の充足度が高く，その結果内発的動機づけが高まる

こと，また，教師が有益で肯定的な態度を育むようなフィードバックを与えていると感じる程度が高いほど有能性の欲求の充足度が高く，その結果内発的動機づけが高まると結論づけている。これらの結果に基づき，Noels (2001)は，内発的動機づけを高めるために，有能性と自律性の欲求を満たすことが重要であると述べている。

上記の Noels らの研究では，三欲求のうち二つ（自律性と有能性）しか分析に加えていないが，廣森(2005)による研究では関係性の欲求も含めた三つの欲求を分析対象とし，それらが日本人英語学習者の内発的動機づけにいかに影響するか分析を行っている。この分析では，有能性と関係性が内発的動機づけに強い影響を与えているという結果が得られた。自律性は内発的動機づけに対する影響がさほど強くないという結果であったが，これは自律性と他の二つの欲求（有能性と関係性）の間の相関が強かったため，自律性の影響はそれら二つの欲求の影響に代表されていたと考えられた。これを検証するために，有能性と関係性の影響を排除した上で自律性と内発的動機づけの関係を分析すると，両者の間には関係があることが示された。このような結果から廣森(2005)は，自律性，有能性，関係性の三つの欲求がいかに満たされていると感じるかということが内発的動機づけに対して影響しており，学習者の授業に対する認知が動機づけに影響していることを示している。

このように，第二言語学習における動機づけ研究では，授業の認知を研究する枠組として自己決定理論が応用されており，今後もこの理論に基づいた研究が増えると思われる。しかし，Dörnyei (1994a)により挙げられる要因にはそれ以外のものも含まれる。例えば，自己決定理論とは異なる枠組では，目標構造(goal structure)が挙げられている。目標構造とは，学習者の目標志向性ではなく，学習者がこの授業ではどのような目標が強調されていると感じているかということを指す。この目標構造に関する研究は教育心理学では多くなされており(cf. Ames, 1992; Ames & Archer, 1998; Midgley, 2002; Midgley, Maehr, Hruda, Anderman, Anderman, Freeman, Gheen, Kaplan, Kumar, Middleton, Nelson, Roeser, & Urdan, 2000; Newman, 1998; Ryan, Gheen, & Midgley, 1998)，また日本の学校における研究もなされていて（渡辺, 1990; 杉浦, 1996;

三木・山内, 2005)，目標構造が動機づけや学習行動，学習成果に与える影響について分析がなされている。しかし英語などの第二言語学習を対象とした研究は，筆者の知る限り今のところ報告されていない。

また，上記の目標構造の研究とは異なる視点で教室の動機づけ構造を分析しようする試みもある。谷島(1999)では，TARGET構造(Epstein, 1988)に基づく一連の研究が報告されている。TARGETとは動機づけに影響する授業の構造を表す英語の頭文字で，Tは課題(Task)，Aは権威(Authority)，Rは報酬(Reward)，Gはグルーピング(Grouping)，Eは評価(Evaluation)，Tは時間(Time)を表す（Epstein, 1988; 谷島, 1999)。これらの要因は，Dörnyei (1994a)により挙げられる，学習場面の水準での要因の多くに該当するものであると考えられる（表2-11を参照)。

このように，自己決定理論以外にも授業に対する認知を研究する枠組があり，第二言語学習に関する研究にも応用が期待される。

3.3 異なる教授条件間の比較

異なる指導方法や異なる教材を用いて指導した場合，学習者の動機づけに違いがあるのか検証した研究が行われている。前節では，学習者の認知と動機づけの関係を分析するものであったが，本節で概観する研究は，状況が動機づけに影響するかどうか検証することを目的としている。

Wu (2003)は，自己決定理論に基づいて構成された授業と教師主導型の授業との間で，内発的動機づけに差があるかどうか検討している。英語の学習経験のない年少者を対象とし，有能性と自律性の欲求に配慮した授業を受けた実験群と，いわゆる教師主導的な授業を受けた統制群に分けて比較している。比較は有能性の認知，自律性の認知，内発的動機づけに関して行われた。8ヶ月に渡る指導の後，これらについてのデータが収集された。比較の結果，実験群が統制群よりも有能性の認知，自律性の認知において高く，統計的有意差が見られた。また，内発的動機づけについても実験群が統計的に有意に高いという結果が得られた。

Wu (2003)の研究は自己決定理論に基づくものであったが，前述のように，

この理論では自律性，有能性，関係性の欲求という三つの欲求が内発的動機づけの先行要因として位置づけられており，これらの欲求が満たされることで動機づけを高めることができることを示唆しているため，自己決定理論は動機づけを高める理論としての有用性があると言えよう。

　自己決定理論の他にも，動機づけを高めることに有用な理論がある。教育工学の一分野であるインストラクショナルデザイン[2]の中に，動機づけを高めるための授業設計について述べる ARCS モデルという理論がある。このモデルは Keller (1983)により提唱されたものであるが，動機づけの理論ではなく，動機づけを高めるためにいかに授業を設計するかという理論であるため，教育的応用を主眼としたものである。この理論における動機づけの捉え方は，第二言語学習における動機づけ研究に影響を与えている。例えば，Crookes and Schmidt (1991)で，統合的動機づけの理論に代わる枠組として紹介されているほか，Dörnyei (1994a)が提案する動機づけの水準分けの中で，学習者の水準に関する要因として挙げられているのは，Keller (1983)によるものである。

　ARCS モデルの ARCS とは，学習意欲を高める要因の頭文字である。A は注意(Attention)，R は関連性(Relevance)，C は自信(Confidence)，S は満足感(Satisfaction)を意味する。ARCS モデルでは，学習意欲を高めるためにこれら四要因に配慮して授業を設計することが求められるとされ，そのための教授方略を考える枠組が提唱されている。第二言語学習における動機づけ研究では，動機づけをこの四要因で捉える枠組が応用されているが，ARCS モデルは動機づけの捉え方を提唱するだけでなく，それぞれの要因を考慮した教授設計を行うために，教師はどのような点に着目し，どのようなことを考えて教授設計すべきかということが提案されている(Keller, 1992)。それについて以下で概観したい。

　注意(attention)とは，学習者が学習活動に対して面白そうだなどと感じることで，学習者の関心をひきつけられるようにすることである。ARCS モデルでは注意を三つの下位要因に分類し，それらを高めるための方略を提

---

[2] 教育活動の効果を高めるために，指導や教材の開発を体系的に行うための方法論。様々なモデルが提案されているが，概要については小川(2000)，より詳細な解説については Gagné, Wager, Golas, and Keller (2005), Dick, Carey, and Carey (2001)を参照。

案している。その方略を表 3-1 に示す。

表 3-1 注意に関する動機づけ方略(Keller, 1992)

Attention		
A1	\multicolumn{2}{l	}{Perceptual Arousal (Concreteness): *What can I do to capture their interest?*}
	1.	Are there references to specific people rather than "mankind," "people," or other such abstractions?
	2.	Are general principles, ideas, or other abstractions illustrated with concrete examples or visualizations?
	3.	Are complex concepts or relationships among concepts made more concrete by use of metaphors or analogies?
	4.	Are items in a series presented in a list format rather than paragraph format?
	5.	Are step-by-step procedures or relationships among concepts made more concrete by use of flow charts, diagrams, cartoons, or other visual aids?
A2	\multicolumn{2}{l	}{Inquiry Arousal (Curiosity Arousal): *How can I stimulate an attitude of inquiry?*}
	1.	Are topics introduced or developed problematically (i.e., is a sense of inquiry stimulated by presenting a problem which the new knowledge or skill will help solve)?
	2.	Is curiosity stimulated by provoking mental conflict (e.g., facts that contradict past experience; paradoxical examples; conflicting principles or facts; unexpected opinions)?
	3.	Is a sense of mystery evoked by describing unresolved problems which may or may not have a solution?
	4.	Are visuals used to stimulate curiosity or create mystery.?
A3	\multicolumn{2}{l	}{Variability: *How can I maintain their attention?*}
	\multicolumn{2}{l	}{*Variation in format*}
	1.	Is white space used to separate blocks of information (text and/or illustrations)?
	2.	Are a variety of typefaces used to highlight titles, quotes, rules, key words, etc.?
	3.	Are there variations in layout (e.g., variation in spatial location of blocks of information)?
	4.	Are there variations in types of material (e.g., alternations between blocks of text, figures, tables, pictures, etc.)?
	\multicolumn{2}{l	}{*Variation in style and sequence*}
	5.	Is there variation in writing function (e.g.., exposition, description, narration, persuasion)?
	6.	Is there variation in tone (e.g., serious, humorous, exhortation)?

7. Is there variation in the sequence of the elements of the instruction (e.g., is a sequence such as 'introduction', 'presentation', 'example', 'exercise', varied by changing the order, adding an extra exercise, etc.)?
8. Is there variation between content presentations and active response events (e.g., questions, problems, exercises, puzzles)?

関連性(relevance)とは，学習者が学習活動に対して何らかの必然性を感じることを意味する。学習内容に対する興味や，将来の目標との関連，活動の楽しさなど，さまざまな側面からの必然性を含む。関連性を高める方略は次の表3-2のとおりである。

表3-2 関連性に関する動機づけ方略(Keller, 1992)

Relevance		
R1	Goal Orientation: *How can I relate the instruction to the learners' goals?*	

Present worth
1. Is the immediate benefit of the instruction either stated or self-evident?
2. Are comments, anecdotes, or examples included that stress the intrinsic satisfactions of the subject of instruction?

Future value
3. Are there statements describing what the learner will be able to do after finishing these instructional materials?
4. Are some of the examples and exercises clearly related to the knowledge and skills that the students will need in the future?
5. Is the student told how the successful accomplishment of this instruction is related to future goal accomplishment (e.g., is success in this instructional situation important for admission to subsequent courses, selection of a major area of study, or admission to advanced levels of study, salary increase, job retention, or promotion)?
6. Is the learner told how this instruction will improve his or her general life coping skills?
7. Is the learner encouraged to think of this instruction as contributing to the development of an intrinsically interesting area of study and development?

R2	Motive Matching: *How and when can I link my instruction to the learning styles and personal interests of the learners?*

Basic motive stimulation
1. Is personal language used to make the learner feel that he or she is being talked to as a person?

2. Are examples (anecdotes, statistics, etc.) provided that illustrate achievement striving and accomplishment?
3. Are statements or examples included that illustrate the feelings associated with achievement?
4. Is the learner encouraged to visualize the process of achieving and succeeding, and the feelings associated with it?
5. Are exercises included that allow for personal goal setting, record keeping, and feedback?
6. Are exercises included that require cooperative work groups?
7. Are puzzles, games, or simulations included that stimulate problem solving, achievement striving behavior?
8. In the exercises (including puzzles, games, and simulations), are the learners encouraged to compete against each other, themselves (i.e., trying to beat their own record), or against a standard?

Role models
9. Are there anecdotes about noteworthy people in the area of study, the obstacles they faced, their accomplishments, and the consequences?
10. Are there examples, testimonials, etc., from persons who attained further goals after successfully completing the course of instruction?
11. Are there references to, or quotations from, people who can convincingly describe the benefits of the particular skill/knowledge area?

R3　Familiarity: *How can I tie the instruction to the learner's experiences?*
　　Connection to previous experience
1. Are there explicit statements about how the instruction builds on the learner's existing skills or knowledge?
2. Are analogies or metaphors used to connect the present material to processes, concepts, skills, or concepts already familiar to the learner?

Options for individualization
3. Is the learner given choices in the content of assignments (e.g., is the learner allowed to choose examples and topics of personal interest for at least some of the assignments)?
4. Is the learner given choices in the type of assignment (e.g., is the learner allowed to select from a variety of means to accomplish a given end)?

　自信(confidence)とは，その活動や課題を行うことで目的とするものを達成できるという見込を指す．この側面に関する動機づけ方略は，表3-3に示されるように，学習課題に取り組むことで学習が成功するという肯定的な見込を持てるようにすることであり，そのために課題の困難度を調整し

たり，成功の基準を明確にしたり，不安が生じないようにすることなどを含む。

表 3-3 自信に関する動機づけ方略(Keller, 1992)

Confidence	
C1	Learning Requirements: *How can I assist in building a positive expectation for success?* 1. Are there clear statements, in terms of observable behaviors, of what is expected of the learners as evidence of successful learning? 2. Is there a means for learners to write their own learning goals or objectives?
C2	Positive Consequences: *How will the learning experience support or enhance the students' beliefs in their competence?* *Challenge level* 1. Is the content organized in a clear, easy to follow, sequence? 2. Are the tasks sequenced from simple to difficult within each segment of the materials? 3. Is the overall challenge level (reading level, examples, exercises) appropriate for this audience? *Anxiety reduction* 4. Are the materials free of "trick" or excessively difficult questions or exercises? 5. Are the exercises consistent with the objectives, content, and examples? 6. Are methods for self-evaluation, such as answers to exercises, provided? 7. Is confirmational feedback provided for acceptable responses, and corrective feedback provided for responses that do not meet criteria?
C3.	Personal Responsibility: *How will the learners clearly know how their success is based on their efforts and abilities?* 1. Are learners given choices in sequencing; i.e., how they can sequence their study of different parts of the material? 2. Are learners allowed to go at their own pace? 3. Are learners given choices among ways of demonstrating their competency (i.e., alternative methods of exercising and testing)? 4. Are learners given opportunities to create their own exercises or methods of demonstrating competency? 5. Are learners given choices over work environment; i.e., working in a room with other people, or away from other people? 6. Are learners given opportunities to record comments on how the materials could be improved or made more interesting?

満足感(satisfaction)は，行った学習に対して，やってよかったなどと感じることで，その先の学習へ向けて意欲を高めることである。表 3-4 に満足感に関する動機づけ方略を示す。

表 3-4 満足感に関する動機づけ方略(Keller, 1992)

Satisfaction	
S1	Intrinsic reinforcement: *How can I encourage and support their intrinsic enjoyment of the learning experience?* *Positive Recognition* 1. Is the student given opportunities to use a newly acquired skill in a realistic setting as soon as possible? 2. Is there verbal reinforcement of the learner's intrinsic pride in accomplishing a difficult task? 3. Do the materials include positive, enthusiastic comments which reflect positive feelings about goal accomplishment? 4. Are there opportunities for learners who have mastered a task to help others who have not yet done so? 5. Are there acknowledgements of any actions or characteristics that were necessary for success? 6. Are there acknowledgements of any risks or challenges that were met? *Continuing Motivation* 7. Is information provided about areas of related interest? 8. Are learners asked, or informed, about how they might continue to pursue their interest in the topic? 9. Are the learners informed about new areas of application?
S2	Extrinsic Rewards: *What will provide rewarding consequences to the learner's successes?* 1. Are games with scoring systems included to provide an extrinsic reward system for routine, boring tasks such as drill and practice? 2. Are extrinsic rewards used to reinforce intrinsically interesting tasks in an unexpected, non-controlling, manner? 3. Are public congratulations given for good performance? 4. Are students given personal attention while working to accomplish the task, or after successful task accomplishment? 5. Are reinforcements used frequently when learners are trying to master a new skill? 6. Are reinforcements used more intermittently as learners become more competent at a task? 7. Are threats and surveillance avoided as means of obtaining task performance?

	8.	Are certificates or "symbolic" rewards used to reward success in individual or intergroup competitions, or at the end of a course?
S3	Equity: *How can I build learner perceptions of fair treatment?*	
	1.	Are the content and types of problems in the final exercises and posttests consistent with the knowledge, skills, and practice exercises in the materials?
	2.	Is the level of difficulty on final exercises and posttests consistent with preceding exercises?

　ARCSモデルはKeller (1983, 1992, 1994)が述べているように，期待×価値モデルに基づいており，動機づけを期待と価値という側面から捉えたものである。四要因のうち，期待と価値にあたるものは，注意，関連性，自信の3つであると考えられており，注意と関連性は価値，自信は期待に関する概念である。これら3つは学習に取り掛かる際に学習行動を引き起こす要因であるので，学習者の学習課題に対する反応の結果である。満足感は，学習を行った後で学習者がそれを振り返り，どう感じるかということが問題となるので，3つの要因とは異なる。

　ARCSモデルは特定の教科に限定されたモデルではなく，また教室での授業のみならずeラーニングなどにも適用できるため，その汎用性は高い[3]。しかし，第二言語教育においては，動機づけ研究で理論的枠組としてARCSモデルが利用されるものの，教育実践へ本格的に応用した事例はあまり報告されていない。作成した教材や開発したシステムをARCSモデルの枠組に基づいて振り返る報告はなされているが（石川, 1999, 2000, 2001; 来嶋・鈴木, 2003），実際に授業設計にこのモデルで提案される方略を用い，かつその効果をデータを基に分析した例は少ない。

　そのような中で，Chang and Lehman (2002)は，マルチメディア教材の設計においてARCSモデルのうち関連性を高める方略を応用し，そのように作成された教材を用いた学習者と，そのような方略を用いずに作成された教材により学習を行った学習者の間で動機づけの差を検討している。授業はウェブ上で配信される教材を使って行われるものであったが，その教材の作成において，ARCSモデルから関連性の3つの側面(goal orientation, motive

---

[3] 第二言語学習を対象とした動機づけ方略については，Dörnyei (2001c)が包括的に紹介している。

matching, familiarity)に関する方略を用いている。実験群はこの教材を用い，対象群はそのような工夫がなされていない教材を用いた。分析の対象となった動機づけは，教材に対する学習者の反応として測定された。両群を比較した結果，関連性を高める方略を用いた教材で学習した群のほうが，動機づけが統計的に有意に高かった。

この研究は，ARCS モデルは第二言語学習にも適用でき，そして動機づけを高めることができる可能性を示唆している。これまで第二言語学習の分野では，ARCS モデルにおける動機づけの捉え方のみが広く紹介されてきたが，このモデルでは授業設計において動機づけを高めるために考慮すべき点が幅広く提案されているため，第二言語教育にとっても有益なものと考えられる。

ここまで概観した研究の他には，特定の理論に基づいたものではないが，教材の違いが動機づけに影響するのかどうか分析した研究も報告されている。Peacock (1997)は，教授目的に作られたものではないオーセンティックな言語材料を用いることが学習者の動機づけに影響するのかどうか検討している。オーセンティックな教材を用いた群と，教授用に用意された教材を用いた群を比較し，オーセンティックな教材を用いた群が，授業中の学習への取り組みが積極的で，授業への全般的な動機づけでも有意に高いことが報告されている。また，菊地・中山(2006)は，日本人中学生を対象に，外国映画をリスニングの教材として用いた時の動機づけへの影響について分析を行い，教材への興味と有能感，リスニングへの意欲，リスニングに関する感情に関して，映画を用いて指導した群が他の群よりも有意に高いという傾向にあったことを報告している。

倉八らによる一連の研究(倉八・安藤・福永・須藤・中野・鹿毛, 1992; 倉八, 1993, 1994a, 1995) では，グラマティカル・アプローチとコミュニカティブ・アプローチといった教授法の違いや，日本人教師のみによるコミュニカティブ・アプローチの授業と，日本人教師と英語のネイティブスピーカーのティームティーチングによるコミュニカティブ・アプローチの授業との違いなどが，学習意欲や学習成果に対しどのように影響するか，実験授業により分析している。これらの研究では，学習者の適性に偏りが出ないように

クラス分けをしたり，指導方法が意図されたとおりであるかどうかビデオによる確認を行うなど，綿密に実験がなされている。

倉八らの研究では，教授条件の異なる群の間で学習意欲に違いがあるかどうかということの分析や，学習意欲が学習成果に与える影響が教授条件間で異なるかどうかといった分析を行っている上に，教授条件と学習者の適性[4]の交互作用も分析し，それぞれの教授条件がどのようなタイプの学習者にとって効果的であるかといったことについても考察を行うものもある。このように，主効果のみの分析ではなく交互作用も考慮しているという点で，倉八らの研究は他の研究と一線を画す。

これらの研究では，学習意欲の測定に多角的な方法が用いられている。研究により若干の違いはあるが，他者評定による授業中の学習行動の評定，自主学習行動としての課題提出，学習者の自己評価といった複数の方法により学習意欲の測定がなされている。他者評定は，複数の評定者が授業において，評定項目に応じて学習者の行動を観察し，積極的な学習行動がどの程度見られるか評定する。課題の提出とは，授業後にその日学習したことを練習するように促し，それを実際にするかどうかは学習者にまかせ，提出されたもの（例えばノートに記入したものやプリント）を，学習の量と質の面から評定をしている。自己評価による学習意欲は，有能感，自律性，知的好奇心などを測定する質問紙が作成され，毎時の授業後や実験期間終了後などに行われた。

学習者の適性の指標には，知能，外国語に対する態度，英語クラス不安などが測定された。これらの指標は，学習成果や学習意欲に対する教授法の効果を，主効果だけでなく，教授法と学習者の適性との交互作用の面からも検討するために用いられるものである。

倉八・安藤・福永・須藤・中野・鹿毛(1992)では，グラマティカル・アプローチによる指導を受けた群と，コミュニカティブ・アプローチによる指導を受けた群を比較している。学習意欲は，他者評価，自主学習行動，自己評定の3つの測度により測定されている。他者評定では，評定者が授業

---

[4] 一般に第二言語学習に関する研究では，適性ということばは言語適性(language aptitude)の意味で使われ，認知能力の個人差要因を指すものであるが，倉八らの研究ではより広い意味で使われており，不安や態度などの情意的な要因も含まれている。

を観察し，各学習者の学習への取り組みの積極性を評定した。自主学習行動の分析は，毎回の授業後，学習者にはその日学習したことをノートに練習することが促され，翌日ノートが回収された。この課題をやるかやらないかは学習者の自主性にまかされた。回収された課題は，練習の量と質を評定した。自己評定による学習意欲の測定には，有能感，自律性，知的好奇心などを測定する質問紙が使用され，毎回の授業後に測定が行われた。この質問紙の全項目の平均点を求めて自己評定による学習意欲の得点とした。また，学習成果を測る指標として，筆記テストと口頭テストが行われた。

　グラマティカル・アプローチとコミュニカティブ・アプローチの間で学習意欲の差があるかどうか分析するために t 検定を行ったところ，研究者らの予想に反し，学習意欲の3つの測度いずれにおいても統計的に有意差は認められなかった。この原因には，測定の方法や授業日数の短さの影響があると考えられた。測定方法の影響については，他者評定では常に全員を観察することは難しく，見逃しがあった可能性が考えられる。また，評価項目が各教授法に適切でなかった可能性も指摘されている。授業日数が短かったことも意欲の統計的有意差が見られなかった原因のひとつと考えられている。授業は9日間行われたが，実験に参加した学習者はコミュニカティブ・アプローチによる授業を受けるのは初めてであり，9日間では初めての指導法に慣れ，意欲的な学習を行うには時間が足りなかったと考えられた。さらに，教師の問題も挙げられている。実験を行った教師らは，グラマティカル・アプローチとコミュニカティブ・アプローチの両方を行ったが，それぞれの教師が得意な教授法，不得意な教授法があったことも原因と考えられた。

　ただし，統計的な有意差はなかったが，日数が経つにつれて，自主学習行動と自己評定による学習意欲において，コミュニカティブ・アプローチ群のほうが徐々に意欲が高まる傾向が見られていることから，倉八・安藤・福永・須藤・中野・鹿毛(1992)は，コミュニカティブ・アプローチが学習意欲を高める効果があるのではないかと考えている。

　この研究では，学習成果の規定因を探るためにパス解析を行っている。

グラマティカル・アプローチ群では，知能偏差値が筆記試験を規定していた。一方，コミュニカティブ・アプローチ群では，筆記試験に対しては自己評定による学習意欲から有意なパスが見られた。この結果から，グラマティカル・アプローチ群では，筆記試験の成績は学習意欲を媒介せずに知能により規定されるが，コミュニカティブ・アプローチ群では，学習意欲により規定されていると解釈された。また，グラマティカル・アプローチ群では，知能偏差値から自己評定による学習意欲へ有意なパスがあり，そこから口頭テストへ有意なパスが見られた。このことから，グラマティカル・アプローチ群では，知能が学習意欲を規定し，それが学習成果へ至ると考えられた。一方コミュニカティブ・アプローチ群では，知能ではなく態度，性格要因が学習意欲へ影響し，そこから学習成果へ至るパスが見られた。これらの結果を総合すると，グラマティカル・アプローチ群では学習成果は知能に規定されるが，コミュニカティブ・アプローチ群では態度や性格要因が学習意欲を媒介して学習成果を規定していることが示されたように，学習の環境が異なるなることで，学習成果の規定因が異なり，学習意欲の働きも異なることが示されたと言える。

　倉八(1993)は，上記の研究を発展させ，グラマティカル・アプローチとコミュニカティブ・アプローチの比較に加え，それらの教授法を日本人教師のみで行った場合と日本人教師とネイティブスピーカーの ALT とのティームティーチングで行った場合に学習意欲に差があるか，また学習成果の規定因に違いがあるかということを分析している。またこの実験では，現実の教室環境をより反映するために，1クラスの人数を40人にして実験を行っている。

　学習意欲の測定には他者評定，自己評価，自主学習行動の三つの方法が用いられた。他者評定では，コミュニケーション，書くこと，ゲーム，授業全体といった側面に対する意欲を評定し，各側面で実験期間の平均値を求めている。自己評価は6つの側面（授業への意欲，発音への意欲，ゲームへの意欲，有能感，英語への積極的態度，緊張感）について測定する質問紙が使用された。この質問紙をセッション終了後に行った（前回の実験とは異なり，毎回の授業ではない）。自己学習行動についての測定は，授業の終わりに配ら

れるコミュニケーションシートで行われた。このコミュニケーションシートをやるかどうかは学習者の自主性に任せられた。

学習意欲の差については，2×2の分散分析を行い，教授法の主効果，ALTあり・なしの主効果，二つの要因の交互作用について分析している。その結果，他者評定による学習意欲のうち，授業全体を評価したものと，コミュニケーションに対する意欲において教授法の主効果がみられ，コミュニカティブ・アプローチ群が有意に高かった。これは授業内でコミュニケーション活動を行うことで，学習者が積極的に学習していると評定者に映ったためと思われる。ALTあり・なしの主効果は，発音に対する意欲で有意差が見られ，ALTあり群で有意に高かった。これは，ネイティブスピーカーの発音を聞くことで，発音に対する関心が高まったものと考えられる。また，授業後に提出するコミュニケーションシートの提出で，コミュニカティブ・アプローチ群が有意に高く，授業内でコミュニケーション活動を行うことでコミュニケーションへの意欲が高まり，それが授業後も維持されたと考えられた。

この研究においても，学習成果の規定因を分析するためにパス解析が行われた。結果は倉八・安藤・福永・須藤・中野・鹿毛(1992)で報告された結果とほぼ同じで，筆記テストの規定因として，グラマティカル・アプローチ群では知能が有意に働き，コミュニカティブ・アプローチ群では学習意欲が有意に働いていた。また他者評定によるコミュニケーションの意欲の機能が異なり，コミュニカティブ・アプローチ群では口頭，筆記両方のテストに対して有意なパスがあったが，グラマティカル・アプローチ群では口頭テストに対してのみ有意なパスがあった。

また,学習者の特性と教授法の交互作用についても分析がなされている。特に学習意欲に関係する結果では，外国語に対する態度と教授法の交互作用が見られ，コミュニカティブ・アプローチが，外国語に対する態度がより肯定的な学習者にとって特恵的に働いたことが示された。これは，コミュニカティブ・アプローチがコミュニケーション活動を多用する教授法であるため，外国語に対して肯定的な態度を有する者にとっては，その態度に沿う教授法であったと考えられる。

続いて倉八(1994a)では，コミュニケーション活動のみを行うコミュニカティブ・アプローチと，コミュニケーション活動に文法規則の教授を伴う授業の違いを分析している。コミュニケーション活動のみの群では，コミュニケーション活動を2つ行い，規則教授を伴う群では，コミュニケーション活動を1つおこない，もう1つのコミュニケーション活動を行う代わりにカードを用いた規則教授が行われた。

二つの群で学習意欲に差があるかどうか分析したところ，自己評定による学習意欲の中の，英語学習全体に対する意欲とコミュニケーションに対する意欲で差が見られ，コミュニケーション活動のみの群が有意に高かった。この違いは，規則教授を行う時間帯にコミュニケーション活動を行っていることの違いが表れたものと思われる。これを支持する結果として，学習者に対するインタビューのデータから，彼らが好んだ学習の順位を調べると，規則教授よりもコミュニケーション活動を好んでいることが示された。

この研究では，学習意欲を規定する適性について考察するために，学習者の適性と教授法の交互作用が検討されている。まず，英語クラス不安と教授法の交互作用が見られ，規則教授群では学習意欲が英語クラス不安に規定されるが，コミュニケーション活動のみの群では学習意欲は英語クラス不安とは独立であった。この結果から，不安の高い学習者にとってコミュニケーション活動が補償的に働いたと言える。また，外国語に対する態度と教授法の間にも交互作用が見られ，規則教授群では学習意欲に対し外国語に対する態度が強く働き，一方コミュニケーション活動のみの群では外国語に対する態度に関わらず学習意欲が高まったことが分かった。これらの交互作用に関する結果から，規則教授群では学習者の適性が学習意欲を規定する傾向が見られたが，コミュニケーション活動のみの群では適性に関わらず，活動が学習意欲を喚起していたと考えられた。

さらに倉八(1995)では，コミュニケーション活動の質の違いが学習意欲に及ぼす影響について分析が行われている。コミュニケーション活動は，例えば教師が方法を指定して行う活動もあれば，学習者が方法を決定するような活動も考えられ，学習者に与えられた自由度は異なる。また，個人で

行う活動かグループで行う活動かによっても自由度は異なる。このように，コミュニケーション活動には学習者の自由度の幅があると考えられ，自由度の異なる活動が異なる効果を持つことが予想された。そのため，実験では学習者群ごとに自由度の異なる活動を行い，群間の比較を行った。

分析の結果，学習意欲については，概ね両群とも意欲が高く，有意差はあまり見られなかったが，コミュニケーションに対する意欲と自己関与感に有意差があり，自由度の高い活動を行ったコミュニカティブ・アプローチ群が高かった。この結果から，自己関与感が高まることで英語学習へ動機づけが高まると考えられた。

倉八らによる一連の研究で興味深いのは，異なる教授条件間で学習意欲に差があっただけでなく，条件間で学習意欲の学習成果に対する影響が異なっていることや，教授条件と学習者の適性に交互作用が見られ，学習意欲を規定する要因が異なっていることである。何らかの教授法が学習者全員にとって学習意欲を高める効果があるというわけではなく，学習者の適性（例えば外国語に対する態度，不安）によっては不利になる学習者もいるということを示唆している。

本節で概観した研究の結果を総合すると，学習環境が異なると動機づけに違いが出ると言え，状況が動機づけに対して影響すると考えられる。動機づけを高めることを意図した理論（自己決定理論やARCSモデル）に基づいて比較実験を行った研究では，理論に基づいて設計された教授条件のほうが動機づけが高いという結果が得られているように，それらの理論が動機づけを高めることに有効な示唆を与えることを示している。しかし倉八らによる一連の研究では，教授法と学習者の適性に交互作用が見られたように，ある種の指導方法は全ての学習者に対して有効というわけではなく，あるタイプの学習者にとっては有効に働くが，他のタイプの学習者には必ずしも有効ではないことがあると考えられる。

3.4 動機づけの経時的変化を追った分析

前節までに概観した研究では，ある一時点における動機づけ要因の関係

を分析したものや，短い期間内での測定によるものがほとんどであったが，同じ学習者を経時的に調査し，授業を受けることで動機づけがどのように変化するか分析した縦断的研究も報告されている。

第二言語学習における研究では，統合的動機づけに関する要因の経時的変化を分析した研究がいくつか報告されている。Gardner, Smythe, and Brunet (1977)および Gardner, Smythe, and Clément (1979)は，学習者がフランス語の短期滞在型プログラムに参加する前と後で，動機づけや態度に変化があるかどうか平均値の差の検定により分析している。その結果，全ての変数ではないが，一部の変数で変化が見られたことを報告している。

動機づけ研究以外の分野では，Learner Beliefs 研究において，学習者の認識の変化を報告した例がある。授業との関連が深い研究に限ると，第2章で述べたように，教師と学習者の認識は必ずしも一致していないことを報告した研究がいくつかあるが(Nunan, 1989, 1995; Kern, 1995; Schulz, 1996, 2001; Peacock, 1998)，その中でKern (1995)は，1セメスター（15週間）にわたる授業を受けた後の学習者の認識の変化を，BALLI (Horwitz, 1987)を用いて分析した。その結果，平均値やパーセンテージにより全体的な傾向の水準で分析した場合にはそれほど変化は認められないが，個人ひとりひとりを見た場合，変化が認められる者がいた。

ここまで概観した研究では，動機づけに関係する要因の経時的変化を分析し，実際に変化があったたことを報告しているため，授業により動機づけを変化させることができる可能性があることを示唆していると言える。しかし，それらの研究では，研究が行われた環境が学校における授業とはかけ離れたものであったり，授業に直接関係があるかどうか断定できないものを測定しているため，授業において動機づけを高めることについて考察する上では注意が必要である。例えば，短期滞在プログラムは，生活時間全てを目標言語環境で過ごす集中的なものであるため，一般的な授業の環境とは異なる。特に，教室外では目標言語によるコミュニケーションの機会が乏しい外国語環境での授業とは大きく異なるものである。そのため，短期滞在プログラムと同様の効果を教室内での指導において期待することは難しいだろう。また，学習者の認識の変化の研究では，認識の測定に

BALLI が用いられているが，2.4.1 で述べたように，BALLI の項目は第二言語学習全般に関することであり，必ずしも特定の授業とは関連がない項目も含まれると考えられる。そのため，授業の効果として認識の変化が起こるかどうか測定する手段としてふさわしいとは言えないだろう。したがって，これらの研究の結果を動機づけを高める教育実践に応用する際は，研究の結果とそれを応用しようとしている文脈との関連性を慎重に見極める必要がある。

　これらの研究のほかに，授業と動機づけの関係をより密接に捉えた研究がなされている。Gardner, Masgoret, Tennant, and Mihic (2004)は，大学でフランス語の授業を受ける学習者を1年間に渡り追跡調査し，統合的動機づけを構成する要因および道具的な学習目的と不安がどのように変化するか分析した。1年間の授業の前後で AMTB (Gardner, 1985)などを用いてそれらの要因を測定し，変化の大きさについて分析している。なお，この研究では変化の分析において，変化量の絶対値を用いているため，得点が上昇したのか下降したのかという方向性は検討されていない。分析の結果，外国語への興味，目標言語文化（この場合フランス系カナダ人）への態度，道具的な学習目的，第二言語（この場合フランス語）を学ぶ欲求，第二言語使用不安，第二言語学習に対する態度といった，第二言語全般に関わる要因はほとんど変化がなかったが，フランス語の授業での不安，遂行強度，教師に対する評価，フランス語の授業に対する評価といった，授業に直接関係する要因は比較的変化が大きかった。

　Koizumi and Matsuo (1993)は，英語を学び始めた日本人中学1年生の態度や動機づけの経時的変化を分析している。学習習慣，道具的な学習目的，統合的な学習目的，英語に対する興味や感情，外向性，親による英語学習の奨励，英語話者や文化に対する態度を測定する質問項目が用意され，因子分析の結果，英語に対する興味や感情，親による英語学習の奨励，英語の有用性と英語話者との親和性，学習習慣，外向性といった因子が得られている。この分析では統合的動機づけに相当する因子は得られなかった。これらの因子における得点の変化を，4月，6月，10月，2月の4時点で得られたデータを比較して検討している。平均値の差の検定を行った結果，

全般的に動機づけが低下する傾向が見られた。この原因として Koizumi and Matsuo (1993)は，徐々に学習内容が難しくなることが関係しているのではないかと考えている。

山森(2004)も英語の学習を始めたばかりの中学一年生の学習意欲が 1 年間でどのように変化するのか分析している。この研究では，学習意欲の変化だけでなく，学習意欲の変化に影響する要因についても分析を行っており，授業に対する示唆に富む。

この研究では,学習意欲を英語の学習を達成しようとする態度と定義し，4 月の学期開始時と，各学期の最終授業時の 4 回にわたりデータを収集した。また合わせて学習意欲に影響する要因として，定期テストに対する準備ができたかどうか，学習するべき内容が分かっていたかどうか，定期テストに対する結果の期待，定期テスト後の自己効力感の四つの要因について，定期テスト返却時にデータを収集している。また，学習成果の測度として定期テストの点数，日常の学習行動の評価として観点別評価に用いた項目から授業や家庭学習に直接関係する項目を選択した。

学習意欲の変化については生存時間分析とクラスター分析[5]を併用し，全体傾向と個人の両方の水準での変化を分析している。4 月の時点ではほとんどの学習者で学習意欲が高かったが，それをどの時点で学習意欲が変化したかにより学習者を群分けしている。それによると，学習意欲が高いまま維持された群や低下する群，一度低下したが後に上昇する群が見られたが，低下する者の中では，いくつかの群で異なる時期に低下するという特徴が見られた。

このように異なる変化を示した学習者群間では，日常の学習行動の評価においては差がなかったが，学習意欲に影響する要因では差が見られた。特に自己効力感の影響が示唆され，これ以上がんばっても勉強できないと感じることが学習意欲の変化に影響していることが示唆された。また，学習意欲が低下した学習者は，テストに対する準備ができなかったと感じ，また学習すべき内容が分からなかったと答える傾向があったことが報告されている。

---

[5] クラスター分析については第 5 章を参照されたい。

Hiromori (2006)は，自己決定理論に基づいて動機づけを高めるための授業実践を行い，その前後で動機づけが変化したのかどうか分析を行っている。自己決定理論では前述のように，内発的動機づけの先行要因として，自律性，有能性，関係性の欲求という三つの欲求が満たされることで内発的動機づけが高まると考えられている。これに基づき Hiromori (2006)は，日本人大学生を対象とした英語のライティング授業において，三欲求を満たすことに配慮した指導手順を考案し実施している。具体的には，学習者が英語による作文をおこなう際に分からなかったことを注釈に書き，後に教師がその注釈に対してフィードバックを行った。このような手順により，学習者の習熟度に合わせたフィードバックを行うことができ，それにより有能性の欲求を満たすことができると考えられている。また，トピックの選択に幅を持たせることで学習者自らが自分の書きたいテーマを選ぶ余地を与え，それにより自律性の欲求を満たすものと考えられている。また，グループワークなどを取り入れて，学習者同士が協力して学習する場を作り，それにより関係性の欲求を満たすことをねらいとしている。

このような取り組みを行った前後での動機づけを比較するために，三欲求の充足度と，自己決定の度合により動機づけを連続体として捉えた動機づけの志向性の違い（図 3-1 を参照）を分析している。その結果，介入後では介入前と比べて三欲求が満たされるようになり，その結果否定的な感情などを有する志向性の値が低下し，より自己決定的で内発的動機づけの度合が高い志向性の値が上昇したことが示された。

3.5 研究を概観した考察

以上の研究では，背景とする理論が異なっていたり，測定対象とした要因が異なっていたり，分析の単位も異なっていることから，結果を単純に比較することはできない。そこで，分析の対象となった動機づけ要因を図 2-7 のプロセスに位置付けて考え，学習者と授業（外的環境）との相互作用で起こる要因と，授業の水準を超えたより一般的な水準の要因に分けて考えてみたい。

授業と動機づけの関係について考えると，まず授業を変えることで動機づけを変えることができるのかという疑問が湧くだろう。この点については特に3.3で概観した，異なる教授条件間での比較が参考になる。
　まず，倉八らによる研究（倉八・安藤・福永・須藤・中野・鹿毛, 1992; 倉八, 1993, 1994a, 1995）やPeacock (1997)では，授業中の学習行動を測定し，それらが教授条件間で異なっていたことを示している。授業中の行動は，ある特定の場面で起こっている現象を指しており，状態としての動機づけとして測定がなされていると言える。そのような状態としての動機づけに対し，環境の違いが影響を及ぼしていることがこれらの研究で示された。これは，状況を工夫することで動機づけを高めることができる可能性を示している。Gardner and Tremblay (1994)は，特定状況下での動機づけを研究する必要性のひとつとして，特定状況下での動機づけは状況要因に影響を受けると考えられるため，状況を工夫することで動機づけを高める教育的介入の可能性があると指摘しているが，倉八らの研究やPeacockによる研究は，それを支持する結果であると言えるだろう。
　またその他の研究では，測定が状況を一般化した水準で行われているため，状態としての測定ではなく傾向性としての測定ではあるが，教授条件が異なると学習者の反応が変わることが示されている。Chang and Lehman (2002)では，ARCSモデルで提唱される方略を用いて作成した教材を用いた群のほうが，教材に対する肯定的な反応を示したことが報告されている。また，菊地・中山(2006)では，測定された要因の中で，指導に用いられた教材への興味と，その教材を聞いて理解することができる有能感において，外国映画を用いて指導した群が他の群よりも有意に高い傾向にあったことを示している。
　このように，教授条件が異なることで学習者の動機づけ，すなわち学習者と教授環境との相互作用で起こる要因に差が表れたということは，環境が異なることで学習者の反応（認知的評価）に違いが生まれたことを示していると解釈できよう。また，環境の違いは学習者の認知を介して学習行動に影響していると考えられる。
　ただし，これらの研究では，状況がいかに動機づけに影響するのかとい

ったことについては分析がなされていない。状況が異なる群間で動機づけに差があったことで，状況が動機づけに対して影響することは認められるが，状況がいかに動機づけに影響するのか，あるいは，状況のどういった側面が動機づけに影響するのかといったことについては詳しく分析がなされておらず，そのためこれらの研究結果を教育実践へ応用できる可能性が狭められていると言えるだろう。これらの研究で用いられた教授法や教材はそのまま他の文脈へ応用できるとは限らず，研究が行われた文脈ではこれらの方法で動機づけが高まったとしても，他の文脈では効果がないかもしれない。また，授業の時間的・物理的制限などにより応用ができないケースもあると考えられる。実践への応用可能性を高めるためには，何らかの方法を用いて動機づけが高まったことを示すだけでなく，それはなぜ起こったのか，授業のどのような要因が効果的に働いたのかといったことを示すことで，教師各々が自分の授業のどの部分を改善すればよいのか判断できるようにする必要がある。そのような研究上の課題を克服するために，学習者の授業に対する認知的評価と授業のつながりについて研究することが，研究のひとつの方向性として考えられる。

　異なる教授条件間の比較研究では，学習者と授業（外的環境）との相互作用で起こる要因のみで差があったわけではなく，授業の水準を超えたより一般的な水準の要因でも差があったことが報告されている。菊地・中山(2006)では，英語でのリスニング一般を対象としたリスニングに対する感情（不安，積極的感情）や意欲でも，群間で差があったことを報告している。またWu (2003)では，英語学習に対する内発的動機づけに差があった。これらの要因は，授業を超えた水準のものであり，教授条件の違いが教授環境の水準よりも広い水準での要因に対して影響があったと解釈できる。このような変化がどのようにして起こったのか考察する上でも，以下で述べるように，授業に対する学習者の認知が重要になると思われる。

　授業と動機づけの変化の関係を考える上で，学習者が授業をどのように認知しているかということが鍵になると思われる。クラスのまとまりと動機づけの関係を分析した研究(Clément, Dörnyei, & Noels, 1994)や，自己決定理論に基づく研究(Noels, Clément, & Pelletier, 1999; Noels, Pelletier, Clément, &

Vallerand, 2000; Noels, 2001; 廣森, 2005)では，学習者の授業に対する認知が動機づけに関係していることが示されている。ただし，これらの研究で測定されている動機づけは動機づけの志向性の違いであり，学習者と授業（外的環境）との相互作用で起こる要因ではなく，授業の水準を超えたより一般的な水準の要因であると言える。したがって，これらの研究の結果と，前述の学習者と授業（外的環境）との相互作用で起こる要因において教授条件間で差があったことを報告した研究（倉八・安藤・福永・須藤・中野・鹿毛, 1992; 倉八, 1993, 1994a, 1995; Peacock, 1997; Chang & Lehman, 2002; 菊地・中山, 2006)を直接には結びつけることはできない。しかし，学習者から見ると自分の外で起こっている授業というものが，自分の内面の変化を引き起こしているということは，それらの間に何らかの認知が介在していると考えることができる。

それを示しているのが山森(2004)による研究であろう。この研究では，学習者の動機づけの経時的な変化と，変化に影響する要因を分析している。その中で，テストの結果を見た学習者がもうこれ以上学習できないと感じることが動機づけの低下につながったことを示している。このように，テストの点数という出来事そのものが動機づけに影響するのではなく，それをどう受け取るかといった学習者の認知が媒介することで内面の変化が起こっていると考えられる。

また Hiromori (2006)では，自己決定理論で内発的動機づけの先行要因と考えられている三つの欲求に関して，学習者がそれらの欲求が充足されていると感じる程度を増すことで内発的動機づけの高揚に成功している。この研究結果も，授業そのものが学習者の内面に直接働きかけるのではなく，学習者が授業をどう受け取るかといった認知的媒介があって特性としての動機づけの変化に効果をもたらしていると考えられる。

山森(2004)と Hiromori (2006)で測定対象とされた動機づけも，授業の水準を超えたより一般的な水準の要因であると言えるが，学習者の認知という変数を想定すると，環境と動機づけの関係がより精密に分析できると思われる。ただし，2つの水準（学習者と授業との相互作用で起こる要因，および授業を超えたより一般的な水準）の両方で学習者の認知的働きが環境の影響と

動機づけを媒介しているとしても，その認知的働きの内容は異なっていると考えられる。分析の単位を特定状況下での水準とすると，学習者と授業との相互作用で起こる要因の水準は，図2-7のプロセスに位置付けると認知的評価の段階であり，状態としての動機づけの段階を指すが，授業を超えたより一般的な水準は図2-7では特性の段階にあたる。このように，要因が動機づけのプロセスのどの段階にあたるか区別すると，状態としての動機づけに対して効果的に働く授業の側面と，特性としての動機づけに対して効果的に働く授業の側面は，異なるのではないかと考えられる。それは，動機づけをプロセスとして考えた場合，特性としての動機づけの変化と状態としての動機づけの変化は，プロセスの上では異なる部分にあたり，関係する要因も異なると考えられるからである。状態としての動機づけは行動が生起する段階にあたる。例えば，Dörnyei and Ottó (1998)やDörnyei (2000)による動機づけのプロセスモデル(図2-4を参照)では，pre-actional stageにあたる。一方で特性の変化は，行動の生起・維持・終了のプロセスよりも，次の行動へ向けた内的変化にあたると考えられる。前出のプロセスモデルでは，post-actional stageにあたるだろう。このように，状態としての動機づけの変化と特性としての動機づけの変化は，動機づけのプロセスの上では異なる段階にある。また，ARCSモデル(Keller, 1983, 1992)では，A(ttention)，R(elevance)，C(onfidence)に関わる方略は行動の生起を促すものであるのに対し，S(atisfaction)に関わる方略は，後の学習へ向けた方略である。このように，ARCSモデルでは二つの水準で異なる方略が挙げられている。したがって，行動の生起を促進する授業の要因と，次の行動へ向けた内的変化を促進する授業の側面は，かならずしも同一とは限らないのではないかと考えられる。そのため，授業を工夫して動機づけを高めることを考える際は，状態としての動機づけを高めるのか，特性としての動機づけを高めるのかといった区別をすることが必要と思われる。

　このように状態と特性（または学習者と授業との相互作用の段階と，授業の水準を超えたより一般的な水準）を区別する必要性は，Gardner, Masgoret, Tennant, and Mihic (2004)による分析の結果からも示唆される。この分析では，大学でフランス語の授業を受ける学習者を1年間に渡り追跡調査し，統合的動

機づけを構成する要因および道具的な学習目的と不安がどのように変化するか分析したが，外国語への興味，目標言語文化への態度，道具的な学習目的，第二言語を学ぶ欲求，第二言語使用不安，第二言語学習に対する態度といった，第二言語学習全般に関わる要因はほとんど変化がなかったが，フランス語の授業での不安，遂行強度，教師に対する評価，フランス語の授業に対する評価といった，授業に直接関係する要因は比較的変化が大きかったことが報告されている。授業という環境が刺激となって起こる要因と，授業を超えたより一般性の高い要因とで結果が異なっているということは，授業が動機づけに与える影響は，プロセスの段階によって異なることを示すものであると解釈できる。

　学習者の授業に対する認知に関して研究を行うことは，授業のどのような側面が動機づけに関係しているか知ることができるため，動機づけを高める教育実践に対して示唆を与えるものであると考えられる。その点では，この領域で多くの研究がなされることが求められるだろう。第二言語学習における動機づけ研究ではこのような研究はまだ数が少なく，また自己決定理論の枠組に基づく研究がほとんどである。自己決定理論以外にも，授業の目標構造や TARGET 構造といった枠組も有効ではないかと考えられるため，さまざまな視点から学習者の授業に対する認知に関して研究がなされることが求められる。

　また，学習者の授業に対する認知を研究する枠組を多様化することに加えて，分析の単位も多様化させることが必要であると考えられる。前出の自己決定理論に基づく研究，クラスの結束性を取り上げた研究，または目標構造や TARGET 構造をとりあげた研究のいずれも，測定対象は授業全体に対する認知である。しかし，教師が授業を計画する際は，具体的な活動や課題の連続として授業の設計を行うため，授業全体ではなく学習課題や教材といった，授業を構成する要素に対する認知という水準で研究を行うことも必要となろう。その点では，ARCS モデルのように，学習課題や教材の設計というものを対象としたモデルは有用と思われる。

　しかし，自己決定理論や ARCS モデルといった，動機づけを高めるとして研究で応用されている理論は，必ずしも動機づけに関係する要因のすべ

てを取り上げているわけではないと思われる。自己決定理論に基づく研究は，三欲求を満たすことが内発的動機づけを高めるとし，実際そのような結果が得られている。ただし，学習者の動機づけに影響する要因は他にもあると考えられる。自己決定理論では，人は自律的に行動する時に内発的動機づけが高まるとしており，この理論は人が行動を自らの意思で選択できるような場面において説明力があると考えられる。しかし，教室での授業のように，学習者は教師が準備した授業を受けるような場合，自己決定理論で議論される概念だけが重要とは考えにくい(Brophy, 2004)。ARCS モデルは学習意欲を高める要因を包括的に取り上げ，かつ動機づけを高めるための方略を示している点で，授業実践へ直結する理論である。しかし，ARCS モデルで取り上げられている動機づけ要因が，動機づけを高めるために考慮すべき要因の全てとは限らないと考えられる。例えば，動機づけ研究では教師の要因や集団が生み出す要因（表 2-11 を参照）が動機づけに影響していることが示されているが，ARCS モデルではこのような要因はあまり取り上げられていないように思われる。自己決定理論や ARCS モデルのような理論に基づいた研究では有益な知見が得られているものの，それらはアプリオリに要因を決めて，それらと学習者の動機づけとの関係を分析するという研究のアプローチをとっているため，分析で取り上げられている要因以外にも何らかの要因が動機づけに関係している可能性がある。したがって，これまでの研究を補完するたには，アプリオリな要因決定だけではなく，現象から要因を探索的にあぶりだすことも必要と思われる。

第二部

認知的評価を中心とした

動機づけプロセスの検証

第4章　動機づけのプロセスの検証

4.1 本章の目的

　本章では，これまでの理論的考察を検証するために，図 2-7 の動機づけのプロセスを，パス解析を用いて検証する[1]。特に，特性の影響は認知的評価の媒介を経て行動に達するのか，また，認知的評価の段階の価値・期待・意図の関係と，それらの影響はどのように行動へ至るのかという点について検証する。

　第2章で述べたように，先行研究では Gardner and Tremblay (1998) が，状態としての動機づけは特性としての動機づけと学習成果を媒介することを示している。しかしこの分析では測定方法に限界があることや，統合的動機づけの理論における動機づけという概念を検討すると，状態としての動機づけという概念が認知的評価の結果を意味するのか，学習行動の遂行強度を意味するのか不明である。そのため，この分析の結果をもって行動生起のプロセスが検証されたとは言い難い。またその他の研究においても，認知的評価の側面が詳細には分析されていない。そのため本章における分析では，認知的評価を中心とした動機づけ，特に行動生起の過程に焦点をあて，そのプロセスについて検証する。

4.2 研究1：パス解析による検証

4.2.1 対象者と学習課題

　対象者は関東地方の中学校に通う3年生で，3クラス114名のうち，欠席などによりデータに欠損のある者を除く103名であった。学校が男子校であったため，対象者は全員男子である。分析の対象とした学習課題は，

---
[1] 本章は，田辺英語教育学研究会紀要 Dialogue 5 号(2006 年)に掲載の「授業の中の動機づけ：認知的評価を中心とした動機づけプロセスの検証」に基づき，加筆・修正したものである。

英語の授業で行った教科書の音読であった。音読を研究対象としたのは，調査当時に対象者が受講する授業で，学習事項の定着を図る目的で音読に力を入れていたことによる。

4.2.2 データ収集

　データ収集には 2 つの質問紙尺度を用いた。ひとつは音読についての認識尺度である（具体的な項目については資料 1 を参照されたい）。これは，図 2-7 の特性の段階にあたる要因で，学習課題に対する期待と価値の見積に関係すると考えられる要因として，「音読の重要性」と「上手に音読ができる自信」の 2 つの側面を測定する。音読の重要性は，音読という学習方法が英語学習にとってどれほど有効であると考えているかどうか測定するもので，5 項目用意された。上手に音読ができる自信は，音読を上手に行うことに対して自分が持つ自信の程度を測るもので，5 項目用意された。これら 2 つの要因は，これまで動機づけの研究ではなく学習者の認識(Learner Beliefs)の研究で扱われる部類のものであるが，2.4.1 で述べたように，学習者の認識は認知的評価に影響すると考えられていることから，音読についての認識を特性の変数として扱う。

　もうひとつの尺度は，実際の学習時に起こる認知的評価の段階と行動の段階を測る，音読時の動機づけ尺度である（具体的な項目については資料 2 を参照されたい）。認知的評価の段階の「価値」，「期待」，「意図」を測定するための項目，および行動の段階では「遂行強度」を測定する項目を用意した。価値と期待は Wigfield and Eccles (2000)を参考にしつつ，音読という課題の特徴を考慮して，価値について 6 項目，期待について 4 項目を用意した。なお期待 3, 4 の項目は反転項目である。意図という概念にはいろいろな側面があり，例えばどの程度の達成度を目指すかといったことに関する意図や，どのような取り組み方をするかといった行動の選択という面もあるが，ここでは，学習するという方向に気持ちがどの程度向かっているかという行動の方向性を測ることを目的として，5 項目用意した。遂行強度とは，学習行動の一側面として，音読に対してどの程度の努力(effort)を費やしたかを測るもので，4 項目用意された。2 つの尺度の全ての項目は 7

段階の評定で，4（どちらでもない）を中性点とし，それよりも高い値は肯定的な評定，低い値は否定的な評定を示す（反転項目はその逆）。

データ収集は2段階に分けて行われた。まず，ある英語の授業において，音読についての認識尺度への回答を求めた。そして，その数日後に行われた英語の授業において実際に音読を行い，その直後に音読時の動機づけ尺度への回答を求めた。質問紙を配布するまで調査を行うことは告げていなかった。これは，あらかじめ調査を行うことを告げると，普段の学習とは異なる反応をする可能性があったためである。なお，この2つの授業の間では英語の授業は行われていない。

4.2.3 分析方法

本分析においてはパス解析を用い，図 2-7 に基づいて想定されるモデルが，データと適合するかどうか検討する。パス解析に先立ち，質問紙により得られたデータに対して因子分析を行い，妥当性を検討する。因子抽出には重みづけなし最小二乗法を用い，因子回転にはプロマックス回転を用いる。最小二乗法は，因子分析モデルの理念を反映した最小化基準を設けており，因子分析の理念にかなった推定法である（服部, 1999）と考えられ，探索的因子分析における因子抽出の基本的な手法である（南風原, 2002）。従来は主因子法が頻繁に用いられてきたが，この方法は共通性の推定を1回しか行わない簡便的な方法である（足立, 2006）。しかし最小二乗法は推定を反復するため，主因子法よりも精緻な分析ができる（中村, 2002）。このような理由から，最小二乗法を用いることを決定した。なお，最小二乗法には，測度の単位を考慮しない重みづけなしの方法と，測度の単位の影響を考慮した重みづけありの方法があるが，本分析では測度は全て単位が同じであるため，重みづけなしの方法を用いる。因子回転には，斜交回転のひとつであるプロマックス回転を用いる。因子回転には，因子間に相関を仮定しない直交回転と，相関があることを仮定する斜交回転がある。本研究では動機づけのプロセスに関係する要因を分析しているため，要因間に何らかの関係があると推測される。そのため，因子間に相関があると仮定するほうが自然であり，斜交回転の方法であるプロマックス回転を用いる。

第二部　認知的評価を中心とした動機づけプロセスの検証

　因子分析に続いて，各因子においてクロンバックの α 係数を算出し，内的整合性が充分にあるかどうか確認する。充分な内的整合性があると判断した場合，各因子を下位尺度とし，因子得点を算出して下位尺度得点とし，これをパス解析に用いる。潜在変数を用いた構造方程式モデリングではなく，因子得点を用いたパス解析を採用したのは，対象者の数がさほど多くないため，潜在変数を用いた分析では推定すべきパラメータが多すぎて信頼性の高い分析は難しいと判断したためである。

　なお，この分析で用いるパス解析は，重回帰分析の繰り返しによるパス解析ではなく，最尤推定法を用いた構造方程式モデリングによるパス解析である。この方法を用いた理由は，重回帰分析の繰り返しによる方法よりも利点があるからである。構造方程式モデリングによる分析では，分析者が理論や仮説に基づいてモデルを構築でき，また，データとモデルの適合を検討できるという利点がある(Klem, 2000)。しかし重回帰分析の繰り返しによるパス解析では，柔軟なモデル構築が難しく，モデルとデータの適合を吟味することはできないため，最尤推定法を用いた構造方程式モデリングのほうが優れた方法である（豊田, 2000）。本分析は，理論で想定される変数間の関係の仮説を検証することが目的となるため，構造方程式モデリングによるパス解析を用いるほうが適していると判断した。

　図 2-7 に基づいて，次の図 4-1 のようなモデル 1 を仮定した（誤差項は省略してある）。

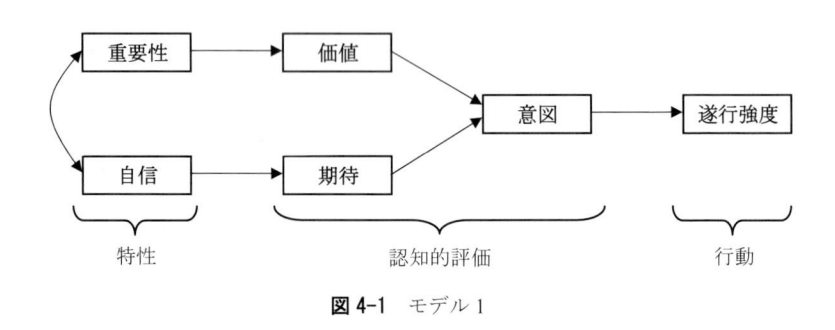

図 4-1　モデル 1

　特性の段階の変数として，音読の重要性の認知と上手に音読できる自信

がある。これらの要因が認知的評価の段階の価値と期待に対して影響することを想定し，音読の重要性から価値に対して，そして上手に音読できる自信から期待へパスが引かれている。価値と期待は意図へ影響し，そして意図が行動の指標である遂行強度へ影響するという一連のプロセスを仮定した。また，特性は認知的評価を介して間接的に行動に影響するという理論的考察により，音読の重要性と上手に音読できる自信から遂行強度へ直接のパスは引かれていない。

このように仮定されるモデルがデータをうまく説明できているかどうか検討するために，適合度指標を用いる。モデルとデータの適合を異なる角度から検証する方法が提案されているが，本分析においてはカイ二乗検定，GFI，AGFI，CFI，RMSEA，AIC を用いて適合度を検討する。

カイ二乗検定は，分析したモデルが正しいという帰無仮説が棄却されるかどうか検討するものである。したがって，帰無仮説が棄却されなければ適合が良いと言える。有意性検定は標本数が多くなるほど帰無仮説が棄却されやすくなるという性質があるため，標本数が多いときには検定の結果が役に立たないと言われるが（室橋, 2003a），今回の分析では対象者数がさほど多くはないため，カイ二乗検定の結果は無視できない。

しかし，カイ二乗検定では採択したい仮説が帰無仮説となっているため，帰無仮説が棄却されなかった場合，それはモデルが正しいという確率が有意水準ほど低くはなかったということを示すものであり，積極的にモデルが正しいことを示すものとは言えない（豊田, 1998）。したがって，カイ二乗検定を補うために，他の指標が必要となる。以下，室橋(2003b) を参考に各種の適合度指標について説明したい。

GFI (Goodness of Fit Index)は，データの分散共分散行列をモデルがどの程度説明しているかということを指標化したものである。値の上限は 1.00 で，0.90 以上で適合が良いとされる。しかし狩野・三浦(2002)は，より厳しい条件を基準にするような傾向があり，0.95 前後の値をもって当てはまりが良いとする傾向があることを述べている。なお，GFI は自由度が大きくなると値が高くなりにくいという欠点があるため，自由度を調整した AGFI (Adjusted Goodness of Fit Index)がある。

GFI や AGFI とは異なる角度から適合度を計算するものに、独立モデルを比較基準として、独立モデルとデータの乖離度が、分析されるモデルによってどれだけ改善されたか指標化するものがある。独立モデルとは観測変数間にパスを全く引かない（つまり変数間に全く関係がないと仮定した）モデルであり、適合は悪いモデルである。この独立モデルがデータを説明する度合に比べて、分析されるモデルがどの程度より良くデータを説明できているかどうか分析することで、パスを引いて変数間の関係を仮定することに意味があるかどうか検討できる。この種の適合度指標のひとつに CFI (Comparative Fit Index) がある。値は 0 から 1 の間をとり、1 に近いほど適合が良いとされる。狩野・三浦(2002)は、GFI と同じく CFI でも 0.95 前後を基準とする傾向があることを述べている。

モデルの複雑さという観点から適合を検討するものに、RMSEA (Root Mean Square Error of Approximation) がある。モデルはパスを多く引くほどデータに近似する。RMSEA は、モデルの複雑さの影響を取り除いて乖離度の大きさを捉えるものである。値が 0 に近いほど良いとされ、0.05 以下であれば適合が良く、0.1 以上では適合が悪いとされる。

データとモデルの乖離度を基準とする情報量基準に基づく指標もあるが、その中で本分析では AIC (Akaike Information Criterion) を用いる。この指標には良い適合の基準はなく、モデルを比較する際に用いるもので、より小さい値のほうがより適合が良いとされる。

4.2.4 結果

音読についての認識尺度における各項目の平均値と標準偏差、および項目間の相関を表 4-1 に、また音読時の動機づけ尺度における各項目の平均値と標準偏差、および項目間の相関を表 4-2 に示す。表 4-2 の記述統計は反転項目のデータを反転する前に算出し、相関係数は反転後に算出したものである。

つづいて質問紙尺度の妥当性を検証するために、因子分析を行った。まず音読についての認識尺度に対し因子分析を行った。重み付けなし最小二乗法による因子抽出を行い、固有値が 1 以上という基準で因子数を決定し、

2因子が得られた。そしてプロマックス回転を施し，因子負荷量が.40以上の項目を採用して，表4-3のような結果を得た。それぞれの因子が測定しようとする概念と一致したため，妥当であると判断した。第一因子を「自信」，第二因子を「重要性」と命名した。

つづいて音読時の動機づけ尺度に対しても同様の方法で分析を行った。反転項目のデータを反転させた後，因子分析を行った。重み付けなし最小二乗法による因子抽出をおこない，固有値が1以上という基準で因子数を決定し，4因子が得られた。そしてプロマックス回転を施した。しかし，想定した因子において因子負荷量の低い項目が見られた。そのため，因子負荷量が.40に満たない3項目（価値3，価値5，意図4）を除外して再び分析を行い，表4-4のような結果を得た。それぞれの因子が測定しようとする概念と一致したため妥当であると判断し，第一因子を「遂行強度」，第二因子を「価値」，第三因子を「期待」，第四因子を「意図」と命名した。

表4-1 音読についての認識尺度の各項目の記述統計と項目間相関

	重要性1	重要性2	重要性3	重要性4	重要性5	自信1	自信2	自信3	自信4	自信5
重要性1	1.00									
重要性2	.71	1.00								
重要性3	.54	.58	1.00							
重要性4	.40	.37	.51	1.00						
重要性5	.38	.25	.42	.42	1.00					
自信1	.18	.19	.13	.10	.01	1.00				
自信2	.19	.14	.18	.02	.00	.83	1.00			
自信3	.14	.10	.06	.03	-.00	.78	.74	1.00		
自信4	.16	.12	.14	.01	.01	.75	.80	.71	1.00	
自信5	.33	.19	.23	.24	.10	.37	.44	.37	.45	1.00
M	6.04	6.09	6.01	5.58	5.50	3.90	4.03	4.15	3.94	5.55
SD	0.78	0.81	0.83	0.93	1.10	1.35	1.24	1.35	1.29	1.11

表 4-2 音読時の動機づけ尺度の各項目の記述統計と項目間相関

	価値1	価値2	価値3	価値4	価値5	価値6	期待1	期待2	期待3	期待4
価値1	1.00									
価値2	.75	1.00								
価値3	.24	.21	1.00							
価値4	.65	.77	.35	1.00						
価値5	.38	.41	.54	.53	1.00					
価値6	.51	.48	.21	.47	.40	1.00				
期待1	-.01	-.03	.16	.08	.25	.04	1.00			
期待2	.09	.11	.20	.17	.19	.17	.68	1.00		
期待3	.24	.14	.23	.30	.23	.17	.35	.51	1.00	
期待4	.23	.17	.15	.25	.09	.10	.34	.49	.70	1.00
意図1	.30	.29	.05	.30	.27	.45	.01	.07	.14	-.00
意図2	.20	.36	.22	.30	.34	.15	.18	.18	.04	.08
意図3	.23	.36	.10	.43	.23	.28	-.11	.06	.08	.00
意図4	.49	.48	.28	.55	.55	.39	.17	.08	.16	.08
意図5	.24	.26	.10	.37	.26	.35	.06	.02	.15	.06
強度1	.40	.30	.10	.35	.35	.51	.09	.19	.27	.24
強度2	.28	.18	.28	.29	.42	.41	.22	.16	.24	.14
強度3	.23	.17	.23	.28	.31	.33	.20	.19	.15	.12
強度4	.35	.19	.22	.30	.40	.42	.19	.19	.18	.15
M	5.25	5.34	5.09	5.39	5.04	4.40	5.25	5.10	2.68	3.17
SD	1.02	1.03	1.16	1.05	1.21	1.07	1.19	1.09	1.21	1.42

	意図1	意図2	意図3	意図4	意図5	強度1	強度2	強度3	強度4
価値1									
価値2									
価値3									
価値4									
価値5									
価値6									
期待1									
期待2									
期待3									
期待4									
意図1	1.00								
意図2	.46	1.00							
意図3	.53	.39	1.00						
意図4	.43	.37	.52	1.00					
意図5	.61	.42	.60	.48	1.00				
強度1	.46	.17	.44	.48	.43	1.00			
強度2	.35	.23	.36	.45	.46	.69	1.00		
強度3	.31	.20	.32	.44	.45	.60	.63	1.00	
強度4	.39	.20	.37	.41	.31	.65	.64	.59	1.00
M	4.97	5.10	5.27	4.87	5.16	4.76	4.86	4.83	4.63
SD	1.29	1.23	1.20	1.22	1.13	1.10	1.04	1.28	1.13

第4章 動機づけのプロセスの検証

表 4-3 音読についての認識尺度に対する因子分析結果
（重み付けなし最小二乗法，プロマックス回転）

項目	因子1	因子2	共通性	α
自信2	**.93**	-.02	.85	
自信1	**.89**	.00	.80	
自信4	**.87**	-.04	.74	.90
自信3	**.84**	-.07	.69	
自信5	**.43**	.24	.28	
重要性1	.07	**.78**	.63	
重要性3	.01	**.77**	.59	
重要性2	.03	**.73**	.54	.79
重要性4	-.05	**.62**	.37	
重要性5	-.09	**.52**	.26	
固有値	3.93	2.58		
因子間相関				
因子1	1.00			
因子2	.20	1.00		

表 4-4 音読時の動機づけ尺度に対する因子分析結果
（重み付けなし最小二乗法，プロマックス回転）

項目	因子1	因子2	因子3	因子4	共通性	α
強度2	**.82**	-.08	.05	.05	.69	
強度1	**.82**	.12	.00	-.04	.73	.87
強度4	**.78**	.02	.02	-.05	.60	
強度3	**.72**	-.09	.04	.05	.53	
価値2	-.21	**.97**	-.03	.13	.90	
価値1	.17	**.84**	-.03	-.16	.72	.86
価値4	-.02	**.73**	.11	.15	.68	
価値6	.39	**.44**	-.07	-.02	.46	
期待2	-.02	-.05	**.81**	.07	.65	
期待3	.08	.11	**.69**	-.03	.56	.80
期待4	-.01	.18	**.68**	-.11	.52	
期待1	.06	-.20	**.68**	.07	.46	
意図5	.19	.07	.00	**.72**	.65	
意図2	-.22	.06	.12	**.70**	.41	.80
意図1	.16	.03	-.06	**.63**	.54	
意図3	.12	.08	-.10	**.62**	.53	
固有値	5.63	2.42	1.79	1.33		
因子間相関						
因子1	1.00					
因子2	.42	1.00				
因子3	.23	.20	1.00			
因子4	.55	.44	.07	1.00		

その後，2 つの尺度における各因子を下位尺度として，内的整合性を検討するため各因子でクロンバックの α 係数を算出した。その結果，表 4-3 および表 4-4 に示される値を得て，どの下位尺度においても内的整合性は十分に高いと判断した。それぞれの下位尺度の内的一貫性が十分に高いと判断したので，因子得点を算出してこれを下位尺度得点とした。下位尺度得点間の相関を表 4-5 に示す。

表 4-5 下位尺度得点間の相関

	自信	重要性	遂行強度	価値	期待	意図
自信	1.00					
重要性	.22	1.00				
遂行強度	.07	.10	1.00			
価値	.11	.49	.45	1.00		
期待	.41	.26	.29	.22	1.00	
意図	.11	.20	.63	.51	.11	1.00

次に，図 4-1 のプロセス全体（モデル 1）を検証するために，下位尺度得点を用いて最尤推定法によるパス解析を行った。その結果得られたパス係数は図 4-2 の通りである（誤差項は省略してある）。また，モデル 1 について分析した結果，表 4-6 に示されるような適合度指標が得られた。

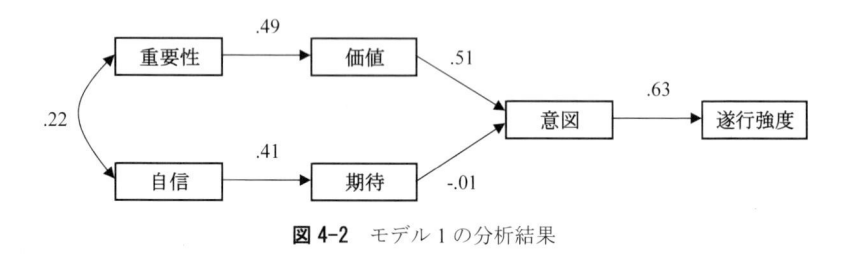

図 4-2 モデル 1 の分析結果

表 4-6 モデル 1 の適合度指標

χ^2	df	p	GFI	AGFI	CFI	RMSEA	AIC
22.948	9	.006	.933	.843	.902	.123	46.948

モデル1の適合度指標を吟味すると，カイ二乗値が有意であること，またRMSEAの値が.10を超えていること，またGFI, AGFI, CFIの値があてはまりがよいことを積極的に支持する程度にまでは高くないことから，このモデルはデータとの当てはまりが良くないという結果であった。また，期待から意図へ至るパスの係数はほぼ0に近く，有意ではなかったため(z = -0.11; p = .92)，両者の間には関係があるとは言えないという結果であった。このような結果から，モデル1はデータとの適合が良いとは言えず，理論から仮定されるプロセスは支持されない。そのため，モデルを修正する必要がある。

モデル1に対する分析の結果を基に，表4-5を参考にして，次のようにモデルを修正した。まず，期待と意図の間のパス係数は実質的に0であったため，このパスを削除した。つづいて，表4-5を見ると，期待と遂行強度の間には若干の相関があるため，期待から遂行強度へ至る直接のパスを加えた。なお，表4-5を見ると，価値と期待の間にも若干の相関があるが，2.3で述べたように，先行研究(Eccless & Wigfield, 1995; Wigfield, Eccless, Yoon, Harold, Arbeton, Freedman-Doan, & Blumenfeld, 1997)でも両者の間に正の相関があることが報告されているものの，因果の方向は断定されていないため，どちらが原因となりどちらが結果となるかということを仮定することができない。また，両方向の因果関係を仮定した分析も可能であるが，モデルが複雑になり解釈が困難になる。このような理由から，本分析では価値と期待の間にパスを引くことは控えた。その結果，図4-3のようなモデル2を仮定した。

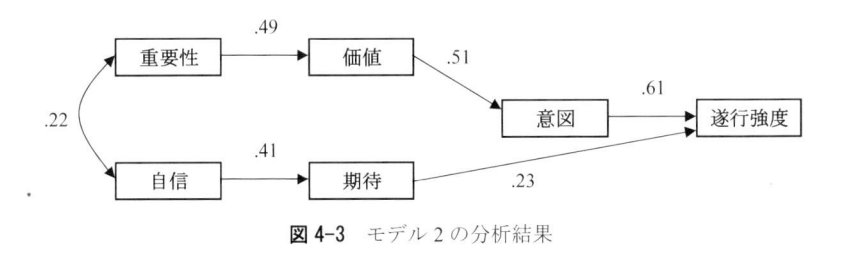

図4-3　モデル2の分析結果

モデル2について再び分析を行った。その結果得られたパス係数は図4-3に示されるとおりであった。このモデルの適合度指標を表4-7に示す。

表4-7 モデル2の適合度指標

χ^2	df	p	GFI	AGFI	CFI	RMSEA	AIC
13.913	9	.125	.958	.901	.965	.073	37.913

表4-7のモデル2の適合度指標をモデル1のもの(表4-6)と比較すると、まず、カイ二乗値が有意ではなくなっていることが分かる。また、モデル2のGFI, AGFI, CFIの値はモデル1よりも改善されており、モデルとデータの当てはまりが良いと考えられる水準にある。RMSEAの値は若干高いが、適合が悪いという水準(0.10)よりも低く、概ね当てはまりがよいと考えられる水準まで改善されている。AICの値をモデル1とモデル2で比較すると、モデル2の方が値が小さく、モデル2のほうがモデル1よりもデータとの当てはまりが良いということを示している。これらの結果を総合すると、モデル2はデータとの当てはまりが良いと考えられ、最終的にモデル2を採択した。

4.2.5 考察

パス解析の結果採択されたモデル2（図4-3）を基に考察を行いたい。まず、全てのパス係数が正であることから、原因となる変数が高まることにより結果となる変数も高まるという関係にあることが分かる。次に、図2-7で想定される理論どおりの結果として、特性（重要性・自信）は直接に行動に影響するのではなく、認知的評価の段階（価値・期待・意図）が媒介して行動へ間接的に影響するという関係が示された。しかし、理論とは異なる関係も浮かび上がった。認知的評価と行動との関係において期待から意図へ至るパスが無いこと、および、期待が意図を経ずに行動へ直接影響するパスが引かれていることから、理論的に想定される全ての変数間の関係が支持されたわけではない。

しかし、この結果だけをもって理論的考察を否定することは拙速である

と思われる。理論と異なる結果が現れた背景には，研究の方法論上の限界が影響している可能性が考えられる。まず，期待が意図を介さずに直接に行動に影響するパスがあるのは，意図の測定方法の限界により起こった可能性が考えられる。今回の調査では，意図を測定する項目は学習する方向にどれだけ気持ちが向かっているかという行動の方向性のみを測るもので，取り組みの強さや方略などを決定する側面は盛り込まれておらず，意図の一側面のみを測るものである。そのため，期待は測定されていない他の意図の側面を介して行動に影響を与えた可能性が考えられる。

次に，期待から意図へのパスが無いこと，つまり，期待は行動の方向性に関する意図に影響しないとなった結果の原因は2つ考えられる。1点目は，期待の値が総じて低かったことである。全体的に期待が低かった，つまり多くの者が積極的な自信がなかったため，肯定的な期待の見積をした者が少なく，そのため分析の対象となった学習課題においては，期待と意図の関係が充分に検出されなかった可能性が考えられる。2点目は，本データに対するパス解析の限界が考えられる。図4-2のモデル1における価値，期待，意図の関係のように，複数の変数が1つの変数に影響すると仮定したパス図の解釈は注意を要する。価値と期待という原因となる2つの変数が，意図というひとつの結果となる変数へ影響するというパスを仮定する場合，分析の結果得られる数値（パス係数）は，原因となる変数の片方（例えば価値）を固定したと仮定して，もう一方の原因となる変数（例えば期待）を一単位変化させた時の，結果となる変数（意図）の平均的な変化量である(豊田, 1998)。片方を固定すると仮定することは，二つの原因となる変数（価値と期待）は結果となる変数（意図）に対して，互いが独立に影響するという前提で分析が行われると言える。しかし実際の動機づけのプロセスでは，ひとりの個人の中で価値と期待両方の見積がなされ，その両方の見積が総合されて意図が形成されると考えられる。つまり，価値と期待は合同で意図へ影響すると考えられるため，パス解析の前提と矛盾する可能性がある。したがって，価値，期待，意図の3者の関係を分析するには，価値と期待が合わさって意図に影響することを前提にした方法で分析する必要がある。

本分析の結果をまとめると，教科書の音読を分析対象の学習課題とし，図 2-7 により想定される動機づけのプロセスをパス解析により検証したところ，認知的評価が特性と行動を媒介するという点は支持されたが，認知的評価の段階で期待・価値・意図の関係が理論どおりの結果ではなかった。これには測定方法，分析対象とした課題，分析方法の限界が考えられた。そのため，特に認知的評価の段階のプロセスについては更なる検証が必要である。

第 5 章　認知的評価の検証

5.1 本章の目的

　第 4 章において，パス解析を用いて動機づけのプロセスの検証を行ったが，その中で，認知的評価の段階に関して，理論から想定されるプロセスとは異なる結果が得られた。その考えられる原因のひとつに，パス解析の前提が認知的評価の過程と矛盾する可能性が指摘された。本章では，その分析方法の限界を克服するために，パス解析とは異なる分析方法を用いて認知的評価を検証する[1]。

　本研究では，クラスター分析による学習者のプロファイリングを行うことで，個人内の価値，期待，意図の 3 変数の高低のパターンに基づいて 3 つの変数の関係を分析する。この方法を使うことで，個人内個人差に着目し，どのような価値と期待の見積の特徴を持つ者がどのような意図の形成を行うか分析する。

5.2 クラスター分析の利用

　第 4 章における分析ではパス解析を用いたが，パス解析が前提とすることと認知的評価には不整合な点がある可能性が指摘された。価値と期待が意図へ影響するというパスのように，複数の変数がひとつの変数に対して影響すると仮定される場合において算出されるパス係数は，当該の変数以外の変数を固定して，当該の変数を 1 単位変化させた時の平均的な変化量である。このためパス解析では，複数の原因となる変数の働きはいわば互いに独立という仮定があると言える。しかし，これが価値と期待の働きと

---

[1] 本章は，大学英語教育学会第 44 回全国大会（2005 年 9 月 9 日　玉川大学）における口頭発表「学習場面における動機づけ」と，大学英語教育学会紀要 JACET Bulletin 43 号(2006 年)に掲載の「授業の中で捉える学習者の動機づけ：認知的評価のプロセスの検証」に基づき，加筆・修正したものである。

矛盾する可能性がある。実際の動機づけのプロセスでは，ひとりの個人の中で価値と期待両方の見積がなされ，それらが総合されて意図が形成されると考えられる。そのため，価値と期待が独立に意図へ影響すると仮定することは認知的評価の実態を反映しない恐れがある。

このように，価値と期待が総合されて意図が形成されるということを反映した分析を行うためには，ある個人内でどのような価値と期待の見積がなされ，その結果どのような意図が形成されるかということについて焦点をあてなければならない。そのためのひとつの方法として，クラスター分析の利用が考えられる。

クラスター分析とは，一組のデータ内の類似度に基づいて対象（または変数）の分類を行うことを目的とした分析方法である。価値と期待と意図のように，何らかの3変数A, B, Cがあるとする。この場合，各個人に対して3つの数値が割当てられていると言えるが，この3つの数値の高低は個人により異なる可能性がある。例えばある人はAは高くB, Cは低いが，ある人はA, Bは高くCは低い，またはある人はすべて高い，またはすべて低いといったように，3変数の高低のパターンは人により異なるだろう。この変数の高低のパターンが似通った者同士をグルーピングし，傾向により分類するのがクラスター分析である。

この方法が認知的評価の分析，つまり価値，期待，意図の関係の分析に有用な理由は，学習者の個人内個人差に着目することができるからである。価値，期待，意図の3変数を用いてクラスター分析を行うことで，これら3変数の高低のパターンが似通ったグループを割り出すことができる。それにより，学習者がどのような価値と期待の見積をし，どのような意図の形成につながったのか，学習者個人のなかで3変数の関係を考察することができる。

クラスター分析には，何らかの仮説等によりあらかじめいくつのクラスターに分類するか決定してから分類を行う非階層的クラスター分析と，仮説等はなく，分析により探索的に傾向を割り出してクラスター数を決定し分類を行う階層的クラスター分析がある。本研究では傾向に関する仮説はないため，探索的に傾向を割り出す階層的クラスター分析を用いる。

階層的クラスター分析には，クラスターの凝集法と非類似度の計算方法に様々な方法が提案されているが，ここではクラスターの凝集方法にはウォード法，非類似度の計算には平方ユークリッド距離を用いる。ウォード法を選択した理由は，この方法はデータ内の構造を発見するのに効果的な手法と考えられており(Alexander & Murphy, 1998)，個人差の傾向に基づく学習者の分類のような目的に適していると考えられるからである。また，この方法による分析の結果出力されるデンドログラム（樹状図）が比較的バランスが取れているため，傾向が似た学習者の群を抽出しやすく，結果の解釈がしやすいという利点がある[2]（足立，2006）。平方ユークリッド距離を用いた理由は，ウォード法を用いる場合，非類似度の計算は平方ユークリッド距離により定義されるため(池田，1989)，この凝集法を用いる場合は平行ユークリッド距離が勧められるからである(Hair & Black, 2000)。

5.3 研究2：認知的評価の検証（1）

ここでは 4.3 で得られたデータのうち，認知的評価のデータを用い，クラスター分析により再分析する。

5.3.1 分析方法と結果

4.3 における分析で，音読時の動機づけ尺度のデータに対する因子分析の結果（表 4-4）から得られた下位尺度のうち，期待，価値，意図の3つを用いてクラスター分析により再分析する。因子分析等による質問紙の妥当性と信頼性の検証は 4.3 ですでに行っているため，その詳細については 4.3 を参照されたい。

得られた3つの下位尺度それぞれにおいて平均値を求め，これを下位尺度得点とした。下位尺度得点の記述統計を表 5-1 に示す。

---

[2] ウォード法の出力が解釈しやすい理由に関して，永田・棟近(2001)は，ウォード法は鎖効果が現れにくいためとしている。鎖効果とは，クラスターの凝集過程において，あるクラスターに対象がひとりずつ結合され，クラスター分けをすると1名のみで構成されるクラスターが多く現れることである。このような鎖効果が起きてしまうと，学習者の傾向の分類ができないことになる。ウォード法はそのような鎖効果が起きにくく，傾向が似た集団が抽出されやすいため，実用的である。

表 5-1　下位尺度得点の記述統計

N	価値		期待		意図	
	M	SD	M	SD	M	SD
103	5.09	0.87	4.04	0.57	5.12	0.96

次に，この 3 変数を標準化してクラスター分析（ウォード法，平方ユークリッド距離）に投入した。その結果，図 5-1 のようなデンドログラムを得た。そして，結合距離の変化や，結果として得られるクラスターの特徴を吟味し，図 5-1 の点線部分にカッティングポイントを定め，4 クラスターに分類した。得られた各クラスターの記述統計を表 5-2，また，各クラスターの平均値をプロットしたものを図 5-2 に示す。

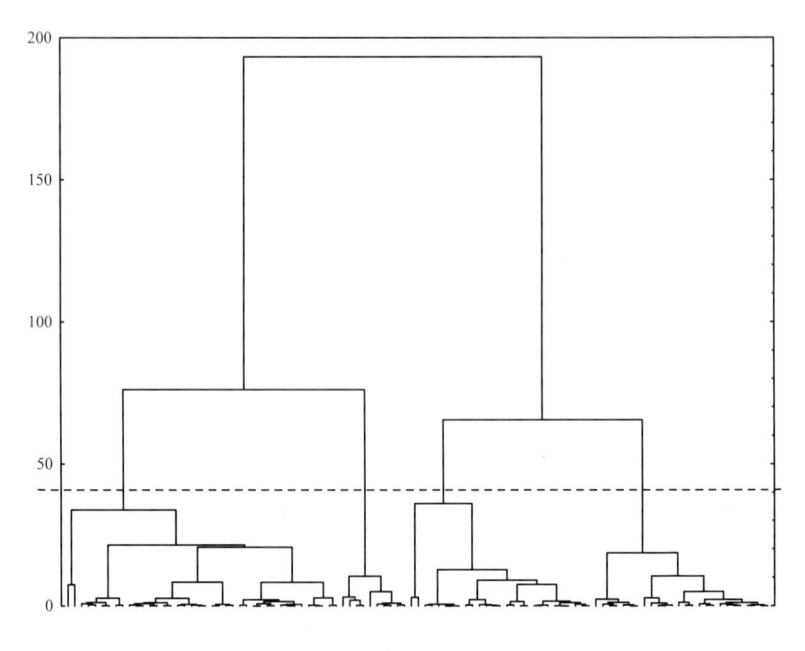

図 5-1　デンドログラム

その後，クラスター間に傾向の差があるかどうか確認するために，3 つ

の変数それぞれにおいて5%水準で一元配置分散分析を行った。その結果，価値（$F(3, 99)=37.24, p=.00$），期待（$F(3, 99)=35.05, p=.00$），意図（$F(3, 99)=48.80, p=.00$）全てにおいて有意差が認められた。この分散分析の結果を得て，どのクラスター間に有意差があるか調べるために，5%水準でテューキーの方法による多重比較を行った。その結果，価値においては第1，第2クラスター間を除いた全てのクラスター間で有意差が認められた。期待においては，第2，第3クラスター間以外に有意差があった。意図ではすべてのクラスター間で差は有意であった。

表 5-2　各クラスターの記述統計

クラスター	N	価値 M	価値 SD	期待 M	期待 SD	意図 M	意図 SD
1	40	4.53	0.73	4.46	0.38	4.85	0.62
2	10	4.38	0.59	3.60	0.29	3.34	0.72
3	27	5.32	0.55	3.50	0.51	5.32	0.56
4	26	6.00	0.43	4.16	0.33	6.01	0.63

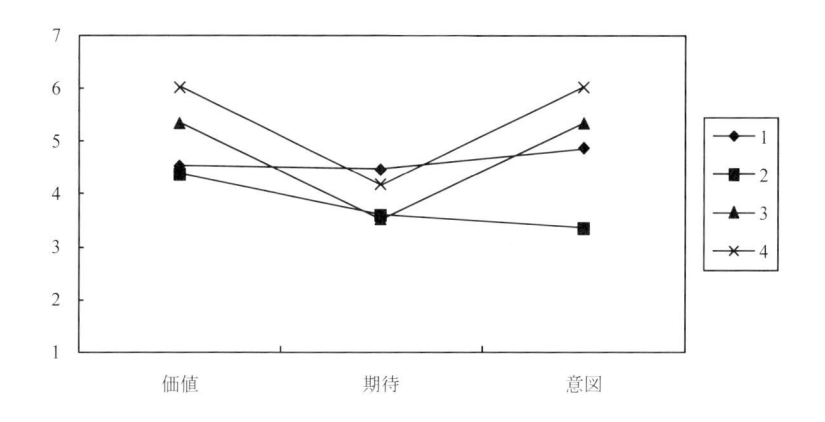

図 5-2　各クラスターの平均値のプロット

5.3.2 考察

　各クラスターの特徴を比較しながら，価値と期待の見積と意図の関係を考察したい。最も意図が高いのは第4クラスターであるが，この群は4群の中で価値が最も高く，期待は第1クラスターよりも低いとはいえ，他の群との比較においては高いほうと言える。平均が4.16であるので，積極的に自信があるわけではないが，否定的な水準まで低いわけではない。第1クラスターは，期待が4群の中で最も高いが，価値がそれほど高くなく，意図も特別に高いとは言えない。価値が同程度の水準である第1，第2クラスターは期待に差があり，期待が低い第2クラスターは，意図においても第1クラスターより低い。第2，第3クラスターは期待が同程度であるが，価値が高い第3クラスターのほうが学習する意図が強い。

　以上のような傾向を総合すると，学習しようとする意図が高まるには，価値と期待の両方が肯定的である必要があると考えられる。どちらか一方のみが高ければよいというわけではなく，両方が大切と言える。学習しようという意図が強まるには，これから取り組もうとする学習課題に対して，これは行う価値のあるものだと受け入れられることがまず大切であると思われるため，その点では，価値が高いことが直接に意図に影響するだろう。しかしそれだけでは十分とは言えず，課題を遂行できるという自信があることも必要になると考えられる。またこの結果は，価値と期待が総合されて意図が形成されるという理論的考察を支持する結果と考えられる。

　しかし，この考察には限界がある。表5-1，表5-2や図5-2を見ると分かるように，期待の値が全体的に低く，またばらつきも小さい。そのため，より積極的に自信がある場合のデータが得られていない。したがって，期待の機能について充分に考察できるだけのデータが得られたとは言い難く，異なる学習課題を用いて更に分析を行う必要がある。

5.4 研究3：認知的評価の検証（2）

　5.3における分析では，期待が総じて低かったため，異なる学習課題を用いて同様の分析を行う必要性が示唆された。そのため，ここでは文法の練

習問題を解くという課題を対象にして認知的評価のプロセスを検証する。

5.4.1 対象者，学習課題，およびデータ収集

関東地方の中学校に通う中学3年生3クラス114名のうち，欠席者やデータに欠損のある者を除外し109名を分析対象とした。学校が男子校であるため対象者は全て男子である。なお，5.3での分析対象者とは異なる。

研究の対象となった学習課題は，調査時には既習の関係代名詞の復習として行った練習問題で，2つの文を関係代名詞を使って1文にする練習であった。この課題を研究対象とした理由は，対象となった授業では文法の練習問題は頻繁に行われる活動であったため，対象者にとっては既知の活動であったことと，文法の練習問題は一般的にもよく行われる活動であるため，結果の示唆の一般性が高いと思われたためである。

データ収集には質問紙を用いた。認知的評価の段階の価値，期待，意図を測定するための項目を用意した（項目の詳細は資料3を参照されたい）。価値と期待は，Wigfield and Eccles (2000)を参考にしつつ，文法の練習問題という課題の特徴を考慮して，価値について5項目，期待について5項目用意した。なお期待3，5は反転項目である。意図については，学習者の気持ちが学習するという方向にどの程度向かっているかという行動の方向性を測ることを目的として，6項目用意した。意図3，意図5は反転項目である。

5.4.2 分析方法

5.3と同様に，価値，期待，意図の3変数を用いてクラスター分析を行う。クラスター分析に先立ち質問紙の妥当性と信頼性を検討するため，まず因子分析を行い，想定する因子が得られるかどうか分析する。そして，各因子を下位尺度とし，クロンバックのα係数を算出し，内的整合性を検討する。充分な内的整合性があると判断されたら，各因子で平均値を算出し，それを下位尺度得点とする。

このようにして得られた下位尺度得点をクラスター分析により分析する。クラスター分析の結果から，価値と期待についてどのような見積をした結果，学習しようとする意図がどの程度高まるのか検討する。

5.4.3 結果

各項目の記述統計と項目間の相関は表 5-3 を参照されたい。なお，平均値と標準偏差は反転をしていないデータに基づき，相関係数は反転したデータに基づいて算出した。

表 5-3　各項目の記述統計と項目間の相関

	価値1	価値2	価値3	価値4	価値5	期待1	期待2	期待3	期待4	期待5
価値1	1.00									
価値2	.36	1.00								
価値3	.57	.44	1.00							
価値4	.37	.38	.51	1.00						
価値5	.54	.34	.56	.33	1.00					
期待1	.03	.16	.09	-.14	-.04	1.00				
期待2	.24	.12	.18	-.11	.09	.66	1.00			
期待3	.02	-.01	-.03	-.28	-.05	.65	.71	1.00		
期待4	.38	.31	.37	.42	.38	-.05	.15	.03	1.00	
期待5	.12	.02	.13	-.11	.07	.57	.70	.62	.01	1.00
意図1	.33	.46	.31	.36	.37	.07	.12	-.02	.36	.06
意図2	.24	.34	.28	.17	.21	.10	.09	.01	.33	.04
意図3	.08	.10	.07	.07	.12	.31	.27	.31	.07	.36
意図4	.25	.24	.26	.06	.18	.32	.37	.31	.27	.38
意図5	.33	.25	.35	.16	.36	.13	.24	.17	.32	.22
意図6	.27	.31	.41	.27	.37	.17	.31	.21	.55	.16
M	5.35	4.50	5.45	5.25	4.56	4.28	4.28	4.06	4.84	3.74
SD	1.08	1.37	1.00	1.43	1.40	1.46	1.45	1.51	1.25	1.38

	意図1	意図2	意図3	意図4	意図5	意図6
価値1						
価値2						
価値3						
価値4						
価値5						
期待1						
期待2						
期待3						
期待4						
期待5						
意図1	1.00					
意図2	.43	1.00				
意図3	.25	.44	1.00			
意図4	.21	.19	.20	1.00		
意図5	.35	.35	.45	.47	1.00	
意図6	.54	.47	.27	.42	.48	1.00
M	4.50	4.98	3.17	5.54	3.10	4.37
SD	1.31	1.27	1.33	1.20	1.49	1.25

質問紙の妥当性を検討するために因子分析を行った。重み付けなし最小二乗法による因子抽出を行い，プロマックス回転を行った[3]。固有値が 1 以上という基準で 3 因子が得られたが，想定していた因子で因子負荷量が低い項目が見られた。そのため，因子負荷量が.40 に満たない 2 項目（期待 4,意図 4）を除外して再び分析を行った。その結果，表 5-4 のような結果を得た。第 1 因子を期待，第 2 因子を価値，第 3 因子を意図と解釈した。

表 5-4　因子分析の結果

（重み付けなし最小二乗法，プロマックス回転）

項目	第1因子	第2因子	第3因子	共通性	α
期待2	**.89**	.17	-.06	.80	
期待3	**.84**	-.14	.04	.73	.88
期待5	**.78**	.05	-.01	.60	
期待1	**.72**	-.05	.07	.55	
価値3	.09	**.86**	-.09	.68	
価値1	.11	**.74**	-.09	.51	
価値5	-.01	**.66**	.04	.46	.78
価値4	-.25	**.56**	.06	.40	
価値2	-.02	**.45**	.20	.34	
意図2	-.13	-.03	**.75**	.50	
意図3	.20	-.23	**.65**	.43	
意図6	.09	.22	**.54**	.49	.77
意図1	-.10	.26	**.53**	.47	
意図5	.11	.17	**.48**	.38	
固有値	4.35	3.01	1.34		
因子間相関	第1因子	第2因子	第3因子		
第1因子	1.00				
第2因子	.04	1.00			
第3因子	.27	.51	1.00		

次に，各因子を下位尺度とするために，それぞれの内的整合性をクロンバックの α 係数を算出し検討した。その結果，表 5-4 に示すような結果を得た。いずれも十分な内的整合性があると判断し，各因子を下位尺度とし

---

[3] 因子抽出と因子回転の方法については，4.2.3 を参照されたい。

てそれぞれ平均値を求め，これを下位尺度得点とした。下位尺度得点の記述統計を表5-5に示す。

表 5-5 下位尺度得点の記述統計

	価値	期待	意図
M	5.02	4.19	4.71
SD	0.93	1.25	0.96

　次に，下位尺度得点を用いてクラスター分析を行った。下位尺度得点を標準化した後，平方ユークリッド距離を用いたウォード法によるクラスター分析に投入した結果，図5-3のような結果が得られた。結合距離の変化，および結果として得られるクラスターの特徴を吟味してカッティングポイント（図5-3の点線部分）を決め，5クラスターに分類することが適当と判断した。

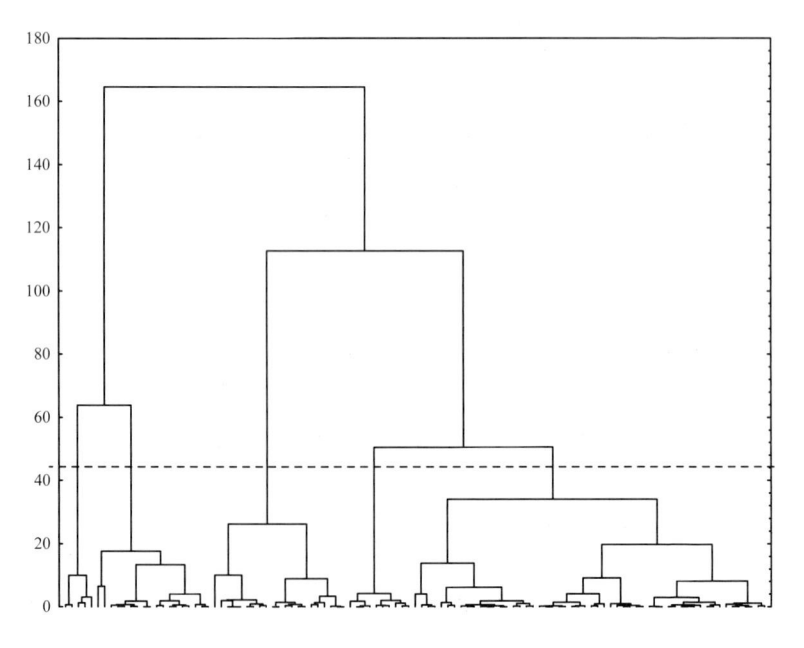

図 5-3 デンドログラム

このようにして得られたクラスターの記述統計を表 5-6 に示す。また図 5-4 は，クラスターの特徴の解釈を容易にするために，表 5-6 の各クラスターの平均値をプロットしたものである。

表 5-6　各クラスターの記述統計

クラスター	N	価値 M	価値 SD	期待 M	期待 SD	意図 M	意図 SD
1	5	2.40	0.42	2.65	0.72	3.04	1.11
2	18	4.29	0.51	4.94	0.87	3.80	0.77
3	21	5.02	0.84	5.68	0.60	5.58	0.64
4	10	4.86	0.48	2.30	0.42	4.04	0.44
5	55	5.53	0.49	3.86	0.79	4.96	0.64

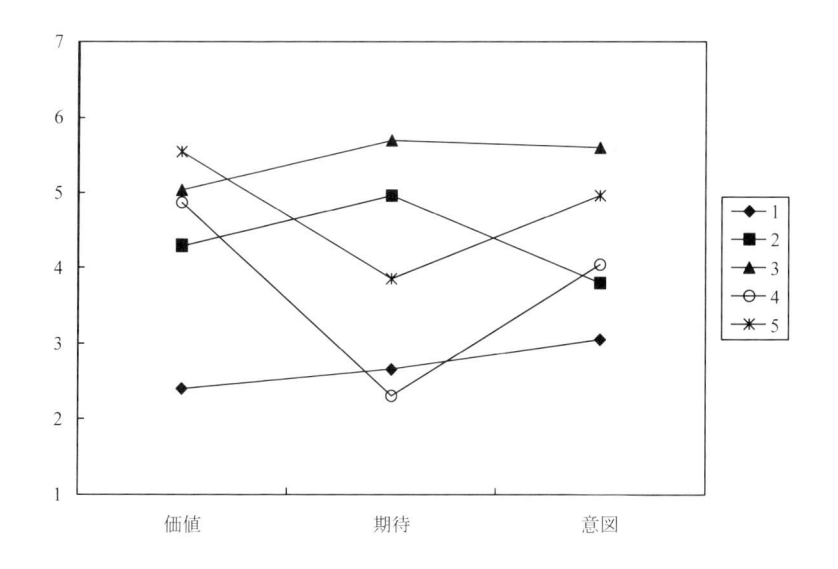

図 5-4　各クラスターの平均値のプロット

クラスター間で傾向に差があると言えるかどうか検討するために，価値，期待，意図それぞれにおいて，有意水準を 5% として一元配置分散分析を

第二部　認知的評価を中心とした動機づけプロセスの検証

行った。その結果3つの分析のいずれにおいても有意差が認められ，クラスター分けは妥当であると判断した（価値：$F(4, 104) = 44.05, p = .00$；期待：$F(4, 104) = 49.71, p = .00$；意図：$F(4, 104) = 29.14, p = .00$）。

　続いて，どのクラスターの間に有意差があるのか確かめるために，有意水準を5％としてテューキーの方法による多重比較を行った。価値においては，クラスター2と4，クラスター3と4の間には有意差が認められなかったが，それ以外のクラスター間では有意差があった。期待においてはクラスター1と4の間には有意差がなかったが，それ以外のクラスター間では有意差があった。意図においては，クラスター1と2，クラスター1と4，クラスター2と4の3つの群間では有意差が認められなかったが，他のクラスター間では差は有意であった。

5.4.4 考察

　以上の結果を基に，各クラスターの特徴についてまとめる。クラスター1は，価値と期待共に低い見積をしている。そのため意図の値も低く，学習しようとする意図が非常に低いと言える。クラスター1は，意図においてクラスター2と4と5％水準では有意差はないという結果ではあったが，クラスター1に属する人数が少ないため，有意差が検出されにくいことが考えられる。クラスター1の平均値はクラスター2，4よりも低いこと，またその他のクラスターと比較すると極端に低いことを考えると，クラスター1に属する学習者は学習しようとする意図が非常に低いと考えられる。

　クラスター2は，価値の評価がさほど高くなく，他のクラスターとの比較においても高いとはいえない。クラスター4との間には有意差は認められなかったものの，これはクラスター4に属する人数の少なさが影響しているものと考えられる。期待においては他のクラスターと比較して，高い水準にあると言える。しかし意図に関して他のクラスターと比較すると，高いとは言えない水準にある。

　クラスター3は価値の平均値が高く，他のクラスターと比較すると2番目に高い。また期待の平均値も高く，積極的な自信があると言える。そして意図の値も高く，分散分析と多重比較の結果を見ても，5群の中で最も

学習しようとする意図が強い。

　クラスター4は，価値においてはクラスター3とほぼ同じ水準にあり，肯定的な評価をしている。しかし期待の値が極端に低く，否定的な評価と言える。意図については平均がそれほど高くなく，学習しようとする意図が強いとも弱いとも言えない水準である。

　最後にクラスター5は，5群の中で価値の値が最も高い。しかし期待については積極的な自信があるとは言えない。意図はやや高い水準にあり，学習しようとする意図を持っていると言える。しかしこの値は5群の中で最も高いわけではない。

　これらの結果を総合し，価値，期待，意図の関係を考察したい。まず，学習する意図が最も強かったのはクラスター3であると言えるが，まず，この群とクラスター4とを比較したい。クラスター4は価値において，分散分析とその後の多重比較の結果からクラスター3との間には有意差があるとは言えず，平均値も近いことから，クラスター3とほぼ同じ水準にあると言える。しかしクラスター3の期待の値は高いのに対し，クラスター4は非常に低い。そして，意図においてはクラスター4の値は高いとは言えない水準であり，クラスター3よりも低くなっている。

　同様に，クラスター3とクラスター5を比較したい。クラスター5の価値の値はクラスター3よりも高く，有意差もある。したがって，クラスター5に属する学習者は，当該の学習活動に対しクラスター3の学習者よりも必然性を強く感じていたと言える。しかし，期待の値を見ると，積極的に自信があったわけではない。そして，学習しようとする意図はクラスター3ほど高くはない。

　クラスター2は，価値の値がさほど高くないため，取り組む必然性をあまり感じていなかったと思われる。期待の値は高いほうで，クラスター4，5よりも高く，ある程度の成功する見込はあったと思われる。しかし，これら2群よりも学習しようとする意図は高くないことがうかがえる。

　クラスター1は価値，期待とも非常に低い。言い換えると，当該の活動に取り組む必然性を感じず，取り組んだとしてもうまくできる自信がない。そのため，学習する意図が強くならなかったと考えられる。

これらの比較を総合すると，学習しようとする意図が高まるには，まず価値の評価が肯定的であるべきと言える。価値の見積は，活動に対して取り組む必然性を感じるかどうかということについての見積であるため，必然性を感じなければ取り組む意図は生まれないだろう。しかし，価値のみが高ければよいと言うわけではなく，取り組むことで成功する見込みがなければ，取り組もうとする意図は高まらないと言える。この点は特にクラスター3，4，5の比較において顕著である。最も価値の値が高いのはクラスター5で，クラスター3，4はそれに準じている。価値の強さのみを見ると，学習する意図が最も強いと予想されるのはクラスター5であろうが，実際はクラスター3が最も強かった。これは，クラスター5は期待の見積がクラスター3よりも低く，積極的な自信がなかったことによるものと考えられる。また，クラスター4はクラスター3と価値の評価が同程度であったにもかかわらず，学習する意図では有意差があった。これも期待の見積が関係していると考えられる。クラスター4の期待の見積は極端に低く，取り組んだとしても成功する見込みがないと感じていたと推測される。そのため，意図は学習するという方向には向かなかったと考えられる。

　期待だけが高ければよいというわけでもない。クラスター2の特徴を見ると，期待の値は5群の中で2番目に高く，平均値から推測すると，成功する見込はある程度あったと考えられる。しかし，学習しようとする意図はさほど高くない。これは価値の値が高くないことを考えると，取り組む必然性をあまり感じていなかったことが原因であると考えられる。

　最も学習しようとする意図が高かったクラスター3は，価値と期待両方において肯定的な評価をしていることがうかがえる。価値は最も高かったわけではなく，クラスター5よりも低い。しかし，期待の見積がさほど高くないクラスター5に比べ，クラスター3は積極的に自信がある水準まで高い。取り組む必然性を感じ，かつ成功する見込も高かったクラスター3が最も学習する意図が高いという結果となった。

　これらの考察から，学習しようという意図が強くなるには，価値と期待の両方が肯定的であることが重要であると言えよう。

5.5 総合考察

　5.3における分析では，価値の値が同程度の時，期待の値が高いほうが意図も高く，また，期待の値が同程度の時，価値の値が高いほうが意図も高いという傾向が見られた。この結果は，期待と価値は独立に意図に影響するのではなく，両者が総合されて意図が形成されることを示していると解釈された。しかし，期待の値が総じて低く，全体的に積極的な期待の見積がなされた学習者が少なかったため，期待の機能について充分なデータが得られたとは言い難く，この解釈は保留された。

　上記の限界を受けて，異なる課題を対象に5.4における分析が行われた。ここでも，5.3における分析の結果と同様の結果が得られた。また，最も学習しようとする意図が強かったのは，価値と期待の両方で肯定的な見積をした学習者であった。これらの学習者よりも価値の値が高かった学習者がいたが，期待の見積が低く，そのため意図の値が高まらなかったと考えられた。この分析の結果からも，価値と期待は総合されて意図の形成へ至ることが示されたと言える。これらの結果から，学習しようとする意図が高まるためには，価値か期待のいずれかが肯定的であればよいのではなく，両方が肯定的であることが重要であると考えられる。

第6章　学習方略使用に影響する要因

6.1 本章の目的

　本章では，学習方略使用にはどのような要因が影響するか調べ，その結果を図 2-7 の認知的評価を中心とした動機づけのプロセスと照合することにより，理論的考察が実際の動機づけを反映しているかどうか検証する[1]。第4章と第5章では，理論主導のトップダウン的な方法で，あらかじめ測定する変数を決めて分析を行ったが，本章では学習者の行動の指標として学習方略使用を取り上げ，学習方略使用に影響する要因を探索的に分析することで，ボトムアップに動機づけのプロセスについて分析する。

　学習方略使用に関する先行研究では，方略使用に影響する要因として動機づけを挙げるものがある(例えば Oxford & Nyikos, 1989)。しかし，論文中で動機づけと呼んでいる概念がどのような要因を指すものか明確にされておらず，また，その動機づけがどのように方略使用に影響するのかという点についても明確になっていない。そもそも方略使用とは，学習を効率的に進めるために学習者が能動的に学習過程を制御し適切な方法を選択することであるので，方略を使うことそのものが意欲的な学習行動であり，動機づけの表れとも言える(Dörnyei, 2001b, 2003)。方略使用に対して動機づけが影響するといった場合，それは行動の生起する過程における何らかの要因を指して動機づけと呼んでいるものと推測される。そのような要因に含まれると考えられるもののうち，統合的動機づけを構成する要因や学習目的等と方略使用との関係を分析した研究も報告されているが，それらは行動生起のプロセスという視点が弱いため，動機づけ要因がどのように方略使用に影響するのか明確にされていない。一方，方略研究の分野では，方略選択に関してはメタ認知としてそのプロセスが議論されてきたが，方略選

---

[1] 本章は，大学英語教育学会紀要 JACET Bulletin 39 号(2004 年)に掲載の「Exploring learners' thoughts and attributes affecting learning strategy use」の内容を日本語で執筆し，合わせて加筆・修正したものである。

択をメタ認知に基づいて論じる研究では，直接的に動機づけを取り入れた論は展開されていない。しかし，2.4.2 で指摘したように，メタ認知のうち，方略選択に関する過程である planning は，認知的評価と重複している。すなわち，認知的評価を中心とした動機づけのプロセスに基づいて学習者の行動生起の過程を研究することで，動機づけと方略使用の関係を，これまでよりも詳細に分析できる可能性がある。そこで本章では，方略使用に影響する要因を探索的に分析し，認知的評価を中心とした動機づけのプロセスと照合することにより，学習時に認知的評価が起こっていること，また，認知的評価が方略使用のプロセスの一部であることを示したい。

　本章では 2 つの分析結果を報告する。ひとつは方略の使用頻度と有効性の認知との相関分析である。方略の有効性の認知は特性の要因，方略の使用頻度は行動の指標である。特性と行動の相関を分析することで，両者の関係を考察する。有効性の認知は方略的知識の一部であるため，方略使用の基礎となると考えられる。そのひとつの証拠として，竹内(2001)は，方略の有効性の認知と方略の使用頻度の間に正の相関があることを報告している。

　ただし本研究での相関分析の結果から，有効性の認知のみでは方略使用の全てを説明することはできないということが示され，他の要因の影響が示唆されたため，続いて別の分析を行った。方略を有効と思うにもかかわらず使用しない理由について，学習者から集められた自由記述による回答を分類した結果を報告する。

　なお，本章で報告される分析は，特定状況下での学習を対象として動機づけを測定してはおらず，普段行っている学習を振り返ることでデータを収集しているため，状態としての水準ではなく特性としての水準で測定がなされている。したがって，状態としての動機づけを直接に分析するものではない。しかし，具体的な授業での学習を対象としており，そこで学習者が実際に経験したことや感じたことを答えるため，認知的評価を中心とした動機づけのプロセスに対して関連が深いと考えられる。

6.2 研究4：方略の使用頻度と有効性の認知の関係

6.2.1 目的
　特性と学習行動の関係を分析するため，方略の使用頻度と有効性の認知の相関を分析する。図2-7にあてはめると，有効性の認知は特性の段階，使用頻度は行動の段階の指標である。特性と行動の相関から，両者の関係を分析する。

6.2.2 対象者と授業
　関東地方の中学校に通う中学3年生95名（すべて男子）を対象とした。週6時間英語の授業を受講していた。6時間のうち3時間が文法の授業，残り3時間がリーディングの授業であった。
　本研究は文法の授業を対象に行われた。授業は文法シラバスに則って行われた。授業内容は文法事項により配列され，授業の主目的は，当該の文法事項をを理解し操作できるようになることにあった。指導の手順は次の通りであった。まず，授業者が新しい文法事項について，授業の中で意味や構造などについて説明を行う。合わせて，理解を深める活動も行う。学習者は，教科書に載っている練習問題を各自宿題として自宅で解く。そして次の授業時に，宿題の解答と解説を行い，学習事項の定着を図るという流れであった。
　本研究では，授業内の行動に加えて宿題を解くときの行動も対象とする。宿題を解くことは，授業を受けることと環境が大きく異なるため，本論が前提とする「授業への反応」から動機づけを捉えるという視点からずれがあることは否めない。しかし，宿題は授業のなかで出されるものであり，宿題と授業が連携しているため，関連性は非常に高いと判断した。

6.2.3 明示的な文法学習の役割
　文法学習における方略使用について調べる前に，文法指導や文法学習の役割を明確にしておく必要がある。文法の扱い，ひいては外国語学習は意識的，明示的に行われるべきか，もしくは子供の言語習得のように無意識

的, 非明示的に行われるべきかという問題は外国語教育の歴史の中で常に議論の対象とされてきた。コミュニカティブアプローチやナチュラルアプローチでは言語形式の明示的な指導は極力避けられ, シラバスの中心には置かれなかったが, 文法訳読式の指導法では, 形式についてのルールを覚えることが中心課題とされている。

　第二言語習得研究に基づいた教授理論で, 形式への意識とインプット処理を統合する方法が提唱されているが, 日本で行われているような構造シラバスにもとづいた明示的な文法教授についてはそれを支持する研究者は少ない。Krashen の 5 つの仮説(cf. Krashen, 1982/1995)とそれに基づいた The Natural Approach (Krashen & Terrell, 1983)の提唱以降, 第二言語習得研究では意識(consciousness)についての議論が起こったが, そのなかで形式教授の効果を扱った研究が行われている。概してその効果は習得の速度を速め, (正確さの) 最終到達度が高くなると報告されている(Larsen-Freeman & Long, 1991)。これらの研究から教育的な示唆を得た研究者らは, focus on form (Doughty, 1998, 2001; Long & Robinson, 1998)や processing instruction (VanPatten & Cadierno, 1993a, 1993b) 等といった, インプットの処理を促進させる方法を提唱している。しかしこれらは構造シラバスによるものではなく, また文法テキストの練習問題を解くといったタスクには否定的でもある。

　一方で構造シラバスにもとづく文法教授にも有用性はあるとする研究者もいる。Ellis (1994a)は独自の consciousness raising の役割を定義し, 文法教授・文法学習は, それによって得られた知識が言語体系へ取り込まれることを目指すよりも, 形式についての表象を作り, それが学習の補助としてインプット処理を促進する役割をもっていると述べている。Ellis (1994b; および Ellis, 1997)には第二言語習得のプロセスのモデルが提案されているが, そこでは form-focused instruction によって得られた explicit knowledge (形式についての明示的な知識) が, インプットからインテイク(intake: Chaudron, 1985)を得るプロセスである noticing (Schmidt, 1990, 1993a, 1993b, 1995; Schmidt & Frota, 1986)を促進するというように位置付けられている。

　では focus on form や processing instruction と Ellis の consciousness raising は相反するものであろうか。二つの立場は構造シラバスによるか,

明示的文法指導をどの程度支持するかといった点で異なるのは事実だが，共通点として両者とも目指しているのはインプットからインテイクを得るプロセスを促進することである。インプットはあくまでデータであって，そこから新しい知識を引き出すのは学習者の仕事である。その知識を引き出すプロセスを促進する要因の一つとして，Ellis (1994a, 1994b, 1997)と同様に Skehan (1998)も explicit knowledge を挙げている。特に，目標言語との接触の機会が少ない外国語環境では，少ないインプット量を補うためにインプット処理においてより意識を高め，処理を工夫することが有効と思われる。Takeuchi (2001; および竹内, 2003)は，日本において思春期以降に外国語学習を始め非常に高いレベルの運用能力を身に付けた，いわゆる good language learners の学習履歴を質的に分析した結果，インプットを最大限に利用するために自ら substitution drill を行ったり，形式の分析を行っていることなど，積極的にインプットを操作していることが認められたと報告している。

これらを踏まえると，学習者は文法学習において次のような二つのことを行うことが求められると言える．

①形式についての明示的な知識を形成すること
②形式についての明示的な知識を言語使用の中でインプット処理に役立てること

したがって文法指導はこの二つのことを促すための手段と考えられる。

一口に文法指導・文法学習といっても，授業の方法は指導者ひとりひとり異なると思われるが，大きく段階を分けると，解説―練習問題―解答という流れであると考えられる。これは本章の研究で分析対象となった授業で行われていることであるとともに，市販されている文法教材の構成を見ても，ほとんどがこの 3 段階である (例えば Murphy, 1998)。このような指導方法においては，学習者は解説によって得た知識を，練習問題の中で応用することが求められる。すなわち，解説により学習者は形式についての明示的知識を形成し，それを基に練習問題を解く中で該当の形式に注目し，解答を得ることで仮説検証を行うことが求められる (上記の①)。また，文法の授業で得た形式についての明示的知識を，リーディングやリスニング

の中で形式に意識を向けるために使用することも求められる（上記の②）。

6.2.4 質問紙の作成

　方略の使用頻度と有効性の認知のデータは，質問紙により収集された。学習方略の研究では SILL (Strategy Inventory for Language Learning: Oxford, 1990) のような，第二言語学習一般に適用できるような質問紙が使われることが多いが，学習方略使用は学習内容や環境に大きく左右されるものであるため，分析対象となる授業の文脈や対象者の背景などに合った質問紙を用いる必要がある。本研究の文脈は文法シラバスに則った授業で，文法の明示的な学習が中心となるため，一般的に用いられる質問紙は使用できないと判断した。文法中心の学習に関する学習方略はこれまで研究されていないため，本研究では独自に質問紙を作成した[2]。具体的な項目は資料4を参照されたい。

　質問紙の作成にあたり，対象者が使っている方略を抽出するため，彼らが普段の学習の際にどのようなことをしているのか，ある授業時に自由記述で回答を求めた。あらかじめ被験者には「問題を解く前」，「解いている途中」，「解いた後」，「授業中，答えを聞く前」，「答えが合っていた時」，「答えが間違えていた時」という学習の段階を示し，その段階ごとにどのようなことを行っているか答えるように指示した。さらに，授業で学んだ文法の知識を含め何らかの明示的知識を，文法の授業以外のどのような場面で利用しているかということについても自由記述で回答を求めた。文法知識の活用場面は学習方略とは言えないが，文法指導の目的のひとつは，文法知識を言語使用の中でインプット処理に活用することであるため，これも質問紙に含めた。

　このようにして得られた回答を筆者が分類をした結果，45 項目が得られた。文法知識の「授業以外の利用」に関しては資料 4 の項目 43 から 45 の 3 項目以外にも，「洋楽の歌詞を理解する時」，「英会話番組の中で」などといった回答も得られたが，対象者全員に均等の学習機会が与えられている

---

[2] この質問紙は，早稲田大学大学院教育学研究科紀要　別冊 9 号-2(2002 年)に掲載の「EFL の明示的文法学習における学習ストラテジーの使用」において作成されたものである。

場面として，文法の授業と併行して行われているリーディングの授業に絞り，そこでの使用場面のみを質問紙に含めた。

学習者はそれぞれの方略について，どの程度有効だと思うか（有効性の認知），また，自分はどの程度使っているか（使用頻度），という2つの側面について回答をする。回答には6件法の評定法を用いた（頻度：1（まったく使わない），2（ほとんど使わない），3（やや使わないほうが多い）4（やや使うほうが多い），5（よく使う），6（いつも使う），有効性：1（まったく役に立たない），2（ほとんど役に立たない），3（どちらかと言えば役に立たない），4（どちらかと言えば役に立つ），5（役に立つ），6（とても役に立つ））。

ここで問題になるのは，使用頻度を評価する場合，その基準を明確にしなければならないことである。「いつも」という表現は，方略の目的や性質によっては全ての練習問題において使用するという場合や，一回の学習につき一回という場合も考えられる。そこで，この質問紙では頻度を評価する基準として，各項目の後ろに「一問ごと」，「セクションごと」といった説明を付け加えている。「一問ごと」は，その方略を問題一問ごとに使っているかどうかということを指す。このような項目では，「いつも」とはすべての問題に対してその方略を用いていることを意味する。「セクションごと」とは，当該のセクションを解く時につき一回という基準である。いつも使うということは，問題を解く機会があるときは毎回それを行っているということを意味する。そのほかにも全ての問題というよりは必要性がある時のみ使う方略もあるので，それらについては必要性がある時ということわりを加えてある（項目9, 10, 13など）。

6.2.5 質問紙の実施

質問紙を授業中に配布し，回答を求めた。回答には充分な時間を与え，全員の記入が終わったことを確認してから回収した。

6.2.6 分析方法

方略に関する多くの先行研究では，多数の方略の項目に対して因子分析を行い，因子ごとに和得点などを求め尺度得点とすることで変数を縮約す

る方法がとられている。しかし本研究ではそのような方法はとらず，項目ごとに使用頻度と有効性の認知の相関を算出する方法をとった。その理由は2点ある。

1点目は，項目数に対する対象者の数が少なく，因子分析の適用は不適切と判断したことによる。因子分析を行う上で必要なサンプル数についての基準は絶対的なものはないが，一般に，分析する項目数の5倍から10倍のサンプル数があることが望ましいといった目安がある (cf. 中村, 2002)。本分析では45項目に対してサンプル数は95名であり，項目数に対するサンプル数は少なすぎると考え，因子分析を行うのは適切ではないと判断した。

2点目は，変数を縮約することが，効果的な方略使用を反映しない恐れがあるためである。変数を縮約する場合，和得点や平均値，または因子得点を用いることで，複数の項目の得点をまとめて尺度得点を算出する。この場合，尺度得点が高くなるには，多くの項目で得点が高くなければならない。これを方略使用の得点に当てはめた場合，特定の方略使用のパターン，つまり多くの方略を高頻度で使うパターンのみが高得点を得ることになり，他のパターン，例えば選択的にいくつかの方略のみを高頻度で使うパターンは高得点を得られない。しかし，効果的な方略使用には課題の性質などに応じて柔軟に方略を使い分けることが不可欠とされており (Abraham & Vann, 1987; Vann & Abraham, 1990; Chamot, 2001)，必ずしも多くの方略を高頻度で使うことが効果的な方略使用とは限らない。したがって，複数の項目をまとめて得点化することは，特定の方略使用パターンのみを偏重することにつながり，必ずしも効果的な方略使用を反映しない恐れがある (Yamamori, Isoda, Hiromori, & Oxford, 2003)。そのため本研究では，項目ごとに有効性の認知と使用頻度の相関を求めた。

6.2.7 結果

表6-1は，各項目の平均値，標準偏差と，使用頻度と有効性の認知の相関係数を示す。相関係数は，項目23では5％水準では有意ではなかったが，その他の項目では有意であった。

表 6-1 方略の使用頻度と有効性の認知の記述統計および相関

項目	頻度 M	頻度 SD	有効性 M	有効性 SD	相関	項目	頻度 M	頻度 SD	有効性 M	有効性 SD	相関
1	3.64	1.39	4.34	1.08	.45	26	2.32	1.21	3.74	1.48	.38
2	3.53	1.26	4.60	1.12	.41	27	2.91	1.51	3.15	1.52	.57
3	3.75	1.33	4.45	1.14	.46	28	3.15	1.42	4.09	1.35	.52
4	2.39	1.50	2.59	1.28	.55	29	3.33	1.41	4.45	1.15	.26
5	2.87	1.55	3.27	1.39	.60	30	2.58	1.32	3.82	1.40	.41
6	3.69	1.36	4.48	1.17	.40	31	3.43	1.23	4.65	1.16	.25
7	4.11	1.55	5.05	1.16	.39	32	4.45	1.65	5.06	1.24	.54
8	3.84	1.26	4.67	1.12	.29	33	3.48	1.22	4.59	1.22	.47
9	4.01	1.78	4.93	1.28	.43	34	3.57	1.36	4.74	1.26	.44
10	3.24	1.70	4.53	1.44	.31	35	2.59	1.51	3.52	1.46	.46
11	3.33	1.32	4.00	1.34	.21	36	2.00	1.10	3.43	1.53	.41
12	3.60	1.33	4.35	1.14	.49	37	4.08	1.32	4.94	1.12	.44
13	3.75	1.32	4.40	1.25	.44	38	4.04	1.22	5.05	1.10	.34
14	2.68	1.61	3.47	1.48	.44	39	4.81	1.51	5.22	1.22	.69
15	3.76	1.42	3.83	1.23	.35	40	4.06	1.77	4.89	1.26	.39
16	3.04	1.30	3.82	1.33	.41	41	2.52	1.39	3.61	1.47	.48
17	3.84	1.35	4.89	1.12	.47	42	2.02	1.28	4.41	1.46	.22
18	3.09	1.43	4.26	1.17	.38	43	3.95	1.41	4.43	1.29	.67
19	1.93	1.04	3.65	1.40	.34	44	3.95	1.33	4.63	1.22	.64
20	3.11	1.54	4.34	1.41	.43	45	3.81	1.36	4.61	1.21	.47
21	3.79	1.56	4.72	1.44	.43						
22	3.84	1.77	4.63	1.42	.45						
23	2.48	1.25	4.17	1.47	.16						
24	1.62	1.06	3.15	1.57	.38						
25	3.40	1.57	4.12	1.30	.44						

6.2.8 考察

表6-1の結果について，3点に注目したい。まず1点目に，全ての相関係数が正である。これは，有効性の認知が高いほど，使用頻度も高まること（あるいはその逆）を意味している。この分析では，有効性の認知と使用頻度のデータを同時点で収集しているため，一方の変数が時間的に先行するという関係は成り立たず，そのため因果関係があるとは言えない。しかし，方略使用は方略的知識(strategic knowledge)によって起こるという理論的視点に立てば，方略はより有効だと認知されるほど，より頻繁に使われると言うことは可能であろう。

2 点目に，相関係数が最大でも.69（項目 39）であることに注目したい。相関係数の 2 乗は，二つの変数の共通する分散の割合に等しい。項目 39 の相関係数を 2 乗すると，およそ 0.48 であり，仮に有効性の認知が使用頻度に対して影響すると考えた場合，この項目では有効性の認知は使用頻度の分散の約 48%を説明していると言える。逆に言えば，仮に有効性の認知が使用頻度に影響すると考えた場合，有効性の認知だけでは使用頻度の分散全てを説明することはできず，他の要因も関係していることを示唆している。他の項目ではこれよりも相関係数が低くなるため，有効性の認知だけでは使用頻度を説明することはできないことになる。

3 点目に，相関係数が項目により大きく異なることが挙げられる。最大の相関係数は.69（項目 39）で，最小は.16（項目 23）まで下がる。これは，有効性の認知と使用頻度の関係は，方略によってその強さが変わることを意味する。最大の相関係数を示した項目 39 では，分散の約半分が説明されるが，その他の方略では，有効性の認知とは異なる要因が，より強い影響を与えている可能性を示唆している。

このように，特性である有効性の認知と，学習行動の指標である使用頻度の関係の強さは一定ではなく，また他の要因も関係することが分析の結果から示唆された。次の 6.3 では，他にどのような要因が関係するのか探りたい。

6.3 研究 5：方略を使用しない理由

6.3.1 目的

6.2 と同じ学習者を対象として，方略を使うことが有効と思うにもかかわらずそれを使用しない理由を分析することで，方略使用に関係する要因を探索的に分析する。

6.3.2 データ収集

6.2 でのデータをクロス集計して，方略の有効性の認知と使用頻度の間に大きなギャップがあるものを洗い出した。これは次のような手順で行っ

た。まず，6段階の評定を，便宜的に高（6および5），中（4および3），低（2および1）の3段階に分けた上でクロス集計をした。そして，図6-1中の灰色で示される部分のように，有効性の認知で「高」の範囲にあるにもかかわらず，使用頻度で「低」の範囲にある箇所，またその逆に，有効性の認知で「低」の範囲であるにもかかわらず使用頻度が「高」の範囲にある箇所を抽出した。その結果，有効性「高」－使用頻度「低」のギャップは452件，有効性「低」－使用頻度「高」のギャップは19件見つかった。

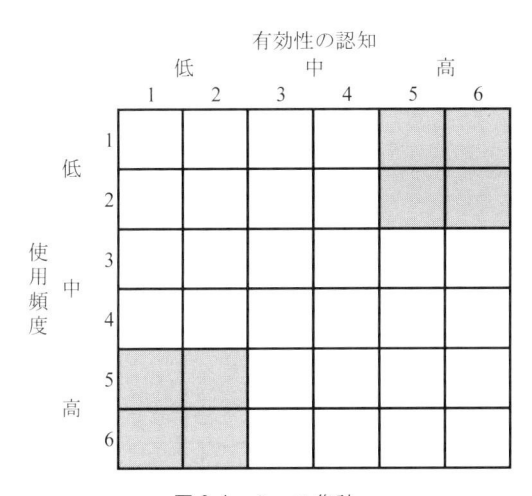

図 6-1 クロス集計

次に，ギャップが見つかった箇所について，その学習者が回答した質問紙の該当の項目に丸印をつけ返却した。そして，丸印がついている箇所について，方略が有効だと思うにもかかわらずあまり使わない理由（有効性「高」－使用頻度「低」の場合），または，有効だと思わないにもかかわらず高い頻度で使っている理由（有効性「低」－使用頻度「高」の場合）を自由記述で説明するように求めた。この自由記述は自宅で行い，次回の授業で提出するように指示をした。

回収の結果，全体で316件のギャップに関する理由が回収された（有効性「高」－使用頻度「低」について308件，有効性「低」－使用頻度「高」につい

て8件)。これは全体の件数の約67%にあたる。回収が学期末の授業で行われたため、全てを回収するのは不可能であったが、分析するに充分な数が回収できたと判断した。

6.3.3 自由記述の分類方法と結果

有効性「低」－使用頻度「高」のギャップについては、回収された数が少ないため今回の分析からは除外し、有効性「高」－使用頻度「低」のギャップについてのみ分析の対象とした。したがって、308件の自由記述を分類の対象とした。

分類は、中学校での教職経験のある英語教師2名が行った。両者とも、方略や動機づけなどの外国語学習の心理学的側面を大学院で専門に研究を行っている者であった。分類は別々ではなく共同で行われ、分類に関する意見の相違は、話し合いにより合意を得ることで解決した。

分類の結果、12のカテゴリーに分類された。各カテゴリーの度数と相対度数を表6-2に示す。「１３．分類不能」は、質問に対する答えになっていないものをまとめたものである。

表6-2 自由記述の分類結果

カテゴリー	%	度数
１．めんどくさい	27.28	84
２．答えを埋めればよい	12.34	38
３．テスト前だけ	8.45	26
４．他の方略を使う	8.12	25
５．恥ずかしい	6.82	21
６．忘れてしまう	6.17	19
７．その方略を知らなかった	5.52	17
８．やるのが大変	4.88	15
９．うまく使えない	4.55	14
１０．必要ない	3.58	11
１１．時間がない	2.60	8
１２．あきらめる	1.95	6
１３．分類不能	7.80	24

6.3.4 考察

以上の結果から，まず各カテゴリーについて解釈し，どのような要因が浮かび上がったか考察する。その後，それぞれの要因は互いに関係があると考えられるため，要因間の関係について，動機づけのプロセスという観点から考察する。

各カテゴリーの解釈

それぞれのカテゴリーについて，度数の多い順に考察したい。まず，最も多かったのは，「めんどくさいから」という理由であった(84件，27.28%)。これは，方略を使うことで学習が深められるということは分かっているが，学習に対して労力を注ぐことに乗り気ではない様子を示すものであった。学習をやりたくないという学習者の気持ちが多かったものと解釈された。

次に「答えを埋めればよいから」という理由が続いた(38件，12.34%)。これは，宿題を行う際に，深く考えて学習を行うのではなく，単に解答欄を埋めることを目的として行い，答えが正解か不正解かなど気にせずに宿題を行っていることである。宿題はやりたくないが，やらなければ叱られるという気持ちから，形だけでもやったことを残そうとした意図の表れと解釈できる。

続いて，「テスト前だけ方略を使う」という理由が挙げられた(26件，8.45%)。普段の学習では方略を用いて学習を深めることはやらないが，テスト前になると方略を使うという内容であった。この理由を挙げた学習者は，英語学習を行う動機がテストのみであることを示すものであると解釈できる[3]。

---

[3] テストが動機となることを非難するわけではない。テストが動機となって学習を行い，英語を身につけることができればそれは問題ない。例えば目標志向性の研究では，学習内容を身につけようとする習得目標(mastery goal または learning goal)は積極的な学習行動に結びつくとされるが，他者よりも勝ることを目標とする遂行接近目標(performance-approach goal)も習得目標と同様に，積極的な学習行動に結びつく可能性があると考えられている(Pintrich, 2000a)。また，目標言語が日常生活でのコミュニケーションの手段となる第二言語環境とは異なり，授業外で目標言語を使用する機会の限られている外国語環境では，テスト（または資格試験）を学習の目標とし，それが動機として取り入れられるようにすることは，学習意欲を高める方策のひとつとなろう。

ただし注意しなければならないのは，テストのみを動機とした場合，学習内容の本質的な理解・定着を目指すのではなく，単にテストで正答することのみを目指し，

「他の方略を使うから」という理由（25件，8.12%）は，ある方略を使わないのは他の方略を使うからという理由であった。例えば，次に詳述するが，教師に質問することは学習者は恥ずかしがってあまり行わない。しかし質問しなければ自分が分からないことが理解できないままで終わってしまうため，代わりに周りのクラスメートに質問をするといったことである。このように，ある方略を使えないことを他の方略を使うことで補い，学習を進めようとしている。そのため，この理由は学習者が積極的に学習過程をコントロールしようとしていることの表れと解釈できる。

　方略を使わないのは「恥ずかしいから」という理由も挙げられた（21件，6.82%）。この理由の分類されるほとんどは，「先生に質問する」という方略に関するものであった。学習者は，理解できないことや疑問などがある時は，教師に質問すれば理解が促進されることは分かっているが，授業中に質問することに恥ずかしさを感じるがために質問をしないということである。これは，学習者が持つ教室文化が背景にあると考えられ，日本人学習者によく見られる傾向ではないかと思われる。

　続いて，「方略を忘れてしまう」という理由が挙げられた（19件，6.17%）。方略は知っているものの，学習を行っている時にそれを思い出して使うことができないという声であった。これは，方略的知識のうち，どのような時にどのような目的でその方略を使うと良いかといった条件的知識(conditional knowledge)の欠如により，方略の転移ができないことを示していると考えられる。方略指導において，学習者が方略を新しい学習場面に転移できるように，条件的知識の側面にも焦点をあてた指導をすることが重要と考えられている(Carrell, Gajdusek, & Wise, 2001)ように，方略をいつどのような目的で使うと良いのかといった知識が欠如すると，新しい学習場面で応用できない。

　「その方略を知らなかった」という理由（17件，5.52%）は，質問紙を見

例えば，深く考えずに正解不正解のみを気にしたり，問題集の答えを丸暗記したりするなどの表面的な学習を行う場合がある（cf. 藤澤，2002a, 2002b）。したがって，学習者の動機づけについて考える場合，動機の種類のみを問題とするのではなく，学習内容を身につけようとする意図に結びついているかどうかという点や，どのような学習行動をとっているかという点も考慮すべきであると思われる。本分析では，学習者が効果的だと思っている学習方法があるにもかかわらず，それを普段は用いずに，テスト前にしか用いていないという点が憂慮される。

るまでその方略を知らず，それまでその方略を使ったことが無かったが，質問紙で見て初めてそのような方略を知り，それが有効だと思ったというものである。これは質問紙が学習者の意識高揚につながったことを示しており，方略指導の観点からは意義深い結果と言えるが，今回の研究の目的からは逸れているため，後の動機づけのプロセスとの対照の際には除外する。

「その方略を使うのは大変だから」という理由（15件，4.88%）は，方略を使うことに多大な労力を要することを知っているために使わないという内容である。竹内(2001)において，方略の使用頻度とコストの認知(その方略を用いるのに必要な労力の認知)の間に負の相関があることが報告されているが，これはその結果と一致すると考えられる。

「うまく使えないから」という理由(14件，4.55%)は，方略は知っているものの，それを効果的に使用することができないという内容である。その原因に2つの要因が挙げられていた。ひとつは，解答に必要とされる英語力が欠如していることである。方略そのものは知っているものの，問われている文法を使いこなす力が無いために方略を使うことができないという内容であった。これは，学習者の習熟度と方略使用頻度に関係があるとする先行研究(Green & Oxford, 1995)と関係があると思われる。もうひとつの原因は，方略的知識，特に手続的知識(procedural knowledge)が欠如していることである。「どのようにしたらよいのか分からない」という声があり，方略の使い方の知識が欠けていることを示していると解釈できる。

「必要ないから」という理由(11件，3.58%)は，その方略を使わなくとも学習は効果的に行えるので使う必要がないからという内容である。すでに効果的に学習ができているところに別の方略を使うのは余剰である。このような理由は，学習者が学習過程を自ら制御し適切な方略を選ぼうとしていることの表れと言える。

「時間がないから」という理由(8件，2.60%)は，宿題を行う時間が限られているために，時間のかかる学習方法は使えないということである。学習者は英語以外にも他の教科の宿題も行わなければならず，学習時間が無限にあるわけではない。時間制限は状況的な要因であるが，この理由を挙げ

た学習者は，自分が学習を行う状況を見定めて，限られた時間とそれぞれの方略使用に必要な時間とを考慮して，最も適切な方略を選択していると解釈できる。

「あきらめる」という理由(6件，1.95%)は，彼らにとって宿題の問題が難しく，解くことができないと感じるため，学習すること自体をあきらめることを指す。

要因間の関係の考察

これらのカテゴリーは互いに独立しているものもあれば，互いに関係の深いものあると考えられる。「7．その方略を知らなかった」を除いた他の11のカテゴリーは，学習行動の選択の過程を反映したものであると考えられる。そのため，図2-7の動機づけのプロセスの図に本分析で浮かび上がった要因を対照させ，認知的評価に相当する要因かどうか，またはそれ以外の要因（特性，状況要因）かどうか解釈を行い，高次のカテゴリーに分類を行った。その分類の結果を表6-3に示す。

表6-3　各要因の分類

プロセス	カテゴリー	%	度数
価値（課題に取り組む必然性）	1．めんどくさい	27.28	84
	3．テスト前だけ	8.45	26
期待（課題をこなせる見込）	12．あきらめる	1.95	6
意図（どのように取り組むか）	2．答えを埋めればよい	12.34	38
	4．他の方略を使う	8.12	25
	10．必要ない	3.58	11
特性	5．恥ずかしい	6.82	21
	6．忘れてしまう	6.17	19
	8．やるのが大変	4.88	15
	9．うまく使えない	4.55	14
状況要因	11．時間がない	2.60	8

価値に関するもの

　価値の見積は，学習を行う必然性があるかどうかという判断をすることを指す。この判断に関係するものとして，まず「１．めんどくさい」があげられる。このカテゴリーは，宿題やそれに付随する学習をすることが面倒であるという答えであり，学習に対する価値の見積が低い状態であると解釈できる。同様な状況として，「３．テスト前だけ」も価値の見積に含まれると考えられる。このカテゴリーは，普段は方略を使った深い学習は行っておらず，テスト前だけ方略を使うという答えであったが，これは，学習の必然性をテストにしか見出せず，テストが過ぎると学習に対する価値がなくなり，テスト前になって切迫した状況になって初めて学習に対して必然性を感じることと解釈できる。

期待に関するもの

　期待の見積は，遂行できる見込みがあるかどうかという判断を指す。これに関するものは，「１２．あきらめる」がある。これは，宿題に取り組んでもできないからあきらめるというものであり，学習を遂行できる見込が無いことを指していると解釈された。

意図に関するもの

　意図の形成は，どのように学習に取り組むかといった行動の方向性や強さなどを決定する段階である。この段階に関するものには，まず「２．答えを埋めればよい」が含まれると思われる。このカテゴリーは，宿題を行う際に，英語の学習を行おうとする意図ではなく，宿題をやりたくないのでとにかくやったという形跡を残すことだけを目的とし，深く考えずに答えを出すという内容であった。これは，意図が学習をするという方向性になく，少ない労力で表面的な学習に終わらせようとする意図と解釈できる。学習を回避したいが宿題をしなければ困った状況になるので，少なくとも怒られないようにしようという意図の表れといえる。

　意図の形成に関係するカテゴリーのもうひとつは，「４．他の方略を使う」である。このカテゴリーは，ある方略を使えないために代替の方略を使う

ことであり，学習者が自らの行動計画を積極的に行っていることの表れと解釈できる。同様に，「１０．必要ない」も，学習者による行動計画の表れと言える。

特性に関するもの

「５．恥ずかしい」は，教室での望ましい行動について学習者が持つ教室文化の知識を反映したものと解釈できる。この答えは特に授業中に先生に質問するという方略に関して多かったが，衆目の中で質問するという行為は，彼らがもつ教室文化に合致しないため恥ずかしいことと認識されると考えられる。恥ずかしいと認識することは状況を認識することともいえるので，この要因は状況要因と解釈することもできよう。しかしここでは，質問することを恥ずかしいと認識することは，背景に教室文化についての学習者の知識があると考えられるため，特性に関するものとした。

学習者の方略的知識に関する3つのカテゴリーも特性に分類できる。「６．忘れてしまう」は，方略は知っているが，実際の学習の際にそれを思い出せないということであり，方略をどのような場面やどのような目的で適用すればよいかといった条件的知識(conditional knowledge)が欠如していることである。「８．やるのが大変」とは，方略を使うこと自体がたくさんの労力を要するために使わないというものであった。これは，方略の性質に関するものであるため，方略的知識の一側面といえる。「９．うまく使えない」は，状況によっては方略を使えないというものであったが，その原因のひとつは方略使用の手続的知識(procedural knowledge)の欠如であった。このような方略に関する知識は特性に含められると考えられるが，この知識は認知的評価のなかで特に意図の形成において，方略を選択する際に影響するものと考えられる。また，6.2における分析で，特性の指標としての方略の有効性の認知と，行動の指標としての方略の使用頻度に正の相関があることが分かったが，これも意図の形成の段階で方略的知識が働いており，有効と思われる方略が選択される傾向にあることを示しているものと解釈できる。

また，方略がうまく使えないもうひとつの原因は，問題を解く上で必要

とされる英語力がないことであった。これは，学習領域の知識(domain knowledge)も方略使用に関係していることを示す。

状況要因

「１１．時間がない」は，宿題を行う時間が限られているために，時間のかかる勉強の仕方はできないという答えであった。これは学習が行われる状況も学習行動に影響することを示している。

　これらの結果の中で，認知的評価に相当すると解釈される要因が浮かび上がったことは，学習者は実際に学習課題や授業に対して認知的評価を行っており，それが行動（方略使用）に影響していることを示すものであると言える。本分析では，浮かび上がった要因を理論から導かれる動機づけのプロセスに照合するだけであるので，要因間の因果関係を同定したわけではないが，先行研究において動機づけが方略使用に影響すると指摘されたことや，方略選択の過程であるメタ認知のプランニングは，認知的評価と重複するものであるということを支持する結果であると言えよう。

6.4 総合考察

　6.2 における分析では，特性としての方略の有効性の認知と，行動としての方略使用の頻度の相関分析により，方略使用には有効性の認知以外の要因も関係している可能性が示唆された。続いて 6.3 における分析では，有効と思うにもかかわらずその方略を使用しない理由を分類することにより，有効性の認知以外に関係する要因を探索的に分析した。その結果，多様な要因が浮かび上がってきたが，それらを動機づけのプロセスに当てはめると，学習者の特性だけでなく，認知的評価の段階で行われる思考過程を反映するものも含まれていた。したがってこの結果は，学習者は学習に取り組む際に，実際に認知的評価を行っていたことを示しており，それが学習行動に影響していることを示していると言えるだろう。

　また，この結果は，方略使用に動機づけが影響するという先行研究の結

果を支持するものと言えるが，先行研究では動機づけとはどのような要因を指すのか明示されていなかったり，様々な動機づけ要因と方略使用との関係を分析した研究では，それらの要因がどのように方略使用に影響するのか示されていなかった。一方，メタ認知に関する文献では，認知的評価と同じプロセスを想定していることから，メタ認知のプロセスの一部と認知的評価は重複していることを 2.4.2 で述べた。しかし，直接にメタ認知，または認知的評価を研究した例はなかった。本研究では方略使用に影響する要因を，認知的評価を中心とした動機づけのプロセスと照合することで，方略選択のプロセスに認知的評価が関係していることを示すことができた。また，要因間の関係を行動生起のプロセスと見ることで，直接には因果関係を同定したわけではないが，動機づけが方略使用に与える影響について，先行研究では明確にされてこなかった側面に光をあてることができたと言えるだろう。

第三部
授業が学習者の動機づけに与える影響

第7章 授業の何に反応するのか

7.1 本章の目的

　本章では，学習者は授業のどのような側面に対して認知的評価を行い，その結果意欲が高まっているのかということについて，学習者の自由記述を分類することで検討する[1]。

　第二部の第4章から第6章まで，認知的評価を中心にした動機づけのプロセスを検証してきた。その中で，学習者は授業（または学習課題）に対して認知的評価を行っており，この認知的評価の段階が特性と行動を媒介していることが示された。また，学習者の特性によって認知的評価が左右されるため，同じ授業であっても人により受け取り方が異なることが示された。さらに，学習しようとする意図が高まるには，期待と価値の見積の両方が肯定的であることが重要であることが示された。これらの結果から，授業において学習者の学習意欲を高めるには，学習しようとする意図が形成されるように，授業に対する期待と価値の両方の評価が肯定的になるように授業を工夫することが求められると言える。

　このような結果を得て次に考えなければならないのは，どのようにすれば期待と価値の見積を肯定的にできるのかということである。第二部での研究は，動機づけのプロセスそのものについての研究であったが，意欲を「高める」ということを考えるには，動機づけだけでなく授業と動機づけの関係についても考える必要がある。期待と価値の測定は，すなわち認知的評価の結果を測定するものである。どのような期待と価値の見積であったか知ることは動機づけのプロセスの解明に必要であるが，それだけではどのようにすれば授業への反応を肯定的にし，意欲を高めることができるのかという問いに答えられない。ただし，何らかの授業方法をとりあげて

---

[1] 本章は，第31回全国英語教育学会札幌研究大会（2005年8月7日 北海道教育大学札幌校）における口頭発表「授業中の学習意欲の諸相」に基づき，内容を拡充し修正を加えたものである。

その効果を検討したとしても，他の文脈でも同じ方法が有効とは限らないため，そのような研究では一般性が低い。そこで本章では，学習者は授業のどのような側面に反応し，その結果意欲が高まっているのかということについて検討する。これにより，授業改善のポイントを一般性の高い形で示すことができるものと思われる。

第3章において，授業と動機づけの関係を分析した研究を概観したが，自己決定理論やARCSモデルなどの特定の理論に基づいた研究が報告されている。それらの理論は動機づけを高める教育実践に対して重要な示唆を与えるものと期待できる。しかし第3章でも指摘したように，何らかの理論に基づいた研究では，アプリオリに要因を決定し，それらと動機づけの関連を分析しているため，理論では想定されていない要因の働きについては考察できない。自己決定理論やARCSモデルは，必ずしも動機づけに関係する授業の側面の全てを表すものではないという可能性がある。そのような限界を踏まえて本章における分析では，これまでの研究とは異なるアプローチを取り，認知的評価に関係する授業の側面を探索的に分析したい。

本書では，動機づけを捉える視点のひとつとして，特性(trait)と状態(state)という2つの水準を区別してきた。この区別は意欲を高めるということにも当てはまる。意欲を高めると言う時，それは状態の水準，つまり，ある特定の学習場面での学習意欲を高めることを指しているのか，あるいは特性としての水準，つまり，場面を越えた傾向としての学習意欲を高めることを指しているのか区別する必要がある。意欲を高めるためにはいかに授業を工夫できるのかということは，主にその授業の中での学習意欲を引き出そうとすることであり，特定場面での意欲を指す。したがって本章では，状態の水準での意欲を高めるということを中心に論を進める。

7.2 研究6：認知的評価に影響する授業の側面

7.2.1 目的

学習者は授業のどのような側面に対して認知的評価を行い，その結果意欲が高まっているのかということについて考察するために，授業において

どのような時にやる気が出るかという質問に対する学習者の回答を分類することで，授業と認知的評価の接点について考える。

7.2.2 対象者
　対象者は，関東地方の中学校に通う中学3年生185名（すべて男子）であった。週5時間の英語の授業があり，その内3時間が検定教科書を用いた授業，1時間がリスニングを中心とした授業，もう1時間がALTと日本人教師のティームティーチングによる授業で，会話を中心としたものであった。

7.2.3 データ収集
　データは質問紙により集められた。英語の授業中に質問紙を配布し，記入を求めた。質問は，英語の授業においてどのような時にやる気が出るかという問いで，自由記述により回答を求めた。記入には充分な時間を与え，全員の記入が終わったことを確認して回収した。

7.2.4 分析方法
　まず，分類を行う前に，自由記述をアイディアユニットごとに分けた。その結果，249件のアイディアユニットが得られた。
　続いて，アイディアユニットの意味内容が同じと判断されるものを分類した。この分類は筆者のみで行った。

7.2.5 結果
　意味内容が同じと判断されるカテゴリーが20得られた。その他に，特定の授業方法に関する記述が4件あり，これらは一つのカテゴリーにまとめられた。また，質問に対する回答になっていないものは「その他」にまとめられた。このカテゴリーには20件 (8.1%)あった。表7-1にそれぞれのカテゴリーを件数の多かった順に示す。
　そして，これらのカテゴリーは，互いに関連しているものも多いため，分類を整理するために，意味内容から大きく「授業に関する要因」と「学

表 7-1 分類の結果

カテゴリー	度数	(%)
面白い・楽しい授業	37	(14.9)
分かる・理解できる時	31	(12.5)
テスト前	31	(12.5)
興味のある・好き	25	(10.1)
眠くない	23	(9.3)
気分がいい	17	(6.9)
分からないことがある	11	(4.5)
テスト後	9	(3.7)
疲れていない・体調良い	8	(3.3)
うれしいことがあった	6	(2.5)
周りが静か・みんな集中している	6	(2.5)
目標がある	5	(2.1)
重要な内容	3	(1.3)
新しい内容を勉強するとき	3	(1.3)
学期の初め	2	(0.9)
授業を受ける準備ができている	2	(0.9)
先生のテンションが高い	2	(0.9)
○○先生の授業	2	(0.9)
将来に役立つ授業	1	(0.5)
先生がまじめ	1	(0.5)
特定の授業方法に関する記述（各1件）	4	(1.7)
・雑談がある		
・例外やちょっとした違いも例を出して説明してくれる		
・友達としゃべりながら勉強できる		
・前フリのよいとき		
その他	20	(8.1)

表 7-2 高次のカテゴリー

授業に関する要因	度数	(%)
自信	**31**	**(12.5)**
－ 分かる・理解できる時	31	(12.5)
学習内容に対する認知	**43**	**(17.3)**
－ 興味のある・好き	25	(10.1)
－ 分からないことがある	11	(4.5)
－ 重要な内容	3	(1.3)
－ 新しい内容を勉強するとき	3	(1.3)
－ 将来に役立つ授業	1	(0.5)
学習方法に対する認知	**41**	**(16.6)**
－ 特定の授業方法に関する記述	4	(1.7)
－ 面白い・楽しい授業	37	(14.9)
学習の場の認知	**11**	**(4.4)**
－ 周りが静か・みんな集中している	6	(2.5)
－ 先生のテンションが高い	2	(0.9)
－ 先生がまじめ	1	(0.5)
－ ○○先生の授業	2	(0.9)

学習者に関する要因		
時期的な変化	**42**	**(16.9)**
－ テスト前	31	(12.5)
－ テスト後	9	(3.7)
－ 学期の初め	2	(0.9)
自分自身について	**7**	**(2.8)**
－ 目標がある	5	(2.1)
－ 授業を受ける準備ができている	2	(0.9)
体調・気分	**54**	**(21.7)**
－ 眠くない	23	(9.3)
－ 気分がいい	17	(6.9)
－ 疲れていない・体調良い	8	(3.3)
－ うれしいことがあった	6	(2.5)

習者に関する要因」の2つに分けた。さらに，それぞれのカテゴリーをさらに内容により高次のカテゴリーに分類した。その結果が表7-2である。

7.2.6 考察

まず，それぞれのカテゴリーについて，内容を解釈したい。その後，これらの結果から，意欲を高めることについてどのような示唆が得られるか考察したい。

各分類の解釈について

本章の研究は，学習者は授業の何に反応しているのか知ることで，状態の水準での意欲を高める示唆を得ることが目的であるが，これに直接関係すると解釈できる分類は，高次の「授業に関する要因」のカテゴリーに含まれる4つの分類であろう。しかし，意欲を高めることを状態の水準に限らずに総合的に考察する場合，「学習者に関する要因」に含まれる分類も重要である。このカテゴリーは状態の水準，つまり実際の状況に関する要因ではないため本章の目的からは逸れるが，これについては後に考察したい。

状態の水準での意欲を高めることを中心に考察を行うために，「授業に関する要因」のカテゴリーについて，それぞれの分類の内容を考察する。このカテゴリーは認知的評価に直接関係するもので，認知的評価に影響する授業の側面を示すものと考えられる。このカテゴリーは，さらに『自信』，『学習内容に対する認知』，『学習方法に対する認知』，『学習の場の認知』の4つの下位区分に分けられた。

『自信』のカテゴリーには，「分かる・理解できる時」という記述が含まれる。これは，学習課題を行う時に，自分はこれはできるという自信があるとき，またはやってみてできた時にやる気が出るという内容の記述であった。この自信は，課題を遂行できる見込みを意味していると解釈すると，認知的評価の期待の見積に当たると思われる。また，この自信は価値の見積のうち，重要性に関する見積とも重複していると解釈される。重要性は自己イメージから生まれる価値であるが，課題をこなせる有能感が高まることで価値の見積が肯定的になり，意欲が高まると解釈できる。

『学習内容に対する認知』は，学習内容が自分にとってどういう関連性を持っているか判断していることの表れと言え，価値の見積に直接関係するところであると考えられる。「興味のある・好き」という分類は，文字通り学習内容に対して興味があったり，好きな内容であるときにやる気が出るという記述であった。「分からないことがある」というのは，何か自分が知らないことがあると，それが知的好奇心や知的挑戦を産むために意欲的になることと解釈された。「新しい内容を知る時」も同様の解釈ができる。ただし，分からないことや新しいことに出会ったときに意欲が高まるためには，それを勉強することによって理解することができるという見込みや自信に支えられていなければならないと思われる。「重要な内容」は，学習者が授業中にこれは重要だと自ら判断していることを示す。どのような基準で重要と判断するのかは本分析におけるデータのみでは不明であるが，その基準が個人の内にあるのか，外にあるのかによって，その影響は変わると思われる。内にある場合，それは内発的と言え，身につけたいという意図が生まれる可能性が高いと考えられるが，外にある場合，例えばテストに出るからという理由から重要と判断するような場合では，身につけようとする意図が働かずに，単にうまくこなせればいいとい意図につながるかもしれない。

　『学習方法に対する認知』は，授業についての認知ではあるが，内容ではなく授業の行い方に対しての認知である。「面白い・楽しい授業」は，前述の「興味のある内容・好きな内容」と似ているが，ここでは異なるものと解釈された。面白い・楽しいという表現が興味・関心という意味に使われるケースもあろうが，本研究の対象者はそのような使い方をすることは稀であると考えられた。そのため，面白い・楽しいは，知的好奇心や知的挑戦とは異なり，活動の楽しさを指すものと解釈された。これに共通するのが，特定の授業方法について述べた分類である。この分類には４件の記述が含まれるが，その内「友達としゃべりながら勉強できる，雑談がある，前フリのいい時」という記述は，学習の内容に対する認知というよりも，授業の方法が産み出す楽しさに対する認知と言える。これは「学習の場の認知」と密接にかかわると思われる。特定の授業方法に関する記述のうち，

残るひとつの「例外やちょっとした違いも例を出して説明してくれる」という記述はいくつかの側面にまたがる記述と解釈できる。例えば，例を出して説明してくれるために理解しやすいと解釈されれば，それは「分かる・理解できる時」というカテゴリーと関係するが，例を出すことで興味が湧くというような可能性もあり，その場合は，「興味のある内容・好きな内容」というカテゴリーと関係することになる。

『学習の場の認知』は，内容や方法とは異なり，学習を行っている場や集団に関する認知で，教室の社会的な面についての認知である。「周りが静か」「みんな集中している」という記述が見られたように，周りのクラスメートの様子が自分の行動に関係していることが分かる。また，教師についての記述もあり，「先生がまじめ」「先生のテンションが高い」というものが見られた。教師の言動や立ち居振る舞いが教室の雰囲気に影響し，その結果学習者の意欲に影響するものと考えられる。また，特定の教員を指して「〇〇先生の授業」という記述があった。この解釈は幾通りも可能であるが，その教師に対する親近感などが授業への価値づけに働いていることと言える。

「学習者に関する要因」は授業に対する認知とは異なり，学習者自身のことを指すため，認知的評価との接点としての授業の側面ではない。しかし，意欲を高めることを総合的に考える上では重要である。

『時期的な変化』とは，学習者の意欲が時期により変化することを意味している。まず「テスト前」という記述は，第5章の方略を使わない理由の分析でも同様のものが見られたが，普段はやる気が出ないが，テスト前だけやる気が出るというものであった。「テスト後」はこれとは違い，テストの結果を見ることが自分の学習を振り返るきっかけとなり，その結果「もっと勉強しなければ」「次はがんばろう」などと思うことと解釈された。「学期の初め」は，新しい学期に入った時にやる気が高いことを指す。

『自分自身について』は，学習者自身の気持ちが学習に向かっていることを示す。「目標がある」については，具体的な目標の記述がなかったため，どのような目標を立てているのか不明であるが，何らかの目標を持っているときにやる気が出るという記述である。「授業を受ける準備ができてい

る」についても具体的な記述がなかったため，準備とは何を指すのか明確ではないが，おそらく宿題や予習ができていることを指すものと考えられる。

『気分・体調』は，学習者の気分や体調が万全で，学習を行う態勢が出来ているかどうかが意欲に影響することを示している。記述の内容はカテゴリー名が反映しているが，「眠くない時」や「疲れてない時」という記述が多いのは，逆に言えば眠さや疲れを感じているがゆえに意欲的に学習できない者が多いことを表していると考えられる。

状態としての学習意欲を高めるために

本章の目的である，認知的評価に影響する授業の側面については，自信・内容・方法・場の4つが挙げられた。これらを基に，意欲を高めるために考慮すべきことを考えたい。

まず，自信という側面，つまり，学習者が学習していることを理解したり，課題に成功するといったことが動機づけに関係していることが分かったことから，意欲を高める方策として，何よりもまず分かりやすい授業をすることが大切であると言える。理解できるということが意欲につながるのは，認知的評価の期待の側面に関係するからではないかと考えられる。第5章において，学習しようとする意図が高まるには，期待と価値の見積の両方が肯定的であることが望ましいという考察がなされたが，それを踏まえると，期待が高まることが，意図の形成に肯定的な影響を与えるものと考えられる。

また，理解できたり課題に成功できるという自信は，期待の側面だけではなく，価値の側面にも関係するのではないかとも考えられる。これは，期待の見積には4つの次元（内発的興味・重要性・有用性・コスト）があるとされるが(Eccles, 1987; Eccles, Adler, Futterman, Goff, Kaczala, Meece, & Midgley, 1983; Eccles & Wigfield, 2002; Wigfield & Eccles, 1992, 2000)，このうち，自信は重要性の認知に関わるのではないかと考えられる。重要性とは，自分が望ましいとする自己イメージ（例：男らしさ・女らしさ，有能などを）と，課題を達成することで得られるものの整合性の判断であるが，課題に成功するこ

とや学習内容を理解できることで，学習者自身の有能感を高めることにつながり，それが望ましい自己イメージを伸長し，理解できるという自信が価値を高めることにもつながると考えられる。

　有能さの自己イメージから価値の見積を肯定的にするという方法は，授業での学習において動機づけを高める上で重要なアプローチであると考えられる。意欲を高める方策を考える際，学習者の興味・関心が取りあげられることが多く，意欲を高めるために学習者が好きな内容を取り入れたり，または学習者のニーズに合わせた授業内容の選定をしたりすることが多いのではないかと思われる。しかし，授業では学習内容の選択の幅に制限があり，学習者の興味・関心にあわせて授業設計することができないことが多い。そもそも，学習者が英語学習に関心がなかったり，英語に対する嫌悪感を持っていれば，どのような内容であっても，それが英語に関するものならば，学習者の興味・関心をひくことはむずかしい。また，一般的な授業では教師が授業を統括し，学習者には内容の選択権がない。そのため，すべての学習者の興味やニーズに授業を合わせることは難しい。したがって，価値の見積を肯定的にするために，内発的興味や有用性からアプローチすることは，実現可能性が低い場合がある。そのような時，重要性から価値を高めるアプローチは，一般的な授業において動機づけを高めるための方策として重視すべきであろう。

　次に，内容という側面が浮かび上がったが，意欲を高める方策の議論で，学習者の興味や関心に合わせた授業を行うということがよく引き合いに出されるように，明らかに意欲に関係する側面であると言えよう。しかし，上で述べたように，教師は必ずしも授業内容の選択が自由にできるとは限らず，内容から意欲を高めるアプローチが難しい場合がある。また，学習者が英語学習に対して全く関心がない，または嫌悪感を持っていたりする場合，どのような内容であれ，それが英語に関することならば，内容の工夫により意欲を高めることは難しいと考えられる。

　内容からの介入が難しければ，学習の方法や場の雰囲気からのアプローチを考えることも選択肢のひとつとなろう。認知的評価に関係する授業の側面として，授業の進め方の楽しさと，場の雰囲気という側面も浮かび上

がった。まず，学習者は学習内容だけでなく，学習の方法や活動そのものについても評価をしていると言え，その評価が意欲に関係していることが分かる。この側面に関する記述は，主に活動の楽しさという内容であったように，その活動をやってみたい，参加したいという気持ちが生まれることが意欲を高めることにつながるということを表していると言えるだろう。

また，周りのクラスメートの様子や授業の雰囲気といった，社会的な要因も意欲に関係していることが分かる。授業で行う活動は個人的なものが多いかもしれないが，しかしそれは教師やクラスメートが存在する空間で行われることである。学習者は学習課題だけでなく，学習が行われる社会的空間についても評価し，どのような行動が求められているのかという判断や，周りのクラスメートが刺激となり自分の行動を振り返ることなどをし，それが彼らの行動に影響していると言えるだろう。

こういった活動の楽しさや場の雰囲気からの意欲というのは，必ずしも学習意欲とは言えないかもしれないが，実際の場面における状態としての意欲を高める方策としては有効な手段のひとつであると考えられる。学習意欲とは，第1章で述べたように，学習者が学ぼうとする動機を選択し，それを実現しようとすることを意味すると考えると，楽しさや場の雰囲気の影響による必然性から生じる動機づけは，学習内容に興味がある，あるいは学習内容を身に付ける必要があるといった必然性から生じる動機づけではないため，学習内容を身につけようという意図に必ずしもつながらないかもしれず，そのような動機づけは学習意欲とは言えないかもしれない。動機づけの研究の中で，学習目的と学習方略使用の関係を分析した研究の結果では，学習内容を身に付けようとする内容必然的な動機が方略使用と関係があることが示され，それ以外の状況必然的な動機などは学習方略使用との関係が弱い，または関係がないということが示されていることを第2章で述べた。このように，学習しようとする動機ではなく，活動の楽しさや場の雰囲気に対して必然性を感じて活動に取り組むようなタイプの動機づけは，必ずしも望ましい学習行動へはつながらないかもしれない。

しかし，もともと学習活動に対し何の必然性も見出せなかった者が，一瞬で内発的な価値を見出すことは不可能に近いであろう。そのような学習

者に対しては，教師は何とかして学習活動に引き込み，それを継続することで，学習者が活動に従事する中で彼らの認識の変化を引き起こしたいと願うのではないだろうか。その端緒として，方法や場に必然性を見出して活動に参加するというのは，選択肢の一つとして有効であると思われる。

ここで重要なのは，状態(state)と特性(trait)の区別である。動機づけを高めると言った場合，それが状態としての動機づけを高めることなのか，特性としての動機づけを高めることなのかと区別することが，この問題について考える上で重要となる。動機づけと方略使用の関係を分析した研究では，学習目的などの特性としての要因が取り上げられているように，特性の水準での動機づけを捉えたものである。つまり，すでに第二言語学習に対してその内容に価値を感じて学習を行っている学習者が方略使用の頻度が高い傾向にあることが示唆されたことを意味する。すでに内容必然型の学習動機を持っている学習者は，学習内容を身に付けようとする傾向にあるので，おのずと学習に対して積極的，意欲的に取り組む可能性が高いと思われる。しかし，教室には多様な学習者が存在し，全員が内容必然型の学習動機が強いわけではない。学習意欲を高める工夫は，そのような内容必然型の学習動機を持たないような学習者に対してこそ必要である。特性として学習内容を身に付けようとする動機を持たない学習者に対して，瞬時に学習内容に必然性を感じられるようにすることは難しい。そのため，このような学習者が学習活動に対して積極的に取り組むようにするためには，内容以外の側面，例えば活動の楽しさや場の雰囲気といった側面に必然性を感じられるようにすることが求められよう。このように，学習者の特性に合わせて授業を工夫し学習者を何とかして活動に引き込もうとすることは，状態としての動機づけを高めること，つまり，行動の生起過程において，認知的評価を肯定的にすることである。

また，学習方法や場の認知が動機づけに与える影響は，学習者が第二言語学習に対して内容必然型の動機を有している場合でも重要となる可能性がある。学習者が内容必然型の学習動機を有していたとしても，学習場面において必ず意欲的になるとは限らない。例えば Pintrich (2000b)は，目標志向性をスキーマとして捉え，何らかの学習場面ではそのスキーマへアク

セスすることである特定の志向性が選択されるが，そのアクセスは状況に左右されるものであり，条件によっては別のスキーマへのアクセスがおこり，異なる志向性が選択されると考えている。このように，何らかの傾向性を持っているとしても必ずしもそれが発現するとは限らず，状況の影響によっては異なる傾向が現れる可能性があると考えられる。したがって，英語を身に付けたいので英語を学んでいるという内容必然型の学習動機を有している学習者は，英語の授業はその目標を達する場であるので意欲的に学ぶ可能性が高いが，その授業でクラスメートと仲が悪い，または緊張が強いられるような授業方法がとられているなどといった条件により，意欲的になれない場合も考えられる。したがって，学習意欲を高めることを考える際，授業の雰囲気などの状況要因や社会的要因を考慮することは重要であると思われる。

　しかし，活動の楽しさや場の雰囲気から授業を工夫することは，あくまでその場の意欲を高めることであり，一時的なものである。以後の学習でも継続して意欲的に取り組めるようになるには，特性の変化も必要である。そのためには，上で述べたように，学習者が活動に従事する中で，学ぶ楽しさや意義を見出したり，自信をつけるといった，内的な変化が起こることが必要である。活動の楽しさや場の雰囲気を利用して動機づけを高めることは，すなわち特定場面における状態としての意欲を高めることであり，そのための方策として有効であると言える。しかしそれが特性の変化に有効であるとは限らない。特性の変化が起こるようにするには，活動の楽しさや場の雰囲気に必然性を持たせるだけでは不十分であろう。このように，意欲を高めるということを考える際，それは状態としての意欲を高めることか，特性としての意欲を高めることかという区別をすることは，方策の有効性について考える上で重要となると思われる。

　本章は，状態としての水準の動機づけを高めることを中心に議論してきた。しかし，分析の結果から特性の影響は看過できない。特に，やる気が出るのは「テスト前」と答えている者が見られ，同様の記述が 6.3 における分析においても見られたことは憂慮される。このように述べた学習者は，関心は英語を身につけることよりもテストの点数にあり，テストに関する

ことでなければ学習の必要性を感じなかったり，学習内容の本質的な理解ではなく，単に正答することだけを目指して表面的な学習をしたりするのではないかという恐れがある。教師が英語への興味を高めようとして何らかの工夫を行っても，学習者がテストとの関連性がないと判断すれば，それは意欲を高める効果はない。このような学習者が英語学習に対して積極的になるには，彼らの特性としての要因が変化することが必要であると考えられる。

第8章 特性の変化
―学習活動に対する認識―

8.1 本章の目的

本章では，授業を受講した結果，学習者の特性がどのように変わったのか記述した研究を2つ報告する[1]。ひとつは学習内容に対する学習者の認識の変化，もうひとつは学習方法に対する認識の変化である。

第二部では，認知的評価を中心とした動機づけのプロセスを検証してきた。そこでは，学習しようとする意図が高まるには，期待と価値両方の見積が肯定的であることが重要であるという結果を得た。第三部では授業が動機づけに与える影響を考察することを目的としているが，第7章では，どのような時にやる気が出るのかという学習者の自由記述の分類により，授業のどのような点について認知的評価がなされているのか分析を行った。そこでは，授業の側面に加えて，学習者の特性も意欲に関係していることが浮かび上がり，特性の変化も必要であることが指摘された。

教師は授業を通して，学習者が学習内容に興味を持ったり，学習に自信を深めてほしいと願うように，意欲を高める中で学習者の長期的な変化も意図しているだろう。動機づけ研究でも，そのような特性の変化を報告するものがある。第3章で動機づけの経時的変化を分析した研究について概観したが，そこでは授業を受けることで動機づけに変化が表れることが示されている。特に授業と動機づけの変化を密接に分析している山森(2004)やHiromori (2006)は，授業に関する学習者の認知が動機づけの変化に関係していることを示している。

しかし，それらの研究で分析対象とされた動機づけは，英語学習全般を指す内容のものであった。一方，教師が学習者の動機づけを高めようとして授業を計画する時には，具体的な活動や教材といった水準で学習者を捉

---

[1] 本章は，外国語教育メディア学会紀要 Language Education & Technology 42号(2005年)に掲載の「授業受講による学習者の認識の変化：2つの事例」に基づき，加筆・修正したものである。

えようとするのではないかと考えられる。したがって，教師が学習者の特性の変化を狙う時，必ずしも初めから英語学習全般にまたがる要因の変化を目指すのではなく，活動に特有の要因（例えば，その活動に対する興味や自信）の変化を起こそうとするのではないかと考えられる。具体的な活動の水準で変化を引き起こし，それが積み重なることで英語学習全般にその変化が広がっていくことを期待すると思われる。

　また，授業には中心となる目的があり，その目的を達成するために同じ教授活動が定期的に繰り返されることは珍しくなく，そのような活動は授業の核となる。そのため，授業の核となるような活動に対する学習者の意欲や態度は，授業全体に影響を及ぼす可能性がある。

　このように，授業における学習者の動機づけを考える際，動機づけを捉える視点を具体的な活動の水準にすることで，授業が動機づけに対して与える影響について考察しやすくなり，またそれが教授活動へ応用できるものと思われる。したがって本章では，分析の単位を授業での活動の水準として，授業の中心テーマである学習内容に対する認識と，授業において毎時行われていた学習方法に対する認識を取り上げ，それらの特性の変化を分析する。

8.2 変化を捉える分析方法

　動機づけの経時的変化を分析した研究では，複数の時点で動機づけのデータを収集し，平均値の差の検定により変化を分析するものが多い（例えば Gardner, Smythe, & Brunet, 1977; Gardner, Smythe, & Clément, 1979; Gardner, Masgoret, Tennant, & Mihic, 2004; Koizumi & Matsuo, 1993）。このように，変化を分析する手段として平均値の差の検定を用いることは一般的に用いられる手法である思われる。

　しかし，平均値のみでは学習者の変化について充分に分析できるわけではない。平均値は集団の中心傾向を示す指標であるため，平均値だけでは個人ひとりひとりの傾向はつかめない。平均値が変化したとしても，全員が平均値の変化と同じ分だけ変化したことを示すものではない。また，平

均値に変化が無くても，得点が上昇した者と下降した者が混在すると，変化が相殺されて平均値には得点の変動が表れない場合もある。

山森(2004)では4時点に渡りデータ収集が行われたが，学習者によって学習意欲が変化する時点が異なっていたことが示されている。これは平均値のみの分析では明らかにできないことである。また，学習者の認識の変化を分析したKern (1995)では，平均値やパーセンテージなど，集団の傾向を表す記述統計の水準では変化しているとは言えなかったが，一人ひとりを吟味した結果，変化している者が見られたことが報告されている。このように，平均値などの集団の傾向の水準では変化が見られない場合でも，個人の水準で見ると変化が見られる場合もあるため，学習者の変化について分析する際は集団と個人の両方の水準で変化を分析することが求められる。

これを踏まえて本研究では，分析を集団の水準と個人の水準の両方で行うこととする。集団の水準での分析は，平均値の差の検定を行う。個人の水準では，時点間の変化量をもとめ，変化は肯定的か否定的か検討する。なお，個人ごとのデータを見るだけでは変化を検討することが難しいので，クラスター分析を用い，あらかじめ値の高低のパターンにより学習者をグルーピングし，変化の傾向を分析する(cf. Spiel, 1998)。

8.3 研究7：文章構成の重要性の認識の変化

8.3.1 目的

大学生を対象としたパラグラフライティングを主目的とした英語の授業において，パラグラフの構造などの文章構成の重要性に関する学習者の認識の変化を分析する。この側面を対象とした理由は，これは授業内容そのものに関することであり，仮に文章構成の重要性を認めないとなると，授業内容に価値を認められず，学習意欲の低下を引き起こしかねないと推測されたためである。パラグラフライティングを主目的とする授業では，語彙や文法といった文レベルの要素よりも，パラグラフの構成といった文を超えたレベルの要素に力点が置かれる。しかし分析の対象となった授業を受講する大学生のほとんどは，それまで文を超えたレベルに力点を置いた

指導は受けたことが無いと思われた。そのような学習者が初めて文を超えたレベルの指導を受ける場合，果たして彼らはその重要性を初めから受け入れて授業に臨むことができるのかどうか，授業を行う者にとって懸念されるところである。

8.3.2 対象者と授業の概要

関東地方の大学において，ライティングの授業を受講する大学生1クラス44名のうち，欠席等で欠損値のある者を除き，有効なデータの得られた41名（男子36名，女子5名）を分析の対象とした。当該の大学生は工学部に属し，工学分野を専攻とする。また，対象となった授業は必修の授業であった。受講者の割り振りは指定されており，学生は指定されたクラスで受講することが求められていた。

授業はパラグラフレベルの作文ができるようになることを目的としたものであった。授業は1回90分，週1回のスケジュールで，全14回行われた。指導方法で特徴的なのは，オリエンテーションに充てられた初回の授業を除き，前半の8回が教科書(Zemach & Rumisek, 2003)に基づいた一斉授業，後半の5回が課題の提出（受講者が各々作文したものを学期末に提出する）へ向けた個別指導に充てられ，学期の途中で指導方法に大きな変化があったことである。

指導方法の特徴は次の通りである。前半の一斉授業では，教科書に用意されている練習問題を授業内で行い，それに対する解答やモデルの提示はクラス全体に一斉に行う方法であった。したがってこの段階の授業では，個別に指導することは行っていない。練習問題は，例えばトピックセンテンスの役割を理解することや，パラグラフの構造や展開方法などの文章構成を理解し，それらを応用する目的のものであった。一方，後半の個別指導形式の授業では，受講者は与えられた課題に関して，宿題として自らアウトラインを作ることや英作文などを行い，それらを授業へ持参して，授業中に授業者から個別にコメントをもらうという形式であった。コメントは文章構成に焦点を当て，改善すべきところをひとつひとつ指摘し，なぜこの構成では良くないのか，この構成ではどのような誤解を生む可能性が

あるか，どのようにすればよりよい文章ができるか，といった点が告げられた。

8.3.3 データ収集

データ収集には質問紙を使用した。文章構成を学習することがどれほど重要と考えているか測定するための項目を4項目用意した。これを学期初め（初回のオリエンテーション時），学期途中（9週目：前半の一斉授業終了時），学期後（14週目：個別指導の終了時）の3回実施した（項目は資料5を参照されたい）。質問紙への記入は授業時間内で行い，全員の記入が終わるまで時間をとった。

また，文章構成の重要性の認識が，学習時の認知的評価に関係するのかどうか検証するために，学習課題に対する価値の見積を測定する質問紙を用意した。項目は5つあり，値が高いほど価値の見積が高いことを意味する（質問項目は資料6を参照されたい）。この質問紙を，第2時点におけるデータ収集と合わせて行った。その日の授業においてパラグラフの構造について学習を行い，その学習課題に対する価値の見積を測定した。したがって，学習課題に対する価値の見積に関する項目に回答する際は，その日の授業を振り返って答えるように指示をした。認知的評価のデータ収集をこの時期に行ったのは，学期の早い段階では学習者は文章構成を学ぶ課題に慣れていないと思われ，そのような時期に測定を行うと，認知的評価と学習者の認識の関係が効果的に測定できない恐れがあったためである。学期の中間点である第2時点におけるデータ収集時であれば，課題にも慣れていると判断したため，この時期に認知的評価のデータ収集を行った。記入は授業時間内で行い，全員の記入が終わるまで時間をとった。

8.3.4 分析方法

まず，質問紙の内的整合性を検討するために，クロンバックのα係数を算出する。充分な内的整合性があると判断されたら平均値を求め，これを尺度得点とする。なお，対象者の数が少ないため，因子分析は行わない。このようにして得られた尺度得点を用いて，以降の分析を行う。

重要性の認識が認知的評価に関係があるかどうか検証するために，文章構成の重要性の認識尺度の第2時点における得点と認知的評価の得点の相関を求める。相関があるという結果になれば，重要性の認識は認知的評価に関係しており，動機づけ要因として分析に値することを意味する[2]。

相関が認められれば，次に特性が変化したかどうか検討するために，全体傾向の分析として平均値の差の検定である一元配置分散分析を行う。また，対象者それぞれの時点間の得点の変化量を求め，認識の変化が肯定的な方向か否定的な方向か検討する。この変化量は，第2時点におけるデータから第1時点のデータを引き，また，第3時点におけるデータから第2時点のデータを引くことで求める。なお，個人一人一人の変化量のデータを見ていくだけでは3時点間での変化を検討することが困難なため，クラスター分析を援用し，あらかじめ変化の傾向をつかみ，それを基に個人ごとの変化を検討する。

8.3.5 結果

重要性の認識尺度について，3時点それぞれにおける各項目の平均値と標準偏差を表8-1に示す。また，各時点における項目間の相関を，表8-2に示す。

表8-1 各項目における平均値と標準偏差

		必要	大切	役立つ	不利
第1時点	M	6.00	6.00	5.98	5.61
	SD	1.02	1.07	0.99	1.09
第2時点	M	6.00	6.00	6.00	5.39
	SD	0.95	1.12	0.74	1.26
第3時点	M	5.98	5.88	5.90	5.51
	SD	0.65	0.84	0.86	0.93

---

[2] 相関があるということのみでは，一方の変数が他の変数に対して影響するということは言えないが，一方の変数が他の変数に先行し影響するという関係が理論的に成り立ち，かつその変数間に相関があれば，2つの変数間に影響関係があると考えられる。本分析において，文章構成の重要性の認識と認知的評価に相関があると，重要性の認識は動機づけ要因として分析に値すると考えるのは，第4章と第5章の分析結果に基づいて，図2-7のような行動生起プロセスが成り立つということに依拠している。つまり，重要性の認識が学習課題に対する価値の見積に影響するという関係を想定することができるからである。

第 8 章　特性の変化—学習活動に対する認識—

表 8-2　各時点における項目間の相関

	第1時点				第2時点				第3時点			
	必要	大切	役立つ	不利	必要	大切	役立つ	不利	必要	大切	役立つ	不利
必要	1.00				1.00				1.00			
大切	.73	1.00			.75	1.00			.45	1.00		
役立つ	.67	.85	1.00		.60	.48	1.00		.62	.50	1.00	
不利	.42	.43	.48	1.00	.61	.62	.37	1.00	.52	.66	.47	1.00

4項目の内的整合性を検討するため，3時点のデータそれぞれに対してクロンバックのα係数を算出した。その結果，第1時点で.85，第2時点で.83，第3時点で.82であり，3時点とも充分に内的整合性が高いと判断した。よって，各時点において4項目の平均値を算出し，それを尺度得点とした。尺度得点の平均と標準偏差を表 8-3 に示す。

表 8-3　尺度得点の平均値と標準偏差

	第1時点	第2時点	第3時点
M	5.90	5.85	5.82
SD	0.87	0.85	0.66

一方，学習課題に対する認知的評価尺度の各項目の記述統計は表 8-4 の通りであった。また項目間の相関とクロンバックのα係数は表 8-5 の通りであった。クロンバックのα係数が.83 であったので，充分な内的整合性があると判断し，5項目の平均値を算出しこれを尺度得点とした。尺度得点の平均値は 5.37，標準偏差は 0.82 であった。

表 8-4　認知的評価尺度の各項目の記述統計

	項目番号				
	1	2	3	4	5
M	5.41	5.41	4.98	5.46	5.56
SD	1.07	1.09	1.17	1.14	0.74

表 8-5 認知的評価尺度の項目間相関とクロンバックのα係数

		項目番号					α
		1	2	3	4	5	
項目番号	1	1.00					
	2	.40	1.00				
	3	.70	.30	1.00			.83
	4	.76	.38	.59	1.00		
	5	.58	.44	.42	.57	1.00	

　重要性の認識尺度の第2時点における得点と，認知的評価尺度の得点の相関係数を算出したところ，$r = .75$ という値が得られた。この結果から，重要性の認識は，学習時の認知的評価と関係があることが示され，動機づけに関係する要因であると言える。

　次に，認識に変化があったかどうか調べるために，集団全体の傾向と個人の2つの水準において分析を行った。まず，全体的な傾向に変化があったかどうか調べるために，平均値に差があるかどうか検定を行った。有意水準5%で対応のある一元配置分散分析を行ったところ，その結果は $F(2, 80)=0.25$, $p=.78$ であり，有意差は認められなかった。よって，全体傾向の水準では変化があったとは言えないという結果であった。

　次に，個人の水準で変化があったかどうか調べるために，まずクラスター分析を行った。この分析方法を用いることで，第1時点から第2，第3時点へかけての変化のパターンの違いで学習者を群分けすることができ，個人内でどのような変化をしたのか見ることができる。平方ユークリッド距離を用いたウォード法により，図8-1のような結果を得た。ここから，結合距離の変化と得られるクラスターの特徴を吟味した上で，カッティングポイントを図8-1の点線で示したところに定め，5クラスターに分類することが適当と判断した。得られた各クラスターの平均値と標準偏差を表8-6，および平均値のプロットを図8-2に示す。

　なお，5.3や5.4における分析では，クラスター分析の後に分散分析を行い，その結果を傾向の解釈に利用しているが，本分析においては，大まかな変化の傾向を知ることが目的であり，クラスター間の差は分析の目的で

はないこと，また，クラスター4，5のように属する人数が極端に少ないクラスターがあるため，分散分析は行わなかった。

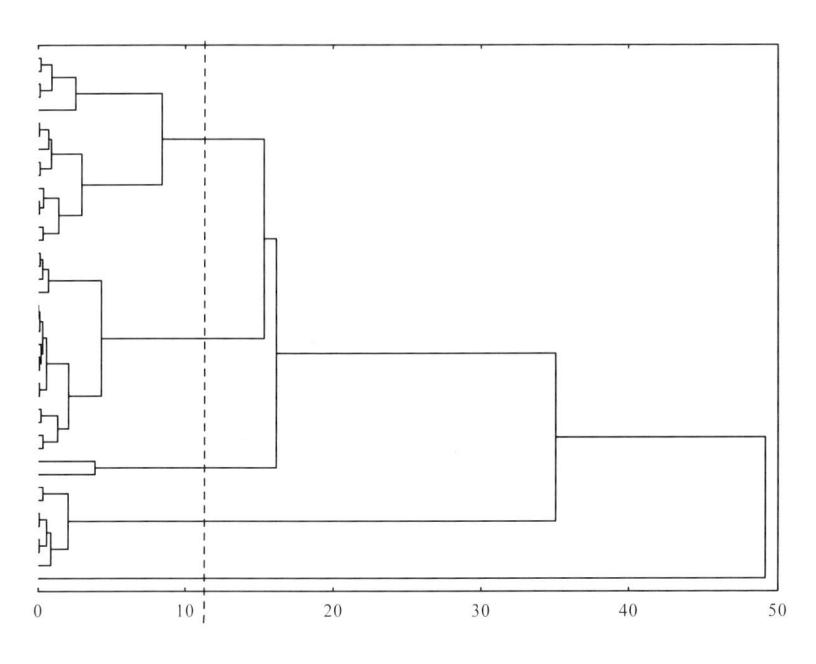

図 8-1 クラスター分析の結果

表 8-6 各クラスターの平均値と標準偏差

		クラスター				
		1 (N=15)	2 (N=16)	3 (N=7)	4 (N=2)	5 (N=1)
第1時点	M	5.98	5.83	6.89	3.88	2.75
	SD	0.47	0.34	0.20	0.18	-
第2時点	M	5.50	6.08	6.57	5.88	2.25
	SD	0.56	0.44	0.45	0.88	-
第3時点	M	5.27	6.06	6.75	5.25	4.75
	SD	0.38	0.19	0.29	1.06	-

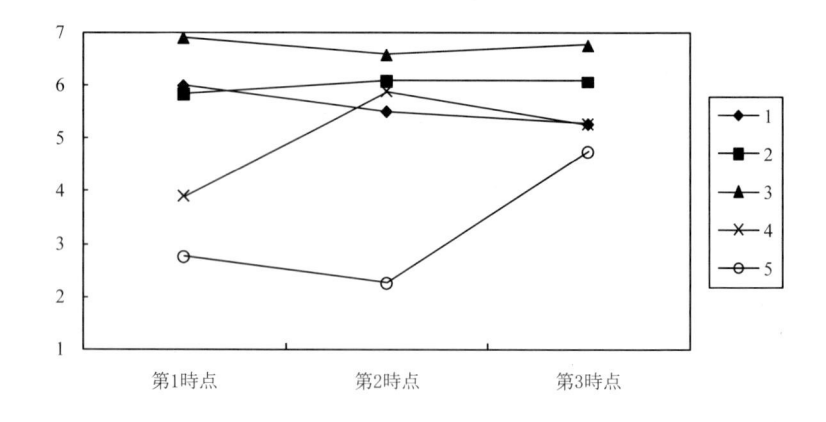

図 8-2 各クラスターの平均値のプロット

　各クラスターの特徴を見ると，認識が高い位置で維持されている群や，もともと低かった認識が肯定的に変わった群などがあることが分かり，個人の水準では変化が起こっていることを示している。また，変化の傾向が一様ではないと言える。しかし，個人ごとに得点の変化を見ると，時点間での変動に個人差があり，更に深く考察する必要があるため，次のように個人ごとの得点の変化を分析した。

　個人の変化をさらに検討するために，時点間の得点の変化について，尺度得点を散布図にした。第1時点と第2時点の尺度得点の散布図を図8-3，第2時点と第3時点の尺度得点の散布図を図8-4に示す。それぞれの図に斜線が引いてあるが，それは両時点で同一の得点であることを示す。その直線よりも上に位置すれば得点が上昇したことを意味し，直線よりも下に位置すれば得点が低下したことを意味する。なお，同じ得点の者は同一の点にプロットされるため，図中の点の数は対象者の数よりも少なくなっている。

　図8-3や図8-4を見ると，それぞれの時点間で，得点が上昇した者もいれば下降した者もいることが分かる。

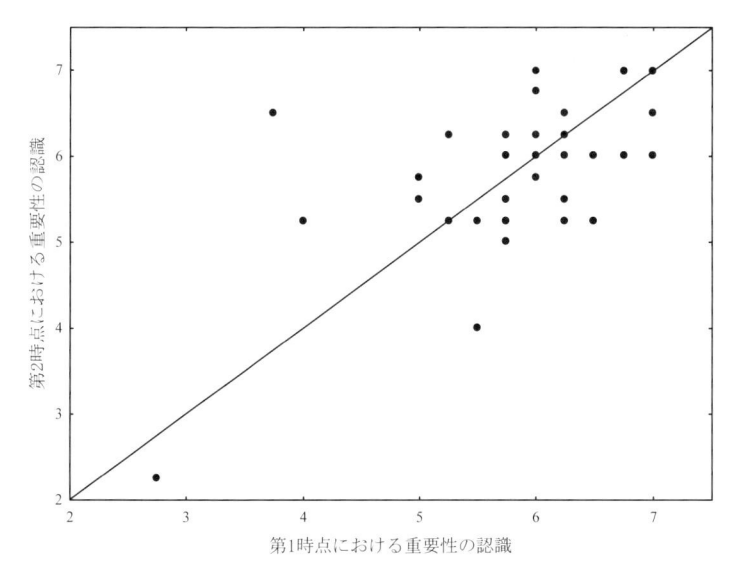

第 8 章　特性の変化―学習活動に対する認識―

図 8-3　第 1 時点と第 2 時点の尺度得点の散布図

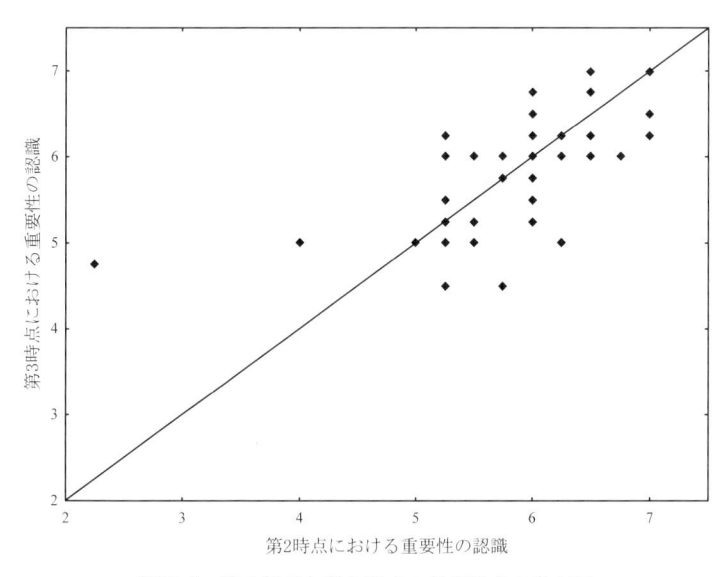

図 8-4　第 2 時点と第 3 時点の尺度得点の散布図

197

つづいて，個々人の時点間の得点の変化を求めた。第2時点の尺度得点から第1時点の尺度得点を引き，第1時点から第2時点へかけての変化量を求めた。同様に，第2時点から第3時点への変化量を，第3時点での尺度得点から第2時点の尺度得点を減じて求めた。値が0ならば変化が起きていないことを意味する。そして値が正ならば上昇したことを意味し，負ならば低下したことを意味する。

このようにして求められた得点の変化を時点間でどのように変化したのかまとめると，第1時点から第2時点へかけて，得点が上昇したものは13名，下降したものは20名，変化しなかったものは8名であった。第2時点から第3時点へかけては，得点が上昇したものは13名，下降したものは20名，変化しなかったものは8名であった。人数が両時点間で一致しているが，個人ごとの得点の変化を詳しく見ると，必ずしも両時点で上昇し続ける，あるいは下降し続けるといった一貫性は見られず，ある時点間では上昇し，もう一方の時点間では下降するというように，個人内で上昇と下降の両方が起こっているケースが多かった。

図8-5は，それぞれの時点間での得点の変化量を散布図にしたものである。図中にアルファベットを付して象限に記号をつけている。Aの象限にプロットされる者は，第1時点から第2時点へかけて得点が上昇し，かつ第2時点から第3時点へかけても上昇したことを表す。Bの象限は，第1時点から第2時点へかけては得点が低下したが，第2時点から第3時点へかけては上昇した者がプロットされる。Cの象限は，第1時点から第2時点へかけては得点が上昇したが，第2時点から第3時点へかけては低下したことを意味する。そしてDの象限は，両方の時点間で得点が低下したことを意味する。

このように，個人ごとに時点間で得点の変化を検討すると，個人内で一貫して上昇または下降するといった傾向を示す者や，ある時点間では上昇するが，もう一方の時点間では下降するというように，個人内で上昇と下降の両方が起こっている者もいることが分かる。

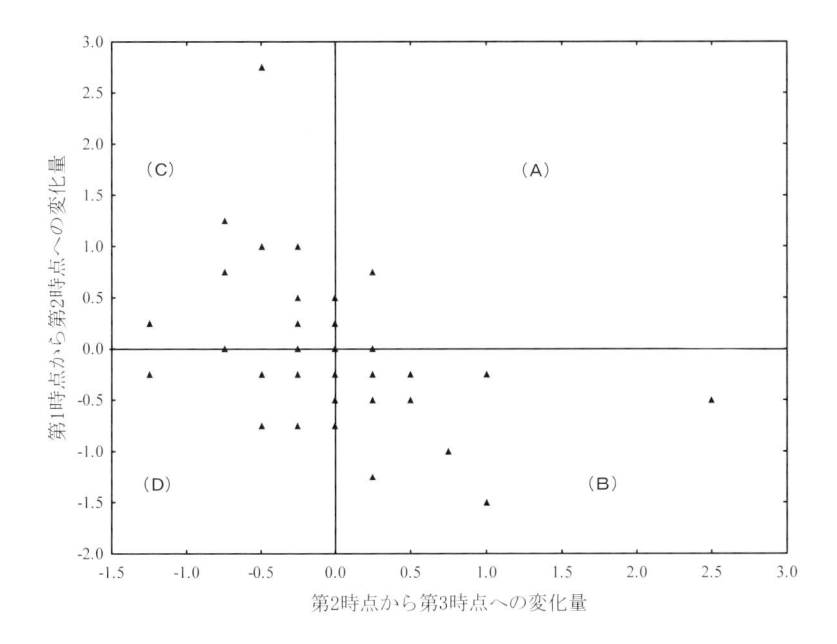

図 8-5 時点間の得点の変化量の散布図

　この結果を，クラスター分析の結果と照合したい。各クラスターに属する学習者の時点間の得点の変化を，①一貫して上昇する傾向，②一貫して低下する傾向，③第1時点から第2時点へかけて上昇するが第2時点から第3時点へかけて低下する傾向，④第1時点から第2時点へかけて低下するが第2時点から第3時点へかけて上昇する傾向の4つの傾向に分け，それぞれの傾向に分類される人数を割り出した。その際，変化量が0の者は上昇のカテゴリーとして扱った。その理由は，変化しないというカテゴリーを設けることで分類が煩雑になることを避けるためであった。得点が変化しなかったということは，少なくとも否定的には変化しなかったことと解釈し，上昇の傾向に含めて分類した。その結果が表8-7である。表中の丸囲みの番号は，上に示される変化の傾向を示す。空欄の箇所は，人数が0であることを示す。

表 8-7　クラスターと時点間の得点の変化

	N	①	②	③	④
クラスター1	15		6	4	5
クラスター2	16	5		7	4
クラスター3	7	2		1	4
クラスター4	2		2		
クラスター5	1				1
合計	41	7	6	14	14

8.3.6 考察

　分散分析の結果は有意でなかったことから，集団全体の傾向が変化したとは言えないという結果であった。しかし，その後のクラスター分析の結果と個人ごとの得点の変化を吟味した結果から，個人の水準では変化が起こっていることが示された。

　個人の水準での変化について，まずクラスター分析の結果について考察したい。各クラスターの特徴を解釈すると次のようになる。クラスター1は，わずかずつではあるが重要性の認識が低下している。特に，第1時点ではクラスター2と同じ程度の平均値であったのが，第2，第3時点へ進むにつれて，両群の平均値に開きが出ているのが分かる。しかし第3点でも極端に低いわけではなく，おおむね肯定的な認識を維持していると言えるだろう。表 8-7 を見ると，クラスター1 の多くの者が両時点間で一貫して低下する傾向が見られる。また，ある時点間では上昇するがもう一方の時点間で低下するという傾向を示した者は，上昇の幅が小さく，下降する幅がそれを上回り，そのため第1時点よりも第3時点の得点が低下しているという傾向が見られた。

　クラスター2, 3 は平均値に違いはあるものの，重要性の認識が高い水準で維持されている。表 8-7 を見ると，両方のクラスターにおいて一貫して上昇する学習者が見られるが，このような傾向の学習者は他のクラスターには見られないことである。しかし，クラスター2, 3 の他の学習者は，どちらかの時点間では低下している。個人ごとに得点の変化を見ると，これら2群の学習者は，得点の低下が小さく，もう一方の時点間で上昇するこ

とで変化がほぼ相殺されていた。

　クラスター4は，第1時点では低かったものが，第2時点で肯定的な水準まで上昇している。第3時点では平均値が若干下がるものの，肯定的な評価が第3時点でも維持されている。

　クラスター5は，当初から得点が低かったものが第2時点へかけて更に低下している。しかし第2時点から第3時点へかけて大幅に上昇し，肯定的な水準に達している。

　これらの結果の中で，特に意義があるのは，クラスター4，5の変化であろう。初めに重要性の認識が低かったこれら2つのクラスターが，授業を受講することで認識が変わり，文章構成を重要と考えるようになった。これは授業を行う者にとっては望ましい結果となった。

　また，クラスター4とクラスター5で，変化の起こった時点が異なることも重要だろう。クラスター4は，第1時点から第2時点の間で肯定的な変化が起きているが，これは教科書を用いた一斉授業の中で肯定的に変化したことを示している。その一方クラスター5は，第2時点から第3時点の間で肯定的な変化をしており，これは一斉指導ではなく個別指導になってから肯定的に変化したことを示す。なぜこのような違いが現れたのか，その理由は本分析のデータのみでは断定できないが，クラスター4の学習者は一斉授業に適応でき，その授業方法によって文章構成の重要性を実感できたと考えられる。一方，クラスター5の学習者は一斉指導には適応できずに学習効果があがらなかったが，個別指導が効果的に働き，それにより文章構成の重要性を実感することができたのではないかと思われる。一斉指導で行う活動は，教科書の練習問題を用い，説明がクラス全体に対してなされるため，学習者にとっては個人的な経験から離れた，やや抽象的な思考の操作が求められると思われる。クラスター4に属する学習者は，そのような指導に適応できたため重要性を実感することができたのではないかと考えられるが，クラスター5に属する学習者は，このような形態の学習には向かなかったのではないかと考えられる。一方，個別指導では学習者自身が書いた文章が指導の材料になり，何が良くて何が悪いのかということを一対一で指導するので，具体的な自らの経験として学習することが

できる。このように指導方法が変化したことで，クラスター5 に属する学習者にとって分かりやすい形式になり，学習内容の重要性を実感することができたのではないかと考えられる。この背景には，学習方法の好みの個人差があるのではないかと推測される。認知スタイルや学習スタイルの研究では，学習者には情報処理の型や学びやすい方法の好みがあり(Skehan, 1998; Riding & Rayner, 1998; Sternberg, 1997; 多鹿，1999)，好みの方法で学んだときに学習成果が上がるため，スタイルを考慮した授業設計をすることが薦められている(Cohen, 2003; Peacock, 2001; Reid, 1995, 1998; Tudor, 1996)。また，学習指導の効果は個人差要因との交互作用で決まるとする適性処遇交互作用(Aptitude-Treatment Interaction) というパラダイムもある(Skehan, 1989, 1991; Robinson, 2001; 並木，1986, 1991, 1997)。このような議論は，専ら学習成果についてなされることが多いが，今回の分析の結果から，授業方法の多様化によって多様なタイプの学習者が学習成果をあげられるようになり，その成果を学習者が実感することで望ましい認識が形成されたのではないかと推測される。それに基づくとすれば，指導方法の多様化は学習成果のみならず，望ましい認識の形成にとっても重要であると言えるだろう。

　このような指導方法と学習者の交互作用は，他のクラスターに属する学習者でも起こっていると考えられる。個人ごとに得点の変化を吟味したところ，たとえばクラスター2, 3 に属する学習者の中には，ある時点間で上昇するもののもう一方の時点間で低下するという傾向を示す者が多く見られた。また，クラスター4, 5 の学習者も，一方の指導法では認識が大きく肯定的に変化しているものの，もう一方の指導法では低下していることが見られる。図 8-5 や表 8-7 を見ると分かるように，一貫して上昇ないし低下する者の人数よりも，一方では上昇するがもう一方では低下する者の数が多いことが分かる。これは，多くの学習者にとっては，一方の指導法は効果的であったが，もう一方の指導法はあまり効果的ではなかったことにより生じたのではないかと考えられる。このような結果は，あるひとつの指導方法が必ずしも全員に有効というわけではなく，中にはその指導法では不利になる学習者もいると考えられるため，様々なタイプの学習者が効果的に学習できるように，指導方法を多様化する必要があることを示唆し

ていると言えよう。

8.4 研究8：音読についての認識の変化

8.4.1 目的
　8.3 では学習内容についての認識を対象としたが，8.4 では学習方法についての認識を対象とする。中学校での英語授業において，授業で毎時必ず音読を行うという取り組みを行った期間で，学習者の音読についての認識はどのように変化するのか調査した。4.2 における分析で，音読についての認識は，実際に音読を行った際の認知的評価に影響することが示されているように，音読についての認識は動機づけに関係する要因であると考えられる。

8.4.2 対象者と授業の概要
　関東地方の中学校に通う 3 年生のうち，3 クラス 114 名を対象として調査を行った。学校が男子校であるため全員が男子である。このうち，欠席などによりデータに欠損のあった者を除き，有効なデータの得られた 104 名を分析対象とした。
　英語の授業は週 5 時間行われ，そのうち 3 時間が検定教科書に基づいた授業，1 時間がリスニングを中心とした授業，もう 1 時間が ALT と日本人教師のティームティーチングにより行われた会話を中心とした授業であった。音読への取り組みは検定教科書に基づく授業の中で行われた。毎時教科書の英文について学習した後，学習事項の定着を図る目的で必ず音読を行っていた。この音読の目的は学習者にも明示的に複数回説明を行い，音読の意義を理解してもらうよう取り組んだ。

8.4.3 データ収集
　データ収集には 4.2 で使用されたものと同じ質問紙を使用した。質問項目は，音読の重要性の認識と，音読がどれほどうまくできるかといった自信についての認識という 2 つの側面を対象としたもので，それぞれ 5 項目

ずつ用意された。項目は資料1を参照されたい。

調査は同じ項目を用いて2回行われた。音読への取り組みを開始した10月半ばに1回目（第1時点）の調査を行い，学年最後の授業が行われた2月末に2回目（第2時点）の調査を行った。なお，第1時点に得られたデータは，4.2の分析で得られたデータを再分析したものである。また，本分析は4.2における分析と同じ対象者であるが，異なるデータセットを用いているため，欠損などにより分析から除外される者が若干異なる。

8.4.4 分析方法

特性が変化したかどうか検討するために，全体傾向と個人の水準で分析を行うが，それらに先立ち質問紙の妥当性を検討するため，因子分析を行う。また，得られた因子を下位尺度とするために，各因子においてクロンバックのα係数を算出し，内的整合性を検討する。充分な内的整合性があると判断されたら，各因子で平均値を求めこれを尺度得点とし，以後の分析を行う。

特性が変化したかどうか検討するために，全体傾向の水準での分析として平均値の差の検定であるt検定を行う。また，個人の水準での変化の分析として，対象者それぞれの時点間の変化量を求め，認識が肯定的になったか否定的になったか検討する。この変化量は，第2時点におけるデータから第1時点のデータを引くことで求める。なお，対象者の数が多いため，個人一人一人の変化量のデータを見ていくことでは変化を検討することが困難なため，クラスター分析を援用し，あらかじめ変化の傾向をつかみ，それを基に個人ごとの変化を検討する。

8.4.5 結果

各項目の記述統計は表8-8の通りであった。第1時点における項目間の相関を表8-9，また，第2時点における項目間の相関を表8-10に示す。なお，第1時点のデータは4.2で得られたデータを再分析したものである。

表 8-8 第1，第2時点における各項目の平均値と標準偏差

		重要性に関する項目					自信に関する項目				
		1	2	3	4	5	1	2	3	4	5
第1時点	M	5.98	6.03	5.98	5.56	5.48	3.93	4.05	4.12	3.93	5.58
	SD	0.86	0.86	0.87	0.93	1.12	1.35	1.25	1.35	1.30	1.09
第2時点	M	5.95	5.96	5.98	5.55	5.37	4.03	3.88	3.92	3.84	5.59
	SD	1.11	1.15	1.00	1.22	1.11	1.41	1.32	1.36	1.43	1.13

表 8-9 第1時点における項目間の相関

	重要性1	重要性2	重要性3	重要性4	重要性5	自信1	自信2	自信3	自信4	自信5
重要性1	1.00									
重要性2	.76	1.00								
重要性3	.56	.59	1.00							
重要性4	.45	.46	.53	1.00						
重要性5	.42	.31	.45	.39	1.00					
自信1	.17	.19	.10	.07	.01	1.00				
自信2	.21	.17	.14	.01	.02	.83	1.00			
自信3	.17	.12	.06	.08	.01	.76	.72	1.00		
自信4	.18	.15	.10	.03	.02	.74	.80	.70	1.00	
自信5	.32	.21	.24	.22	.11	.36	.42	.34	.42	1.00

表 8-10 第2時点における項目間の相関

	重要性1	重要性2	重要性3	重要性4	重要性5	自信1	自信2	自信3	自信4	自信5
重要性1	1.00									
重要性2	.84	1.00								
重要性3	.81	.69	1.00							
重要性4	.74	.74	.61	1.00						
重要性5	.43	.52	.43	.44	1.00					
自信1	.08	.06	.11	.03	-.13	1.00				
自信2	.17	.17	.23	.14	.12	.76	1.00			
自信3	.18	.20	.18	.10	.04	.75	.73	1.00		
自信4	.23	.17	.21	.15	.02	.68	.80	.68	1.00	
自信5	.33	.22	.36	.23	.11	.34	.39	.28	.46	1.00

次に，質問紙の妥当性を検討するために，各時点のデータに対し因子分析を行った。それぞれの分析において，固有値1以上という基準で重み付けなし最小二乗法による因子抽出を行い，2因子が得られた。プロマック

ス回転による因子回転を行った結果を表 8-11 および表 8-12 に示す。

表 8-11 第 1 時点のデータに対する因子分析の結果（重み付けなし最小二乗法・プロマックス回転）

	第1因子	第2因子	共通性	α
自信2	**.93**	-.02	.85	
自信1	**.90**	-.03	.79	
自信4	**.87**	-.03	.74	.89
自信3	**.82**	-.04	.66	
自信5	**.40**	.23	.25	
重要性1	.08	**.81**	.68	
重要性2	.05	**.78**	.62	
重要性3	-.02	**.77**	.58	.82
重要性4	-.05	**.64**	.40	
重要性5	-.08	**.53**	.27	
固有値	3.93	2.65		
因子間相関				
第1因子	1.00	.20		
第2因子	.20	1.00		

表 8-12 第 2 時点のデータに対する因子分析の結果（重み付けなし最小二乗法・プロマックス回転）

	第1因子	第2因子	共通性	α
重要性1	**.93**	.03	.88	
重要性2	**.90**	.00	.80	
重要性4	**.80**	-.03	.63	.89
重要性3	**.79**	.08	.67	
重要性5	**.55**	-.09	.29	
自信2	.01	**.90**	.81	
自信1	-.14	**.89**	.75	
自信4	.03	**.85**	.73	.88
自信3	.00	**.81**	.66	
自信5	.23	**.39**	.25	
固有値	4.24	2.81		
因子間相関				
第1因子	1.00	.21		
第2因子	.21	1.00		

両方の分析において重要性と自信に相当する因子を得た。なお，第 2 時

点におけるデータの因子分析の結果で，自信5の第2因子における因子負荷量が若干低いが，分析から除外しなければならないほど低いわけではなく，また，第1時点と同じ質問項目を用いた測定を行うため，この項目も以降の分析に含めることとした。

各因子でクロンバックのα係数を算出したところ，表8-11，表8-12にあるように，第1時点では重要性で.82，自信で.89，第2時点では重要性で.89，自信で.88であり，それぞれ内的整合性が充分に高いと判断した。そこで，各因子を下位尺度として，平均値を求め尺度得点とした。各時点おける尺度得点の平均値と標準偏差を表8-13に示す。

表 8-13 両時点における尺度得点の記述統計と t 検定の結果

	第1時点		第2時点		$t(103)$	
	M	SD	M	SD	t	p
重要性	5.81	0.71	5.76	0.94	0.57	.57
自信	4.32	1.06	4.25	1.10	0.86	.39

認識に変化があったのかどうか調べるために，全体傾向と個人の2つの水準で分析を行った。まず全体傾向として，平均値の水準での変化があったかどうか検討するために，有意水準5%で対応のある t 検定を行った。その結果，表8-13にあるとおり，重要性，自信ともに有意差は見られなかった。したがって，平均値の水準では変化があったとは言えないという結果であった。

次に，個人の水準で変化しているのかどうか調べるために，クラスター分析を行った。本研究では，重要性と自信のデータを別個に分析することとした。それは，重要性と自信を同時に分析にクラスター分析に投入した場合，結果が非常に複雑になり解釈が困難であったためである。よってここでは重要性と自信を別個に分析した結果を報告する。

まず，重要性のデータに対し，平方ユークリッド距離を用いたウォード法による分析を行い，図8-6のような結果を得た。ここから，結合距離の変化や結果として得られるクラスターの特徴を吟味してカッティングポイント（図8-6の点線部分）を決め，6クラスターに分類するのが適当と判断

した。各クラスターの人数，平均値，標準偏差を表 8-14 に，また，各クラスターの平均値のプロットを図 8-7 に示す。

また同様に自信のデータに対しても，平方ユークリッド距離を用いたウォード法によるクラスター分析を行った。その結果が図 8-8 である。カッティングポイントを結合距離の変化および結果として得られるクラスターの特徴を吟味した上で，図 8-8 の点線部分に決定し，7 クラスターに分類するのが適当と判断した。各クラスターの人数，平均値，標準偏差を表 8-15 に，また，各クラスターの平均値のプロットを図 8-9 に示す。

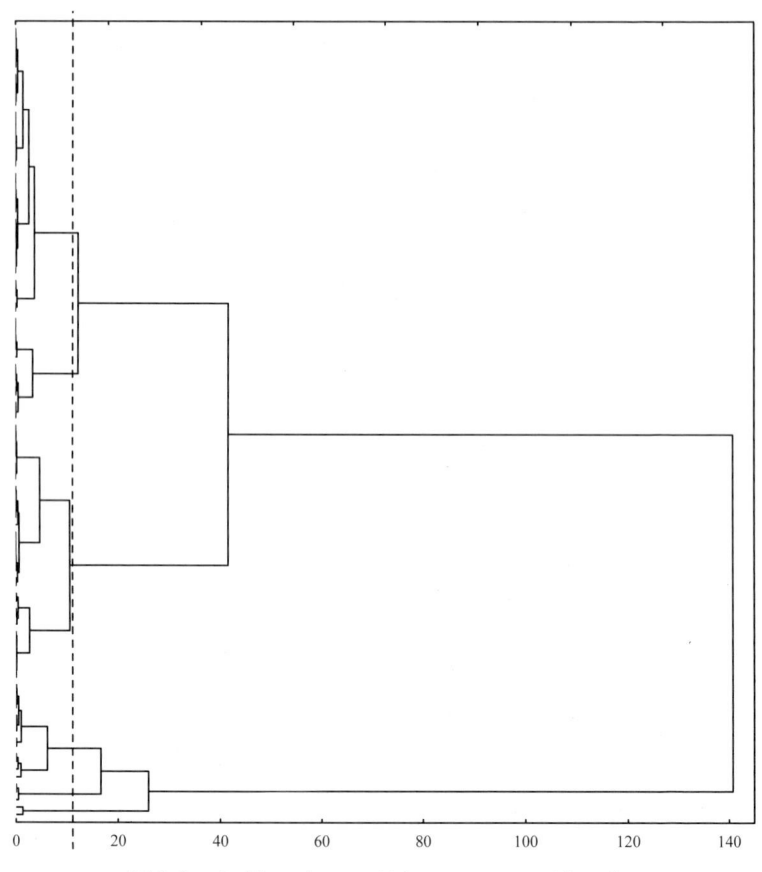

図 8-6 重要性のデータに対するクラスター分析の結果

表 8-14 各クラスターの人数，平均値，標準偏差（重要性）

クラスター	N	第1時点 M	第1時点 SD	第2時点 M	第2時点 SD
1	2	3.30	0.42	2.50	0.71
2	3	6.20	0.35	3.13	0.12
3	21	5.13	0.45	4.92	0.50
4	30	6.53	0.30	6.46	0.33
5	10	5.18	0.32	6.44	0.46
6	38	5.87	0.23	5.87	0.29

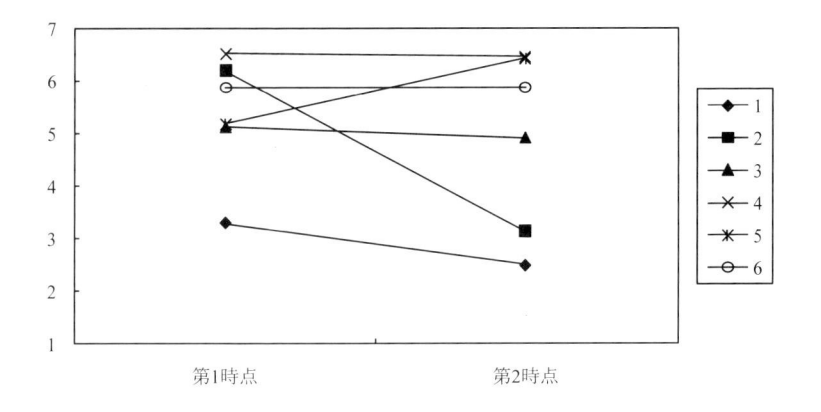

図 8-7 各クラスターの平均値のプロット（重要性）

なお，4.3 や 4.4 における分析では，クラスター分析の後に分散分析を行い，その結果を傾向の解釈に利用しているが，ここでは分散分析を行っていない。8.3 における分析と同じく，ここでのクラスター分析の目的は大まかな変化の傾向を知ることであり，クラスター間の差は分析の目的ではないこと，また，本分析においても属する人数が極端に少ないクラスター（クラスター1, 2）があるため，分散分析は行わなかった。

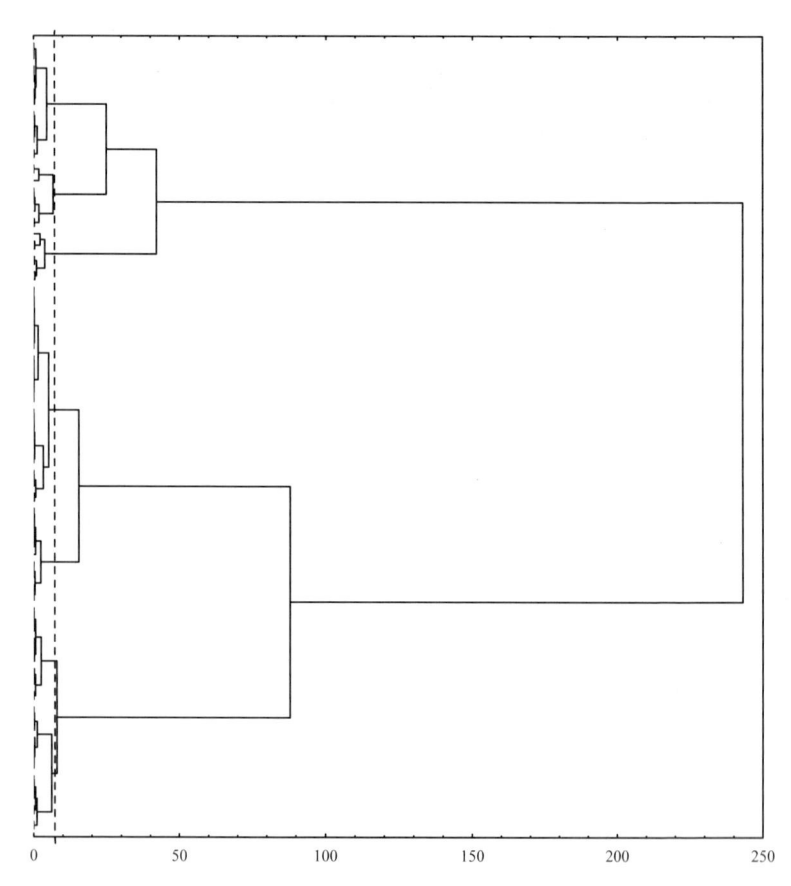

第三部　授業が学習者の動機づけに与える影響

図 8-8 自信のデータに対するクラスター分析の結果

表 8-15 各クラスターの人数，平均値，標準偏差（自信）

クラスター	N	第1時点 M	第1時点 SD	第2時点 M	第2時点 SD
1	30	5.49	0.44	5.41	0.45
2	13	4.82	0.29	3.78	0.30
3	3	2.73	0.64	5.13	0.23
4	29	4.20	0.27	4.48	0.38
5	7	2.09	0.62	2.03	0.52
6	10	3.40	0.42	3.76	0.31
7	12	3.62	0.25	2.80	0.38

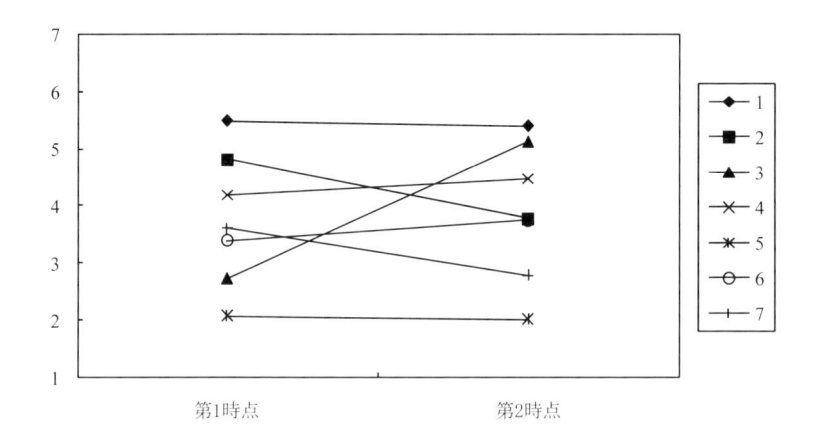

第8章　特性の変化—学習活動に対する認識—

図 8-9　各クラスターの平均値のプロット（自信）

　重要性の認識と自信の得点に対するクラスター分析により得られた各クラスターの特徴を見ると，変化が小さいクラスター，大幅に上昇するクラスター，大幅に下降するクラスターがあり，変化の傾向が一様ではないといえる。しかし，変化が小さいクラスターに属する学習者の得点を個別にみると，上昇するものや下降する者が混在していた。したがって，次のように個人ごとの得点の変化を分析した。

　個人の変化を検討するために，尺度得点を散布図に表した。重要性の認識の尺度得点の散布図を図8-10，自信の尺度得点の散布図を図8-11に示す。それぞれの図に斜線が引いてあるが，それは両時点で同一の尺度得点であることを示す。その直線よりも上に位置すれば得点が上昇したことを意味し，直線よりも下に位置すれば得点が低下したことを意味する。なお，同じ得点の者は同一の点にプロットされるため，図中の点の数は対象者の数よりも少なくなっている。

　図8-10や図8-11を見ると，重要性と自信のいずれでも，得点が上昇した者もいれば低下した者もいることが分かる。

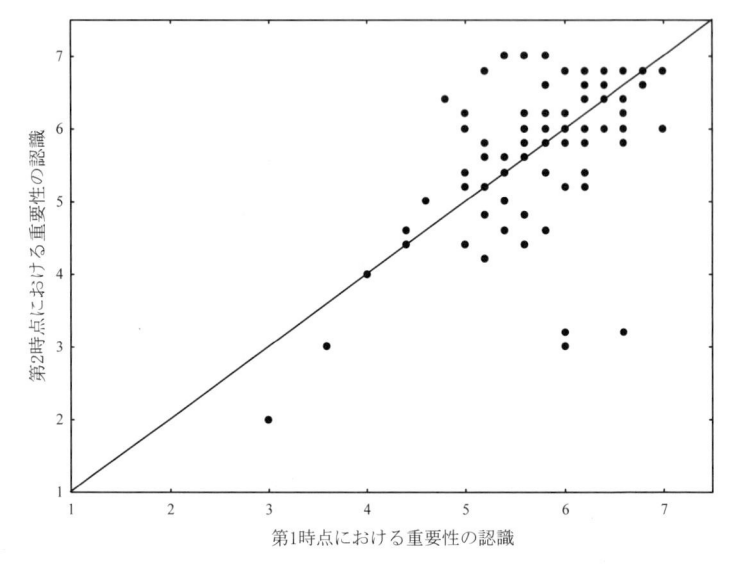

第三部 授業が学習者の動機づけに与える影響

図 8-10 第 1，第 2 時点における音読の重要性の認識の得点の散布図

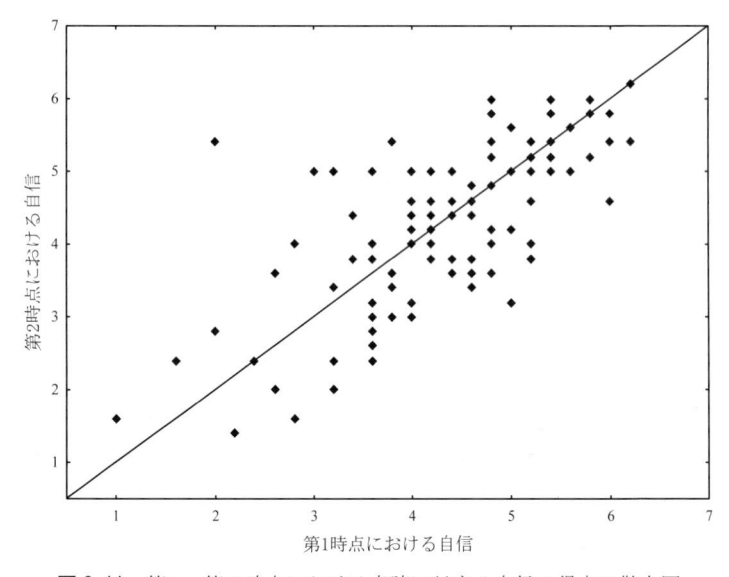

図 8-11 第 1，第 2 時点における音読に対する自信の得点の散布図

つづいて，個々人の時点間の得点の変化を求めた。まず，重要性の認識について検討したい。第2時点の尺度得点から第1時点の尺度得点を引き，第1時点から第2時点へかけての変化量を求めた。値が正ならば上昇したことを意味し，負ならば低下したことを意味する。このようにして求められた得点の変化を時点間でどのように変化したのかまとめると，第1時点から第2時点へかけて，得点が上昇した者は42名，下降した者は46名，変化しなかった者は16名であった。

自信についても同様の分析を行った。第1時点から第2時点へかけて得点が上昇した者は40名，下降した者は49名，変化しなかった者は15名であった。

8.4.6 考察

分析の結果について考察したい。まず，重要性と自信の両方において，t検定の結果平均値の差は有意でなかったことから，集団の全体傾向は変化したとは言えないという結果であった。しかし，その後のクラスター分析と個人の得点の変化の吟味の結果から，個人の水準では変化が起こっていたと言える。クラスター分析の結果得られた各クラスターの特徴を見ると，わずかに上昇または下降する変化を見せたクラスターや，それらよりも大幅な上昇や下降を見せたクラスターがあり，変化の大きさや方向性に個人差があることがうかがえた。

個人の得点の変化を散布図にした図8-10や図8-11を見ると分かるように，重要性と自信の両方において，得点が上昇した者と下降した者が同じ程度であった。このことから，分析の対象となった授業で行われた音読の指導方法が，一部の学習者にとっては有効的に働いたが，否定的に働いた学習者もほぼ同じ程度いたと考えられる。したがって，授業の効果がさほど上がっていなかったと言えるだろう。

このような結果になった原因を振り返って考えると，音読を行った際に明確なフィードバックが与えられなかったことが関係していると考えられる。音読の出来を学習者自身が判断することは難しく，的確にモニタリングができず，そのため音読の有効性を疑問視したり，自分の能力を低く見

積ったりすることにつながった可能性が推測される。自信の得点が低下した理由のひとつとして，実際に音読をした際の期待の見積（第5章の表5-1, 表5-2を参照）を見ると，全体的に期待の見積が低いことから，音読時にうまくできるという見込が持てないままに音読が繰り返されてしまったと考えられる。また，重要性の得点が低下した理由は，音読を行うことで英語の知識やスキルが身についたということを実感できなかったためではないかと考えられる。この授業では，学習事項の定着のために音読を行っていたが，音読を行うことで，語彙の学習が促進されたり，あるいは発音を覚えられたといった何らかの学習が起こったことを実感できる機会が与えられず，音読の効果について実感が持てるようなフィードバックが与えられていなかったことが原因ではないかと考えられる。

8.5 総合考察

教師は自らの経験と知識に基づき，重要だと思うことを授業の内容として取り上げ，有効と思われる授業方法を用いる。言い換えると，教師が授業の中で行うことは，教師の認識の表れであるとも言える。したがって，授業を行うということは，明示的であれ非明示的であれ，教師の認識を学習者に伝えていることになる。8.3における研究の対象となった授業では，教師が重要と思う文章構成を授業の中心的な内容とし，それについての指導と評価を行った。継続して授業を行うことで，文章構成は大事なものであるというメッセージを送っていたことになる。また，8.4における研究の対象となった授業では，音読の意義について明示的に説明している。本章における分析では，そのようなメッセージを受け取った学習者の認識はどのように変化するのか分析した。

文章構成の重要性の認識も，音読に関する認識も，学習時の認知的評価に関係があることが示されており，それらの認識が肯定的に変化することで認知的評価も肯定的に変化する可能性がある。したがって，授業を受けることでそれらの認識が肯定的な方向へ変化することが望まれる。

2つの研究の結果は，平均値の水準（つまり全体傾向）では変化したとは

言えず,劇的な変化があったわけではないが,個人の水準で見ると変化している者がいたことは事実である。しかしその変化は,認識が肯定的な方向へ変化する者もいれば否定的な方向へ変化する者もいたように,必ずしも授業者の意図する方向に変化するとは限らなかった。肯定的な変化は望ましいことではあるが,否定的な変化は教師にとって要注意である。また,低下傾向が 8.3 と 8.4 における両方の分析で見られたことも看過できない。この変化は学習意欲の低下につながる恐れがある。授業で重点的に行っていることについてその価値を認められない,またはできる自信がないという変化が起きていることは,長期的に学習を継続させることを困難にする可能性がある。

　結果の考察から,認識の変化に対する授業方法の影響が示唆された。8.3 における文章構成の認識の変化についての分析では,一斉指導と個別指導のどちらかでは肯定的な変化が起きたがもう一方では否定的な方向へ変化が起こったというパターンが多くの学習者で見られたように,ある指導方法は全ての学習者に対して効果的というわけではなく,学習者の適性によりその効果が変化するものと思われる。当該の学習者は,一方の指導方法では効果的に学ぶことができたが,もう一方の指導方法では効果的には学べず,成果を実感できなかったのではないかと推測される。また,8.4 における音読についての認識の変化に関する分析では,肯定的な方向へ変化した者も見られた一方で,それを若干上回る数の学習者が否定的な方向へ変化していることが分かった。この原因として,明確なフィードバックが与えられなかったため,学習成果を実感したり,自分のパフォーマンスを評価したりすることができず,認識が否定的な方向へ変化したのではないかと考えられた。このような考察を総合すると,学習者は授業を受け,そこで達成感や充実感を感じると,授業の内容や方法を受け入れるようになると考えられ,逆に達成感や充実感を感じられないことが続く場合,認識が否定的になるという可能性を示していると言える。

　また,特に文章構成の認識の分析で示唆されたように,あるひとつの指導方法がかならずしもすべての学習者にとって有効とは限らない。ひとつのクラスの中には多様なタイプの学習者が存在するため,授業方法を多様

化させて，様々なタイプの学習者が有効に学習できるようにする必要があると言える。

第9章 特性の変化
—英語でのスピーキングに対する抵抗感—

9.1 研究の目的

　英語のスピーキングの授業において，学習者のスピーキングに対する抵抗感を軽減することを目的のひとつとして指導を行った。その指導の前後で得られたデータを比較し，抵抗感が軽減されるのかどうか検討する[1]。

9.2 スピーキングの抵抗感を軽減させることの必要性

　英語の授業において，学習者に何らかの発話を英語でするように求めると，たとえ簡単なことであってもなかなか言葉を発しないことがある。この原因には様々なことが考えられるが，間違いを恐れることや，不完全な言語で話すことを恥ずかしいと感じるなど，英語で話すことに対して自信がなく，それにより抵抗感があって発話を妨げていると考えられる。学習者が積極的に発話を行わなければ授業は成功しない。積極的な発話を促すためには，この抵抗感を軽減することが不可欠である。また，抵抗感を軽減することは，授業を効果的に進める手段として重要なだけではなく，学習者の長期的な学習を支える動機づけを高めることを目指す場合は，教授目標としても重要であろう。
　英語で話すことに対して自信をつけ，抵抗感を軽減し，積極的な発話を促すことは教育上のニーズであるが，これを第二言語学習における動機づけ研究に位置付けると，Willingness to Communicate (以下，WTC)の枠組で論じることができる。WTC とは自発的にコミュニケーションを図る意思（八島，2003, 2004）であるが，2.4.4 で見たように，その意思に対して影響する要

---

[1] 本章の一部は，広島大学外国語教育研究センター紀要『広島外国語教育研究』10号(2007年)に掲載の「英語でのスピーキングに対する抵抗感の変化」に基づき，加筆・修正したものである。また，当該論文の執筆に当たっては，平成18年度広島大学研究支援金の補助を受けた。

因として自信(self-confidence)があり，その自信を構成する下位概念として，不安(anxietyまたはcommunication apprehension)がないことと，能力認知(perceived competence)が肯定的であることが挙げられている。WTC の研究では，不安と能力認知が WTC に対して影響することが示されている(MacIntyre, 1994; MacIntyre, Baker, Clement, & Donovan, 2002; Yashima, 2002; Yashima, Zenuk-Nishide, & Shimizu, 2004)。これを踏まえ，スピーキングに対する抵抗感を WTC の概念に位置付けると，学習者が英語によるスピーキングを避けることは WTC が低いことと言え，その原因に，不安が高いことと，英語でコミュニケーションを行う力がないと認知していることが考えられる。抵抗感を軽減するためには，不安を下げ，自分自身の能力の認知を肯定的にすることで，積極的にコミュニケーションを図ろうとする意思を育てることが必要であると言える。しかし，これまで第二言語学習における動機づけ研究では，Dörnyei (2001c)が指摘するように，学習者の自信を高めるという側面はあまり取り上げられていない。

　不安が低下することや自分の能力の捉え方が変化することのように，学習者の内面が変化するためには，学習者が自ら努力したことにおいて成功し，それに対して成就感や喜びを感じ，自信を深めることが必要と思われる(中村, 1983)。学習者に「自信を持ちなさい」と語っても，それで自信が持てるわけではない。実際に英語で話す活動を行い，それを通して自分も英語で話すことができるのだという実感をもち，達成感や成就感を味わうことで自信につながると考えられる。ただし，Horwitz, Horwitz, and Cope (1986)や Price (1991)が指摘するように，学習者は四技能のうちスピーキングにおいて最も不安を感じやすいと考えられるため，スピーキングに取り組ませることで学習者は強い抵抗感を感じるものと思われる。抵抗感を軽減するために抵抗感を感じる活動に取り組ませるというのは一見矛盾したようにも聞こえる。英語で話す機会を与えると，それにより抵抗感を感じ，その結果逆に抵抗感を高めてしまうことにつながる恐れがある。したがって，スピーキング活動を行いながら抵抗感を軽減することを目指すならば，学習者が英語を話す中で不安を感じないような工夫をしつつ，かつ自分の力で話してコミュニケーションができたというような成功経験を得やすい

ように，慎重に活動を設計・工夫する必要がある。

　本章における分析の対象となった授業では，第8章で指摘されたフィードバックの重要性に鑑みて，学習者が自身のパフォーマンスを肯定的に評価でき，成功経験を得られるような学習活動を授業に取り入れた。以下ではこの活動を取り入れる前後で学習者の抵抗感に変化があるのかどうか分析をした結果を報告する。

9.3　研究9：スピーキングに対する抵抗感の軽減（1）

9.3.1　研究の目的

　英語のスピーキングの授業において，スピーキングに対する抵抗感を軽減させる取組を行った前後で学習者のスピーキングに対する抵抗感を比較し，その取組によって抵抗感が軽減できたかどうか分析する。

9.3.2　対象者

　対象者は中国地方の大学に通う大学生で，経済学専攻の学生，および法学専攻の学生であった。大学の必修の授業として，英語のスピーキングの授業を週1回受講していた。調査対象となったクラスには29名の履修者がいたが，欠席によりデータに欠損のある者を除いた25名（男子14名，女子11名）を分析の対象とした。このクラスは1年生を対象としたクラスであるため，対象者のほとんど（23名）が1年生であるが，再履修により受講する2年生以上の者（2名）も含まれる。

　授業は4月から7月まで行われたが，抵抗感を軽減する取組は初めの4週間であった。対象者はこの授業の他に，リーディングを主とする英語の授業を週1回受講していた。この授業の担当者は，当該のスピーキングの授業の担当者とは異なる。

　対象者の英語力は，決して高いとは言えないという印象であった。彼らの英語力を示す客観的な指標は無いが，授業内での彼らの発話を観察すると，基本的な文法や語彙を使って文を作ることに困難を感じる者が多かった。

9.3.3 授業方法

調査対象となった授業では，抵抗感を軽減することを目的のひとつとして，SPM と呼ばれる指導法を取り入れた。SPM とは Sentences Per Minute の略で，Stephen Soresi 氏により考案された，スピーキングの流暢さを高めることを主な目的とした指導法である(Soresi, 2005)。この指導法は話すことの流暢さを高めることを主目的としているが，この活動は，学習者に英語を話すことへの自信をつけさせ，それにより抵抗感を軽減することにつながると考え，この指導方法を対象の授業で採用することとした。

SPM の基本的な手順は次の通りである。
① 学習者は向かい合って 2 列に並び，ペアを作る。指示がしやすいように列に名前をつける (ここでは 1 番, 2 番とする。他の名前でも良い)。
② 教授者は，話すテーマを決める。
③ 1 番が決められたテーマについて，30 秒英語で話す。その間，2 番は 1 番が発した文の数を数える。時間は教授者が測る。
④ 30 秒たったら話をやめる。2 番は 1 番に文の数を伝える。
⑤ 1 番と 2 番が役割交代し，2 番が 30 秒間話し，1 番が文数を数える。30 秒たったら止め，1 番は 2 番に文数を伝える。
⑥ どちらかの列が隣にひとり分移動して，ペアを変える。
⑦ 同じテーマで③〜⑥を数回繰り返す。その際,「前の回の文の数プラス 1」を目指すように指示する。

基本的な手順は以上であるが，この活動のバリエーションとして，相手が話したことを要約する summary task や，相手を説得する persuasion task も可能である。summary task は，上記の基本の手順を数回行った後に行うもので，1 番がテーマについて 30 秒話し，2 番は文数は数えずに，内容を記憶する。次に 2 番に 45 秒与え，1 番が話した内容を要約する。1 番が言った言葉そのものを使っても良いし，自分の言葉に置き換えても良い。それが終われば 1 番と 2 番が役割交代する。この活動では，相手が話した内容の何パーセントを要約できるかを見る。persuasion task は，各列が異なる立場から意見を述べ，相手を自分の立場に説得しようと試みる活動である。この活動では，予めそれぞれの列の立場を指定する。教授者が何らかのテ

ーマを設定し，例えば1番の列はそれに賛成の立場で意見を述べ，2番は反対の意見を述べる。SPMの基本の手順を数回行い，それぞれが意見を言えるようになったらpersuasionに移る。この段階では，まず1番が自分の意見（賛成意見）を30秒で述べる。続いて2番は，1番が2番の立場（反対意見）に気持ちが変わるように1番を説得する。時間は45秒から1分とる。終わったら役割交代し，2番が自分の意見を述べ，1番が説得を試みる[2]。

SPMが抵抗感の軽減に有効であると判断した理由は，この活動の基準設定の機能とフィードバックの機能にある。特に次の3点が重要であると考える。

基準の明瞭性

達成感は，学習者が自ら行ったことを振り返り，それが成功であったかどうか判断した結果と言える。学習者が自らのパフォーマンスを振り返り，それが成功であったか否か判断することは，なんらかの成功の基準があり，自分のパフォーマンスがそれに達していたかどうか判断していることと考えられる。この成功の基準は，同じ活動の中でも学習者間で一様ではないことがある[3]。例えば，スピーキングを行う場合，文法的に正確な文を作ることを基準に活動する者もいれば，正確さよりも言いたいことが伝わることを基準とする者もいるだろう。このように，何らかの活動を行う場合，学習者はそれぞれに異なる基準を取ることが予想される。

成功経験を得やすくするためにフィードバックを工夫するためには，教授者の意図が伝わりやすいように，学習者は共通の指標を基準にすることが必要になる。そのためには，言語教育の専門家ではない学習者にとっても分かりやすい指標であることが求められる。SPMでは文の数という分か

---

[2] SPM, Persuasion, Summaryの時間の長さは，テーマや学習者の能力に応じて変えることは可能であると思われる。

[3] これを示す研究については，付章において報告される分析を参照されたい。この分析では，リスニングの学習課題に取り組む際の学習者の意図を分析している。学習課題は英語を聴いておおまかな内容を理解することを目的としており，その目的は明示的に学習者に伝えられていたものの，全ての学習者がそのような意図を持っていたわけではなく，音声知覚の練習として取り組んでいたり，全ての内容を聞き取ろうとして取り組んだ者などが見られた。この結果は，教授側の意図と学習者側の意図は必ずしも一致するわけではないこと，また，学習者間でも意図が異なることを示している。

りやすい指標を基準とすることで，全員が同じ指標に基づいて活動することを可能にし，フィードバックの効果を高めることができる。

基準の個別性

　学習者が活動に取り組む中で成功経験を得て，達成感を感じられるようにするためには，難易度を学習者の能力に合わせることが求められる。しかし，学習者間には能力差があるため，同じ活動でも易しいと感じる者もいれば，難しいと感じる者もいる。したがって，同じ指標を基準に用いたとしても，全員が一律の基準に従うのでは，難しすぎて自信を失う者がいたり，易しすぎるために意欲が湧かないという者がいたりする可能性もある。学習者の個人差がある場合は，活動の難易度をどのように調整したとしても，全員に適した基準になることはほとんど無い。そのため，できるだけ多くの学習者が達成感を感じられるようにするには，個々の能力に合った適度な難易度の基準を設定することが求められる。

　SPMでは，自分が発した文数をもとにプラス1を目指すが，これが個人ごとに異なる基準を取ることを可能にしている。30秒話すという同じ活動を全員が行っているが，その中で，ある者は4文，ある者は7文というように，自分の能力に応じて異なる基準を設定することができる。また，プラス1を目指すという，実現できそうだと感じることができる範囲に目標を定めることで，がんばって文数を伸ばそうとする意図へつながると考えられる。

フィードバックの即時性

　学習者は，活動を行ってからすぐにフィードバックを与えられるほうが，時間が経ってから与えられるよりも自分のパフォーマンスを評価しやすいと思われる。SPMでは話した後にすぐに文数が分かるので，基準に達しているかどうかすぐに判断できるため，フィードバックの効果が高いと考えられる。

　以上の3つの理由から，SPMは学習者がスピーキングに対して成功経験

第9章 特性の変化―英語でのスピーキングに対する抵抗感―

を得ることを可能にし、そのため抵抗感の軽減に効果があるのではないかと考え、スピーキングの授業に取り入れることとした。本分析の対象となるスピーキングの授業は週1回ずつ約3ヶ月間行われたが、抵抗感を軽減することを目的とした授業は第4週目までであった。よってここでは、第1週目から第4週目までの取組の結果を報告する。各回の授業内容の概要は表9-1の通りである。

表9-1 授業内容の概要

第1週目	自己紹介
第2週目	SPM + Summary Task
	Topic 1: What did you do last night?
	Topic 2: What did you do this morning?
	Topic 3: What are you going to do tonight?
	＊各トピックでSPMを3セット。その後summary taskを1セット
第3週目	SPM + Summary Task
	Topic 1: Things you like
	Topic 2: Things you don't like
	Topic 3: What are you going to do during the *Golden Week*?
	＊各トピックでSPMを3セット。その後summary taskを1セット
第4週目	SPM + Persuasion Task
	Topic 1: Which restaurant would you like to go to with your classmates after this class, Italian or Chinese?
	Topic 2: Suppose you had dinner at an Italian restaurant. Which place would you like to go, *Izakaya* or *karaoke*?
	＊各トピックでSPMを3セット。その後persuasion taskを3セット

　第1週目では、スピーキングの抵抗感についての1回目のデータ収集を行った後、履修者同士で自己紹介を行った。これは、後々の授業でスピーキング活動を円滑に行うために、クラスメート同士で話しやすい雰囲気を作るためであった。対象者のほとんどは大学に入学したばかりで、周囲に知っている人がいない状況であったため、互いに顔見知りになる機会が必要であると判断した。自己紹介の方法は、SPMのように2列に並び、お互いに自己紹介したり、相手に質問する時間を設けた。1回を2分間に制限し、時間が来ると片方の列がひとり分移動し、ペアを変えてまた2分間話

すということを繰り返した。この自己紹介は英語で行った。予め相手に聞きたいことを学習者から引き出し，英語の表現をリストアップして板書しておき，学習者は必要な時にいつでもそれを見て話すことができるようにした。

　第2週目から第4週目でSPMを取り入れた活動を行った。第2週目と第3週目でSPMの基本の手順を1つのトピックにつき3セット行い，あわせてsummary taskを1セット行った。第4週目では，各トピックでSPMを3セット行った後で，persuasion taskを3セット行った。

　SPMのセット間には，学習者がSPMの目的に沿って活動できるように，いろいろな指示を交えた。例えば，この活動では文法的に正確に話すことは目的としていないので間違えても良いことや，言いたいことを英語でどう言えば良いのか分からない時は，日本語に対応する英語を探すのではなく，言いたいことをいろいろな文を使って説明をするとよい，といったことや，他の人の文数は気にせずに自分の文数を伸ばすことに集中することなどを指示した。

　なお5週目以降は，グループでの会話やプレゼンテーションなどを行った。これらの活動は一対一の会話よりも緊張を強いると考えられるが，そういった活動をスムーズに実行するために，スピーキングに対する抵抗感をできるだけ低め，またこの授業は英語で話す場であるということを学生に認識させ，積極的に英語で話す雰囲気を作ることを意図して，第4週目までSPMなどの活動を行った。

9.3.4　データ収集

　スピーキングへの抵抗感のデータは質問紙により収集された。WTC研究や不安の研究で用いられる質問紙は，コミュニケーション全般や英語学習全般を測定対象としているが，本分析では分析の対象がスピーキング活動に限定されるため，それらの質問紙は適さない。そのため，本分析で対象となる活動に合う項目を作成した。前述のようにこれまでのWTC研究で，不安と能力認知がWTCに影響するという結果が得られていることを踏まえて，本分析では英語でのスピーキングに対する抵抗感を，不安が高いこ

第9章 特性の変化―英語でのスピーキングに対する抵抗感―

と，能力認知が低いこと，WTCが低く話すことを避けようとすることの複合と考え，その一連のプロセスを測定対象とした。そして，能力認知についての項目（項目1），不安についての項目（項目2〜4），話すことを避ける傾向についての項目（項目5）を作成した。本分析ではこれらの項目の得点を総合して抵抗感の得点とする。項目の詳細は表9-2を参照されたい。対象者はこれらの項目の内容が自分にどの程度当てはまるか，7段階で答えた（7：とてもよく当てはまる，6：だいたい当てはまる，5：どちらかと言えば当てはまる，4：どちらでもない，3：どちらかと言えば当てはまらない，2：あまり当てはまらない，1：まったく当てはまらない）。値が高いほど，スピーキングへの抵抗感が強いことを示す。なお，第二言語でのWTC研究では，MacIntyre, Clément, Dörnyei, and Noels (1998)は特定状況下でコミュニケーションを図る意図としてWTCを概念化しており，状態としての水準での概念であるが，本分析では英語で話すことに対する抵抗感を傾向性として測定し，学習者の特性として扱う。

表9-2　質問項目

1.	私は，英語で話してコミュニケーションをとれる自信がありません
2.	私は，人と英語で話す時は緊張します
3.	私は，人と英語で話すことは恥ずかしいです
4.	私は，人と英語で話す時，どきどきします
5.	私はできれば人と英語で話したくありません

　データ収集は，第1週目の授業の始め，つまり自己紹介の活動の前に取組前の抵抗感のデータ（第1時点）を収集し，第4週目の授業の終わり，つまりSPMとpersuasion taskの終了後に取組後の抵抗感のデータ（第2時点）を収集した。いずれも授業時間中に質問紙の配布と回答を行った。対象者には予めこのデータは授業の成績には関係が無いことを告げ，自分が思っていることを正直に回答するように伝えた。記入には充分な時間を与え，全員の記入が終わったことを確認してから回収した。

9.3.5 分析方法

まず，5項目の内的整合性を検討し，5項目の平均値をもって抵抗感の尺度得点とする。内的整合性の検討にはクロンバックのα係数を用いる。対象者数が少ないため，因子分析は行わなかった。

続いて，抵抗感の変化の分析を行うが，2つの水準で変化を分析する。まず，平均値の水準での変化を調べるために，対応のあるt検定を行う。あわせて，個人の水準で変化があるのかどうか検討するために，個人ごとの値の変化を検討するが，一人一人のデータを吟味するだけでは変化の傾向がつかめないので，クラスター分析を援用する。

9.3.6 結果

各時点での項目ごとの記述統計を表9-3に示す。また，第1時点における項目間の相関とクロンバックのα係数の値を表9-4，同様に第2時点については表9-5に示す。

表9-3 第1時点，および第2時点における各項目の記述統計

項目番号	第1時点 M	第1時点 SD	第2時点 M	第2時点 SD
1	6.12	1.09	5.20	1.44
2	6.12	1.20	5.08	1.38
3	5.08	1.63	3.96	1.65
4	5.64	1.35	4.44	1.66
5	3.80	2.12	3.76	1.92

表9-4 第1時点における項目間の相関とクロンバックα

	項目番号	1	2	3	4	5	α
項目番号	1	1.00					
	2	.37	1.00				
	3	.63	.63	1.00			.82
	4	.54	.82	.88	1.00		
	5	.50	.26	.41	.38	1.00	

表 9-5　第 2 時点における項目間の相関とクロンバック α

		項目番号					α
		1	2	3	4	5	
項目番号	1	1.00					
	2	.64	1.00				
	3	.86	.53	1.00			.89
	4	.71	.84	.71	1.00		
	5	.59	.35	.70	.50	1.00	

　内的整合性の指標であるクロンバックの α 係数は，第 1 時点では.82，第 2 時点では.89 という値が得られ，これらの値から両時点のデータともに内的整合性が充分に高いと判断した。それにより，各時点で 5 項目の平均値を算出して尺度得点を求め，これを抵抗感の得点とした。
　次に，平均値の水準での変化を調べるために，抵抗感の得点を用いて対応のある t 検定を行った。有意水準を 5%に設定して分析をした結果，平均値の差は有意であった。2 時点における抵抗感の得点の記述統計，および t 検定の結果は表 9-6 の通りである。

表 9-6　両時点における抵抗感得点の記述統計と t 検定の結果

	M	SD	$t(24)$	p
第1時点	5.35	1.17	4.01	.00
第2時点	4.49	1.36		

　続いて，個人の水準での変化を調べるために，クラスター分析を行った。第 1，第 2 時点の尺度得点を標準化し，平方ユークリッド距離を用いたウォード法によるクラスター分析に投入した。その結果，図 9-1 のような結果を得た。そして，結合距離の変化および得られるクラスターの特徴を吟味して，5 クラスターに分類するのが適当と判断し，図 9-1 の点線で示されるところにカッティングポイントを定めた。このようにして分けられたそれぞれのクラスターの記述統計を表 9-7 に示す。また，各クラスターの平均値をプロットしたものが図 9-2 である。

なお，5.3や5.4における分析では，クラスター分析の後に分散分析を行い，その結果を傾向の解釈に利用しているが，本分析においては，第8章における分析と同様に大まかな変化の傾向を知ることが目的であり，クラスター間の差は分析の目的ではないこと，また，クラスターに属する人数が極端に少ないため，分散分析は行わなかった。

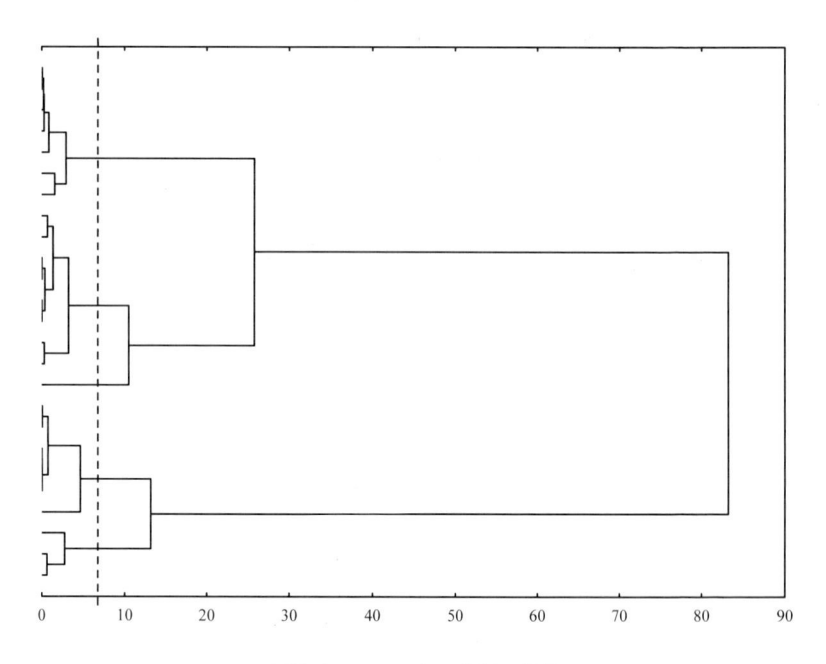

図 9-1 クラスター分析の結果

表 9-7 各クラスターの記述統計

クラスター	N	第1時点 M	第1時点 SD	第2時点 M	第2時点 SD
1	7	6.51	0.47	6.09	0.53
2	8	5.58	0.45	4.68	0.49
3	1	3.20	---	5.20	---
4	6	5.03	0.71	3.27	0.24
5	3	3.40	0.69	2.47	0.61

第9章 特性の変化—英語でのスピーキングに対する抵抗感—

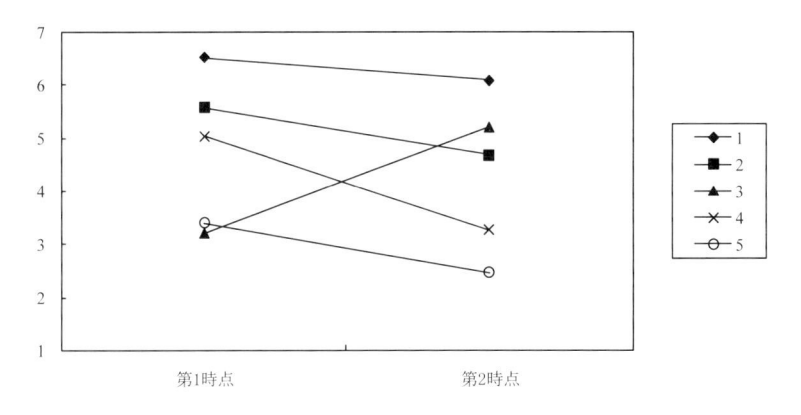

図 9-2 クラスターごとの平均値のプロット

　図 9-2 を見ると，クラスター1 のように第 1 時点での抵抗感が非常に強いクラスター，クラスター2, 4 のように第 1 時点で抵抗感がやや強いクラスター，クラスター5 のように第 1 時点で抵抗感が弱いクラスターがあり，それらが第 2 時点へかけて低下していることがうかがえる。このように，全体的に第 2 時点へかけて抵抗感が軽減されている傾向がある。しかし，クラスター3 のように，もともと抵抗感が低かったが，第 2 時点へかけて抵抗感が増した者もいることが分かる。

　つづいて，個人ごとの得点の変化を吟味するために，第 1 時点と第 2 時点における尺度得点を散布図に表した（図 9-3）。横軸は第 1 時点での抵抗感の尺度得点，縦軸は第 2 時点における尺度得点を表す。図中の斜線は，両時点で得点が同じであることを示す。その直線よりも上にある場合は抵抗感が増したことを意味し，逆に直線よりも下にある場合は，抵抗感が低下したことを示す。

　各個人の変化の方向性を調べると，抵抗感が軽減したと解釈された者は 19 名(76%)，変化しなかったと解釈された者は 1 名(4%)，抵抗感が増したと解釈された者は 5 名(20%)であった。

229

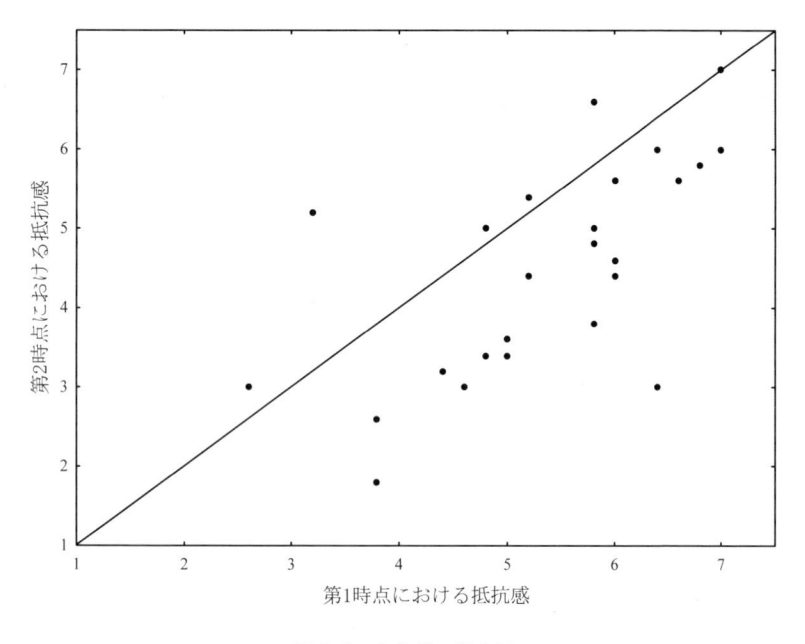

図 9-3 変化量の散布図

9.3.7 考察

　以上の結果を基に，抵抗感の変化について考察したい。t 検定の結果が有意であったことから，集団全体の傾向として抵抗感の軽減が見られたと言える。

　そして，個人の水準での変化の分析として，まずクラスター分析の結果を見てみると，第 1 時点で抵抗感が高かったクラスター1，やや抵抗感が高いクラスター2, 4，抵抗感をあまり感じていなかったクラスター5 が，第 2 時点へかけて抵抗感が軽減している傾向にあることが分かる。このように，当初の抵抗感の強さにかかわらず多くの学習者において抵抗感の軽減が見られたことは非常に意義深い。また，個人ごとに第 1 時点から第 2 時点へかけての値の変化を検討した結果，抵抗感が軽減したと解釈される者が 25 名中 19 名であり，これは全体の 76%を占める。これらの結果からも，多くの学習者でスピーキングに対する抵抗感の軽減が見られたと言える。

また，この変化が，比較的短期間に起こったことも注目に値する。調査期間は授業4回分であったが，このような短期間で抵抗感の軽減が見られたことは，学習者研究の上だけでなく，授業実践の成果としても重要であると考えられる。

　ただし，多くが抵抗感の軽減を見せた中で，変化しなかった者と，逆に増大した者がいることを忘れてはならない。取組が全ての学習者に有効であったわけではなく，一部の学習者にとっては効果が無かった，または逆効果であったことを示している。

　また，本分析ではSPMを取り入れた活動の結果，抵抗感が軽減されるかどうか検討したが，他の教授方法との対照実験を行ったわけではないため，本分析の結果だけをもって，抵抗感の軽減はSPMによるものとは結論づけられない。また，フィードバックの機能に注目してSPMの活動を導入したが，その機能が発揮されるのはSPMの基本の手順のところのみである。対象となった授業ではそれ以外に，summary task と persuasion task を行い，また初回の授業では自己紹介を英語で行う活動も行っている。そのため，本分析の結果のみでは，抵抗感の軽減を促した要因は何であるかということについては，断定的なことは言えない。これらは本分析の限界である。

　もう一点の限界は，第2時点における抵抗感の測定が，SPMを交えた活動の直後に行われたことである。本分析では特定状況下での活動における抵抗感を測定するのではなく，傾向性としての抵抗感を測定することを目的としていた。しかし，本分析では，第2時点における抵抗感の測定がその日の授業活動の直後に行われたため，第2時点における抵抗感のデータが，その日の授業で感じた抵抗感に影響を受けている可能性がある。したがって，より正確な測定を行うためには，授業活動と測定の時間をあけることが求められよう。

9.4 研究10：スピーキングに対する抵抗感の軽減（2）

　9.3において報告された授業事例では，SPMの基準設定の効果やフィードバックの効果によりスピーキングに対する抵抗感が軽減されるのではな

いかと考えられたため，それを実践し，指導後に抵抗感が多くの学習者で軽減されたという結果を得た。しかし，9.3における授業では，自己紹介を行ったり，SPMのほかにsummary taskやpersuasion taskを行っていたため，指導の効果が交絡している可能性がある。そこで本節では，ある英語の授業においてSPMのみを行った結果，抵抗感がどのように変化するのか分析する。

9.4.1 目的

本分析では，英語の授業において3週間SPMを行い，その前後でスピーキングに対する抵抗感が変化するかどうか分析する。SPMだけを行うので，summary taskやpersuasion taskは行わない。

9.4.2 対象者

対象者は中国地方の大学に通う大学生で，物理，数学，化学，生物学分野を専攻する大学生であった。調査対象となったクラスは2年生を対象とした選択必修の授業であった。この大学では，2年次には6種類の授業の中から2つを選んで履修する。対象の授業はそのひとつであった。

この授業はライティングのスキルを伸ばすことが主目的であったが，指導方法に多くのスピーキング活動を含んでいた。ライティングはことばを産出するスキルであるので，時間制限を設けた産出活動としてスピーキングを取り入れ，それらを基にライティングの活動を行っていた。そのためこの授業では学生は積極的に話すことが求められていた。このような理由から，この授業においてもスピーキングに対する抵抗感の軽減は，授業を効果的に行うために必要なことと考えられた。

調査対象となったクラスには39名の履修者がいたが，欠席によりデータに欠損のある者を除いた28名（男子19名，女子9名）を分析の対象とした。このクラスは2年生を対象としたクラスであるため，対象者の全員が2年生である。対象者はこの授業の他には英語の授業は受講していない。

対象者の英語力に関する客観的な指標は無いが，授業内での彼らの発話を観察すると，基本的な文法や語彙を使って文を作ることに困難を感じる

者が多かったため，高い英語力は有していないと思われた。

9.4.3 授業方法

前述のようにこの授業ではライティングのスキル向上が主目的であり，パラグラフの構造などに関する指導なども行われたが，学生が産出した作文を基に指導するため，作文の前の活動として，スピーキングによる産出活動を行った。そのため，本授業においても抵抗感を軽減して積極的な発話を促すことが必要と思われ，授業の初回から3週間SPMを用いた活動が行われた（SPMの本来の機能である，文をできるだけ多く産出することにより流暢さを高めるということも目的としていた）。

この授業では9.3で報告された授業とは異なり，自己紹介, summary task, persuasion taskは行わなかった。自己紹介を行わなかったのは，受講者は2年生で同じ学部に属する者が多く，すでに顔見知りが多かったためである。summary taskとpersuasion taskを行わなかったのは，この授業はライティングを目的としており，スピーキングによるインタラクションには比重を置いていないためである。また，トピックの選定がsummary taskやpersuasion taskになじまないものも含まれたことも理由のひとつである。

表9-8は，授業の概要である。授業の第1週目から第3週目でSPMの活動を行った。なお祝日により，第1週目と第2週目の間隔は2週間あった。徐々にテーマの難易度を上げていき，第3週目では説明することを活動のテーマにし，表9-8に挙げられるものについて説明するという活動を行った。なお第3週までの授業ではSPMによるスピーキングの活動のみを行い，ライティングの活動は行っていない。ライティングの活動を行ったのは第4週目以降であった。

SPMのセット間には，学習者がSPMの目的に沿って活動できるように，いろいろな指示を交えた。例えば，この活動では文法的に正確に話すことは目的としていないので間違えても良いことや，言いたいことを英語でどう言えば良いのか分からない時は，日本語に対応する英語を探すのではなく，言いたいことをいろいろな文を使って説明をするとよい，といったことや，他の人の文数は気にせずに自分の文数を伸ばすことに集中すること

などを指示した。

表 9-8 授業の概要

第1週目	SPM
	Topic 1: What did you do last night?
	Topic 2: What did you do this morning?
	Topic 3: What are you going to do after this class?
	＊各トピックでSPMを3セット行う
第2週目	SPM
	Topic 1: What you did in the last two weeks
	Topic 2: Things you like
	Topic 3: Things you don't like
	＊各トピックでSPMを3セット行う
第3週目	SPM
	Topic 1: Convenience store
	Topic 2: Automobile
	Topic 3: Personal computer
	＊各トピックでSPMを3セット行う

9.4.4 データ収集

　データは質問紙により収集された。9.3における分析で使用されたものと同じ質問項目を使用した。第1週目の活動を行う前に第1時点のデータ収集を行った。第2時点でのデータ収集は，第4週目の授業の開始時に行った。SPMの活動は第3週目までであるので，活動が終了してから1週間の間隔がある。このようにした理由は，9.3での分析で指摘されたように，授業の直後に質問紙を実施すると，その日に行った活動に対してどう思ったかということが影響する可能性が考えられたため，活動から測定までの時間を空けることでその影響を排除し，英語でのスピーキング全般を振り返られるようにしたためである。

　質問紙の配布，回答は授業時間内に行った。対象者には予めこのデータは授業の成績には関係が無いことを告げ，自分が思っていることを正直に回答するように伝えた。また，記入には十分な時間を取り，全員の記入が終わったことを確認してから回収した。

9.4.5 分析方法

本分析でも 9.3 と同じ分析方法を用いる。まず，5 項目の内的整合性を検討し，5 項目の平均値をもって抵抗感の尺度得点とする。内的整合性の検討にはクロンバックの α 係数を用いる。対象者数が少ないため，因子分析は行わなかった。

続いて，抵抗感の変化の分析を行うが，2 つの水準で変化を分析する。まず，平均値の水準での変化を調べるために，対応のある t 検定を行う。あわせて，個人の水準で変化があるのかどうか検討するために，個人ごとの値の変化を検討するが，一人一人のデータを吟味するだけでは変化の傾向がつかめないので，クラスター分析を援用する。

9.4.6 結果

各時点での各項目の記述統計を表 9-9 に示す。また，第 1 時点における項目間の相関とクロンバックの α 係数の値を表 9-10，同様に第 2 時点については表 9-11 に示す。

表 9-9 第 1 時点，および第 2 時点における各項目の記述統計

項目番号	第1時点 M	SD	第2時点 M	SD
1	5.86	1.38	5.29	1.44
2	6.18	1.28	5.07	1.41
3	4.68	1.83	4.32	1.66
4	5.61	1.62	5.04	1.71
5	4.39	1.77	4.36	1.77

表 9-10 第 1 時点における項目間の相関とクロンバック α

		1	2	3	4	5	α
項目番号	1	1.00					
	2	.56	1.00				
	3	.32	.55	1.00			.81
	4	.41	.86	.49	1.00		
	5	.54	.52	.26	.33	1.00	

第三部　授業が学習者の動機づけに与える影響

表 9-11　第 2 時点における項目間の相関とクロンバック α

項目番号	1	2	3	4	5	α
1	1.00					
2	.48	1.00				
3	.41	.77	1.00			.80
4	.37	.83	.73	1.00		
5	.56	.24	.26	.03	1.00	

　表 9-11 を見ると，項目 5 と項目 4 の相関が非常に低いが，これらの項目も含めて以降の分析を行うこととした。その理由は 3 点ある。1 点目は，これらの項目を削除すると，内容的妥当性が損なわれるためである。この分析では WTC 研究に基づき，英語で話すことの抵抗感を，不安，能力認知，英語で話すことを避ける傾向の複合として測定・分析を行う。そのため，これらの項目を削除すると，測定しようとする概念の内容が，理論的に導かれる抵抗感の概念と異なることとなる。2 点目の理由は，項目 4, 5 は他の項目とは相関があるため，これら 2 項目を分析から除外することで情報が損失されることを避けるためである。3 点目に，両時点で同じ項目を用いて測定を行う必要性があることや，9.3 における分析と同じ測定方法を用いることで，結果の比較ができるようにするためである。

　内的整合性の指標であるクロンバックの α 係数は，第 1 時点では.81，第 2 時点では.80 という値が得られ，これらの値から両時点のデータともに内的整合性が充分に高いと判断された。そして，各時点で 5 項目の平均値を算出して尺度得点を求め，これを抵抗感の得点とした。このようにして求められた抵抗感得点の各時点での平均値と標準偏差は，表 9-12 のとおりである。

表 9-12　両時点における抵抗感得点の記述統計と t 検定の結果

	M	SD	t(27)	p
第1時点	5.34	1.19	3.48	.00
第2時点	4.81	1.20		

第9章 特性の変化—英語でのスピーキングに対する抵抗感—

　次に，平均値の水準での変化を調べるために，両時点の抵抗感の得点を用いて，対応のあるt検定を行った。有意水準を5%に設定して分析をした結果，表9-12に示されるように、平均値の差は有意であった。
　続いて，個人の水準での変化を調べるために，クラスター分析を行った。第1，第2時点の尺度得点を標準化し，平方ユークリッド距離を用いたウォード法によるクラスター分析に投入した。その結果，図9-4のような結果を得た。結合距離の変化，および得られるクラスターの特徴を吟味して，3クラスターに分類するのが適当と判断し，図9-4の点線で示されるところにカッティングポイントを定めた。

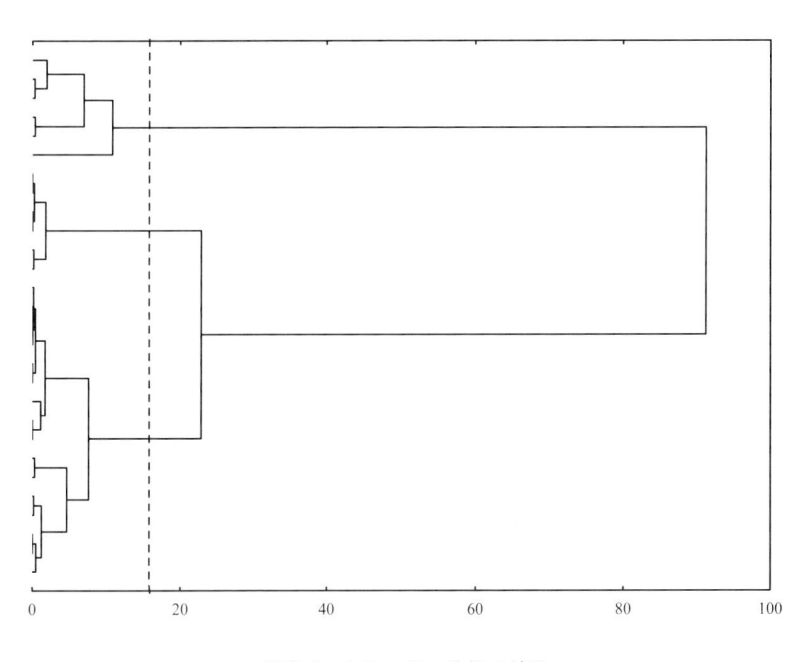

図 9-4 クラスター分析の結果

　このようにして得られたクラスターの記述統計を表9-13に示す。また，それぞれのクラスターの平均値をプロットしたものが図9-5である。

なお，本分析においても，第8章および9.3における分析と同様に大まかな変化の傾向を知ることを目的としてクラスター分析を行っており，クラスター間の差は分析の目的ではないため，分散分析は行わなかった。

表 9-13 各クラスターの記述統計

クラスター	N	第1時点 M	第1時点 SD	第2時点 M	第2時点 SD
1	6	3.63	1.26	3.07	0.67
2	6	6.47	0.30	6.27	0.37
3	16	5.56	0.53	4.93	0.57

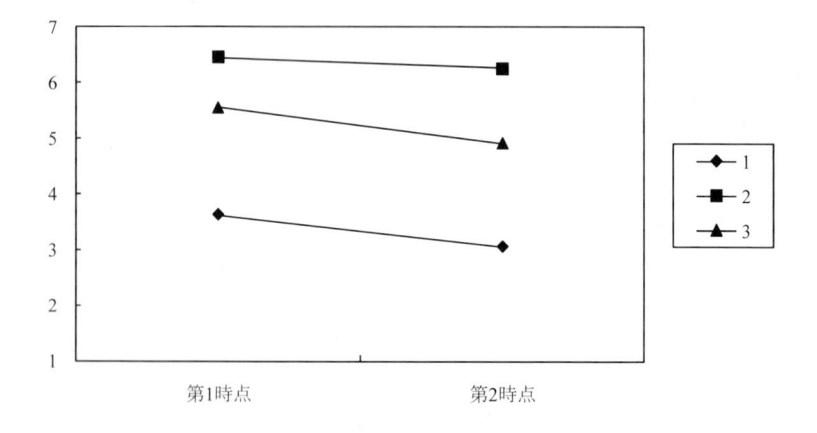

図 9-5 クラスターごとの平均値のプロット

図9-5を見ると，第1時点において，抵抗感が非常に強い群（第2クラスター），抵抗感がやや強い群（第3クラスター），さほど抵抗感を感じていない群（第1クラスター）があることが分かる。そして，抵抗感が非常に強い第2クラスターの変化は小さいものの，第2時点へかけて低下している傾向が見られる。また，他の2群も低下する傾向が見られる。しかし，個人ごとに得点の変化を見ると，中には上昇している者もいたため，クラスター分析と合わせて，個人ごとの得点の変化を吟味することとした。

そのために，第1時点と第2時点における尺度得点を散布図に表した(図9-6)。横軸は第1時点での抵抗感の尺度得点，縦軸は第2時点における尺度得点を表す。なお，同じ得点の者は同一の点にプロットされるため，図中の点の数は対象者の数よりも少なくなっている。図中の斜線は，両時点で得点が同じであることを示す。その直線よりも上にある場合は抵抗感が増したことを意味し，逆に直線よりも下にある場合は，抵抗感が軽減されたことを示す。その結果，抵抗感が軽減したと解釈された者は18名(64%)，変化しなかったと解釈された者は5名(18%)，抵抗感が増したと解釈された者は5名(18%)であった。

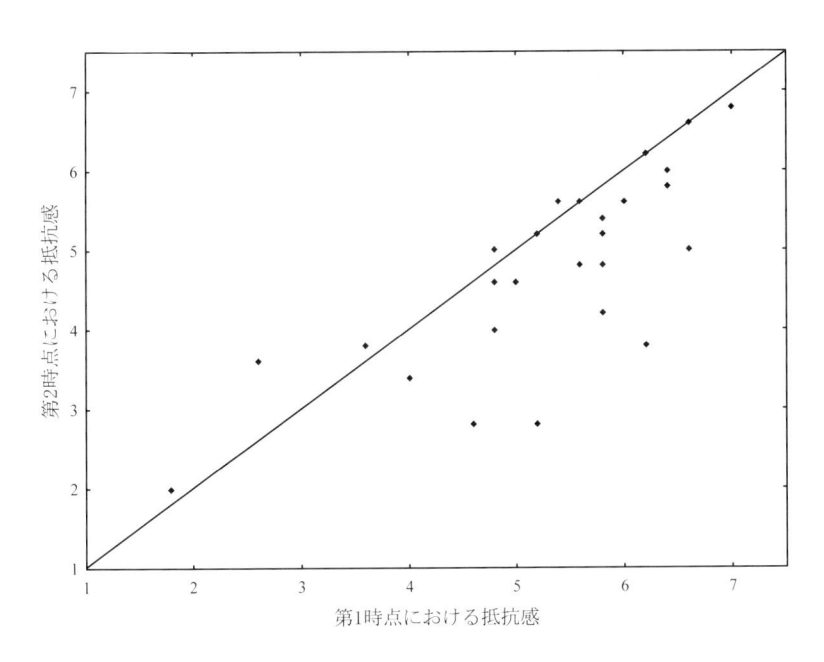

図 9-6 第1，第2時点における尺度得点の散布図

9.4.7 考察

まず，t 検定の結果が有意であったことから，全体傾向の水準でスピーキングに対する抵抗感が低下したことが分かる。続いて行われたクラスタ

一分析では3クラスターが得られたが，第1時点において抵抗感が非常に強かった第2クラスター，やや抵抗感が強かった第3クラスター，あまり抵抗を感じていなかった第1クラスターがあり，いずれのクラスターも第2時点へかけて抵抗感が軽減されている傾向にあると考えられる。また，個人ごとに尺度得点の変化を吟味すると，64%の者で抵抗感が軽減されたという結果であった。このような結果から，SPMのみを行った場合でも，多くの学習者で抵抗感を軽減することができたと言えよう。ただし，9.3における分析の結果と同じように，抵抗感が下がった者が多かった一方で，変化しなかった者や逆に抵抗感が増した者がいたことから，全員に対して有効であったとは言えないことに留意する必要がある。

9.5 総合考察

英語の授業では何らかの形で学習者に英語で話すことを求める機会がある。したがって，学習者が感じるスピーキングに対する抵抗感を軽減することは，学習者の積極的な発話を促し授業を成功させるために不可欠であろう。本章ではそのための方法としてSPMを取り入れた授業の結果について分析を行った。

9.3において，実際に授業でSPMを取り入れた活動を行い，その前後で抵抗感が軽減されるかどうか分析した。平均値の差の検定の結果有意差がみられ，全体傾向として変化があり，抵抗感が軽減されたという結果が得られた。また，個人ごとに抵抗感の変化を見ると，多くの者で軽減されたことがわかった。

この結果は授業実践としては成功と言えるだろう。しかし，抵抗感を軽減することを目的としてその機能に注目してSPMを実施したが，授業ではSPM以外にも自己紹介の活動やsummary task, persuasion taskも含んでいるため，指導の効果が交絡している可能性があり，SPMの効果だけを抽出することができなかった。また，もうひとつの問題点として，第2時点における抵抗感の測定が，SPMを交えた活動の直後に行われたため，そこで得られるデータが，その日の活動に対してどう思ったかということに影響さ

れた可能性があることが考えられた。

9.4における分析では，SPMのみを行った結果抵抗感がどのように変化するのか分析した。この授業では，授業の目的から summary task と persuasion task は行わず，また，受講者がすでに顔見知りであったため自己紹介の活動も行わなかった。また，9.3における分析の反省を踏まえ，第2時点のデータ収集は，最後に SPM を行った授業の翌週に行った。

9.4における分析でも，平均値の差の検定で有意差が見られ，全体傾向の水準で抵抗感に変化があったことが示された。また，個人ごとの得点の変化を調べると，多くの者で抵抗感の軽減が見られた。このことから，SPMのみを用いた活動でも抵抗感を軽減させることができたと言える。

この2つの分析結果を見ると，SPMを取り入れた活動を行うことで，多くの学習者でスピーキングに対する抵抗感の軽減が見られ，指導の効果があったと言えよう。また，この効果が短期間のうちに起こったということも意義があると考えられる。9.3では4回の授業，9.4では3回の授業で報告されたような結果が得られた。このように短期間で望ましい変化が生じたことは，授業実践の効果として意義があると考えられる。

ただし，この抵抗感の軽減は SPM による効果と結論付けることには慎重になる必要がある。これら2つの分析では，SPM を含む活動と他の活動での対照実験を行ったわけではない。そのため，SPM を含む活動を行った結果抵抗感が軽減されたことは事実であるが，抵抗感の軽減は果たして SPM による効果かどうか立証されたわけではない。例えば可能な解釈として，SPM の活動を行うことで，その基準の操作やフィードバックの機能よりも，話す経験が増えることにより自信がつき，それにより抵抗感が軽減したという可能性も考えられる。こういった因果関係を特定するためには対照実験が不可欠であるが，ここで報告された2つの分析ではそれを行っていないため，因果関係について断定的なことは言えない。

ただし，話す経験が増えると自信がつくという解釈は可能であるが，では単に話す経験だけさせれば抵抗感が軽減するかと考えると，必ずしもそうではないと思われる。Horwitz, Horwitz, and Cope (1986) や Price (1991) が指摘するように，英語でのスピーキングは四技能の中でも特に不安を感じや

すい活動であると思われ，そのような不安を感じる活動を繰り返していると，逆に抵抗感が増す可能性がある。また，8.4における分析で，音読に対する認識が否定的に変化した者が多かったことを報告した。これは，単に学習者を活動に従事させるだけでは肯定的な変化を導くことは難しく，否定的な方向に働くこともあることを示唆している。否定的に変化した者が多かったのは，フィードバックが充分に与えられず，学習者が自ら行っていることが学習に結びついているのかどうか実感することができなかったことが原因ではないかと考えられた。したがって，学習者の特性に肯定的な変化が起こるためには，活動の中で学習が進んだことを実感したり，成功経験を得たりすることが必要であると考えられる。このような考察を踏まえると，本章における分析で肯定的な変化を見せた学習者が多かったことは，断定はできないものの，SPMの基準設定やフィードバックの機能により学習者は成功経験を得やすく，その効果により抵抗感が軽減されたのではないかと推測される。

　このようにSPMはスピーキングに対する学習者の自信を伸長し，抵抗感を軽減するのに有効な指導方法だと思われるが，分析の結果から，多くの者でスピーキングに対する抵抗感が軽減された一方で，変化がなかった者，または逆に抵抗感が増した者がいたことを忘れてはならない。多くの学習者で効果があったことは有意義な結果であったが，その方法が全ての学習者に対して効果的であったわけではない。特に，抵抗感が増した学習者にとっては，この方法が不利に働いてしまったことを示していると言えよう。その原因を探ることはこの分析の目的の範囲を超えているため，どのようなタイプの学習者がSPMの活動で不利になったか考察することができない。そのため，今後は抵抗感に関係すると思われる他の要因（例えば外向性・内向性など）を取り入れて分析を行う必要がある。また，授業においては，ひとつの方法に固執することは得策ではなく，様々なタイプの学習者に対して益するように，異なる方法を交えて授業を行う必要があることを示唆している[4]。

---

[4] 第3章で概観したように，倉八らによる一連の研究（倉八・安藤・福永・須藤・中野・鹿毛, 1992; 倉八, 1993, 1994a, 1995）では，教授条件間で学習意欲の学習成果

本分析では対象者が少なかったため,多くの質問項目を使用することは控えた。そのため,能力認知,不安,話すことを避ける傾向の3つの要因の合成得点をもって抵抗感の得点とした。しかし,9.3,9.4両方の分析での各項目の平均値(表9-3,表9-9を参照)を見ると,項目5(話すことを避ける傾向)の変化が小さいことが分かる。これは,全ての項目において得点の変化が生じたのではなく,一部の項目のみが変化したことにより,全項目の平均値である抵抗感の得点に変化が生じたことを示唆している。これは指導の効果について考察する上で重要な点である。得点の変化が一部の項目のみで起こったということは,授業での指導が3つの要因全てに影響したのではなく,一部の要因に対してのみ効果があったという解釈が可能である。しかし一方で,指導の効果は全ての要因に対して起こるが,項目5は第1時点の平均値がもともとあまり高くないことから,話すことを避ける傾向は初めからあまり強くなく,それが第2時点まで維持されたという可能性もある。指導がどの要因に対して効果があったのかどうかという点についてより詳細な分析を行うためには,今後は今回の分析のように3つの要因を総合するのではなく,それぞれ下位概念に分けて測定し分析することが求められる。

に対する影響の仕方が異なっていたことや,教授条件と学習者の特性に交互作用が見られ,学習意欲を規定する要因が教授条件間で異なっていたことが示されている。この結果は,様々な特性の学習者が混在する教室では,あるひとつの教授方法が全ての学習者にとって特恵的に働くとは限らないことを示している。

第四部

総合考察

第10章　本研究のまとめ

　第1章から第3章において述べた理論的背景と研究の枠組に基づき，第4章から第9章まで，英語学習者の動機づけについて分析を行った。これらの分析では中学生を対象としているものが多く，また調査が行われた環境により，対象者のほとんどが男子であった。このように，今回の研究では対象者に偏りがあることは否めない。このことが，結果を他の文脈へ一般化できる可能性を狭めていると言えよう。これは今後の研究の課題のひとつであり，より幅広い学習者層を対象にさらに研究を行うことが必要である。

　このような研究の限界はあるものの，本研究で得られた結果は，動機づけ研究や学習意欲を高める教育実践に対し，何らかの示唆は与えてくれるものと考えられる。以下では，この研究から得られる示唆について述べたい。論を整理するために，4つの観点から本研究を振り返り，その示唆を考える。

10.1 認知的評価を想定し分析することについて

　本研究では，学習者の授業に対する認知的評価を中心に動機づけのプロセスを捉えてきた。認知的評価を想定した理由は，教師の視点を研究に取り込むためであった。教師が学習意欲を高めるために授業を工夫することは，学習者の授業への反応を良くすることと言え，学習意欲を高めることについて研究するためには，この授業への反応に焦点をあてる必要があると感じられたためである。この授業への反応に相当すると考えられるものは，動機づけ研究では認知的評価として扱われていることから，本研究では認知的評価を動機づけの中心に据えて分析を行った。授業への反応に相当する認知的評価について深く分析することで，学習意欲を高める方策について考える基盤とするねらいがあった。

また，認知的評価は，動機づけ以外の学習者要因の研究 (Learner Beliefs, 学習方略やメタ認知，感情，不安や Willingness to Communicate) においても，それに相当する概念が議論されており，認知的評価について研究を行うことは，これまで個別に研究されてきた学習者要因を，より包括的に研究できる共通のプラットフォームになりうることを第 2 章で述べた。しかし，これまで第二言語学習における学習者要因の研究では，理論的に認知的評価を想定してはいるものの，データに基づきその機能などを検証する試みはあまりなされてこなかった。また，第二言語学習における動機づけ研究では，特定の場面における動機づけを対象とした研究がいくつかなされているが，それらは認知的評価の捉え方が不十分であった。

このような研究の現状を鑑みると，認知的評価に対して焦点をあてた研究がなされることが求められると考えられるが，研究の概念として認知的評価を想定することはできても，果たして学習者は実際に認知的評価を行っているのか，また，学習者が実際に認知的評価を行っているならば，認知的評価を研究することで研究が進歩するのかという点について考えなければならない。

実際に学習者は認知的評価を行っているのかという点については，まず第 4 章で行われた研究が，学習者が認知的評価を行っていることのひとつの証拠となろう。この研究では，実際の学習時の動機づけを測定することを目的とした動機づけ尺度の因子分析から，行動に相当する因子とは独立の因子として，認知的評価に相当する因子（期待・価値・意図）が得られたことが，認知的評価が実際に起こっていることを示していると考えられる。また，パス解析の結果から，特性の指標である音読に対する認識は，行動に直接影響するのではなく，認知的評価を介して間接的に行動に影響するという結果が得られた。

これに加えて第 6 章で報告された研究の結果も，学習者が実際に認知的評価を行っていることを示していると言える。この研究では，学習方略使用に影響する要因について分析を行った。学習者が持つ方略の知識がそのまま学習方略使用に反映されるのではないという結果を受け，学習者の自由記述の分類により学習方略使用に影響する要因を探索的に分析した。そ

の結果，学習課題に対する価値や期待の見積，意図の形成といった認知的評価に相当すると考えられる要因が浮かび上がり，それらの要因が学習行動（ここでは学習方略）に対して影響していることが示された。これらの結果から，学習者は授業または学習課題に対して認知的評価を行っているということが言えよう。

では，認知的評価を想定して分析を行うことが，動機づけの研究を進歩させるのかどうかという点について考えたい。認知的評価を想定することは，動機づけの研究に対して2つの示唆をもたらすと思われる。

1点目は，認知的評価を想定すると，行動の背景，特に行動の生起過程についてこれまでよりも深く分析ができるということである。第二言語学習における動機づけ研究では，多くの研究で動機づけ要因と習熟度との関係が分析されてきたものの，動機づけ要因がいかに個人差を生むのかといったことについてあまり研究がなされてこなかった。そのため，動機づけ要因と学習行動の関係を研究する必要性が主張され(Gardner & Tremblay, 1994)，そのために特定状況下での動機づけを研究する動きが生まれた。特定状況下での研究では共通して認知的評価が想定され，特性と状態の区別がなされており，特性の影響がいかに行動を左右するかという点について認知的評価の段階が研究上重要な意味を持つ。したがって，認知的評価のプロセスを研究することは，動機づけ研究の課題である，動機づけ要因がいかに行動に影響するのかという点について研究する基盤と言える。

しかし，先行研究では認知的評価を想定してはいるものの，その捉え方が充分でないため，行動の生起過程について深く分析がなされてはいない。それを踏まえて本研究では，特に認知的評価に焦点を当て，期待・価値・意図という3つの側面で認知的評価を捉えることで，それらの関係や，特性から認知的評価を経て行動へ至るプロセスを検証することができ，積極的な学習行動がどのようにして起こるかという点について考察することができた。そのため，先行研究では不十分であった行動の生起過程の分析が，認知的評価を想定しそこへ焦点をあてることで，これまでよりも詳細になされたと言える。

また本研究では，これまで動機づけと関係があると考えられてきたにも

かかわらず，動機づけとは別の領域で研究されてきた学習者の認識(Learner Beliefs)と学習方略について，共通のプラットフォーム上で分析することができ，学習行動の生起過程について，これまでよりも包括的な視点で議論できたと言える。例えば第4章では，学習者の特性として音読に対する認識を取り上げ，それを認知的評価を中心とした動機づけのプロセスに位置づけて分析した。音読に対する認識は，従来動機づけの研究領域よりもむしろ Learner Beliefs の領域で議論される要因であろう。しかし，2.4.1で述べたように，学習者の認識は認知的評価に影響すると考えられている。そこで本研究では，学習者の認識を認知的評価を中心とした動機づけのプロセスに位置づけて，認識と動機づけを同一の基盤の上で議論することができた。また第6章では，学習方略使用に影響する要因を，認知的評価を中心とした動機づけのプロセスに対照させ，認知的評価に相当する要因が浮かび上がり，それにより方略選択のプロセスと認知的評価が重複することを示した。これまで学習方略と動機づけは関係があるとされながらも，両者が統合的に研究されることはあまりなかった。動機づけの研究の中で，学習目的などの動機づけ要因と方略使用の相関を分析した例はあるが，方略使用に対して動機づけ要因が影響する過程については詳しく分析がなされていなかった。一方，学習方略研究の領域では，方略使用にはメタ認知が重要と考えられ，特に方略選択はメタ認知の planning の段階でなされると考えられている。しかし planning についての研究はあまりなされておらず，また，動機づけ要因が planning とどのように関係するのかといったことも深く議論されていない。そのような中で本研究は，認知的評価を中心とした動機づけのプロセスに立脚することで，これまで別個に研究されてきた動機づけと方略を，同一の基盤の上で議論することができた。このように，認知的評価は様々な学習者要因が交差するところであり，学習者要因を統合的に研究するプラットフォームとなりうると思われ，学習者の行動について研究する上で非常に重要な側面である。

　2点目は，認知的評価を想定することで，動機づけ研究が教育実践に応用できる可能性を高めるということである。認知的評価を想定し，その過程をさらに下位要因に分けて分析することで，これまで漠然としか語られ

てこなかった学習者の授業への反応について，より詳細な知見が得られる。意欲を高めるために学習者の反応を良くすると言うだけでは漠然としており，どのような反応を引き出せばよいのか，また，授業のどの部分をどのように変えればよいのかといったことに対して答えを与えてくれない。本研究では，認知的評価を期待・価値・意図の3要因で捉え，それらの関係や機能について分析を行ったわけであるが，このように学習者の反応の過程をより詳細に分析することで，学習者の反応はいかに積極的な学習行動に関係しているか，意欲が高まるにはどのような反応を引き出せばよいのか，授業のどのような側面が反応に関係しているのかといったことについて考察する基盤となった。

10.2 状態(state)と特性(trait)を区別することについて

認知的評価を想定すると，特性は行動に直接影響するのではなく，認知的評価の媒介を経て行動へ至ると考えることを意味する。したがって，行動に直接影響するのは認知的評価の段階であり，評価が肯定的であることが学習行動が起こる条件と言えよう。この認知的評価に影響するものに，外的要因である授業と，学習者の内面である特性の2つがある。したがって，学習者の行動を変容するためには認知的評価が肯定的に変わる必要があるが，認知的評価を肯定的にするために介入するところは，外的要因と特性の2つがあると言える。

外的要因への介入は，すなわち授業を工夫することで学習者の反応を良くしようとすることであり，授業という実際の場面で起こる動機づけを対象としているので，状態(state)としての学習意欲を高めようとすることと言える。一方，特性への介入は学習者の内面の変化を意味し，傾向の変化である。このように，学習意欲を高めることを状態の水準と特性の水準に分けて考えると，状態としての意欲を高める方策と，特性としての意欲を高める方策は，意欲を高めるという同じ目的の下にありながら，そのねらいが異なることに気づく。

外的要因である授業を工夫することで状態としての意欲を高めることは，

言い換えると実際の学習場面において，学習者の認知的評価を肯定的にするために，現在の学習者の特性に「合わせて」環境を変化させることで反応を肯定的にし，状態の水準，または「その場」での意欲を引き出すのがねらいである。状態としての意欲を Dörnyei and Ottó (1998)や Dörnyei (2000)による動機づけのプロセスモデル（図2-4を参照）に当てはめて考えると，行動を起こそうとする段階である pre-actional stage にあたる。この段階で意欲を高めようとすることは，反応をよくしようとして授業を設計することであり，学習者のニーズに授業が適合するようにすることである。

　一方，特性としての学習意欲を高めることとは，学習者の内面に変化を起こし，学習に対して肯定的な認識や態度などを持つようにすることと言え，その場の意欲よりも，未来の学習場面で意欲的になれるように変化を引き起こすことをねらいとしている。このような特性の水準での変化は，前出の動機づけのプロセスモデルでは行動後の段階(post-actional stage)にあたる。この段階は，行動が終わった後での振り返りにより認識などが変わる段階である。学習の後に，学習者は原因帰属をしたり，自らが用いた方略が有効であったかどうか考えたり，初めに予想していたこと（困難度など）と実際に起こったことが一致しているかどうかなどといったことを考え，経験を基に認識を変える段階である。この段階で肯定的な変化を引き出すためには，中村(1983)が指摘するように，学習者が自ら努力したことにおいて成功し，それに対して成就感や喜びを感じたり自信を深めたりすることが必要と思われる。このように学習者の内面が変化することで，先の学習において意欲が高めるようにすることが，特性としての学習意欲を高めることである。

　このように，意欲を高めることを状態の水準で高めるのか特性の水準で高めるのかという区別をすると，一口に意欲を高めると言っても，そのねらいとすることが異なっていることがわかる。そしてこの違いは，それぞれの水準で効果的と思われる意欲向上の方策も異なることを示唆している。一方の水準で有効な方策が，もう一方の水準でも有効であるとは限らないことは想像に難くない。例えば，状態としての意欲を引き出すためには，新奇性により学習者の関心を引き，それにより学習に取り組ませることは

有効な手段であろう．しかし，新奇性のみによって学習者の内面（例えば英語学習に対する態度など）が変わるとは考えにくく，特性の水準ではこの方策は有効でないと言える．

　状態の水準での変化に対して有効な方策と，特性の水準での変化に対して有効な方策は，一見相反した関係に見えるが，両者は相補関係にある．状態の水準で意欲を高めることは，悪く言えば「その場限り」で終わる．ある場面で成功しても，別の場面でも有効とは限らず，また，別の学習者に対しても有効とも限らない．学習者が継続して意欲的に取り組むようになるためには，特性の変化が必要だろう．しかし，特性の変化が起こるためには，前述のように，学習活動を行う中で成就感や喜びなどを経験することが必要となるが，これはまずは学習者が学習活動に取り組むということが前提となる．言いかえると，意欲を高めるためにもともと意欲的でない学習者を学習活動に取り組ませるという，一見矛盾したことを行うことが求められる．もともと意欲的でない学習者を学習活動に引き込むためには，まず授業の工夫により授業への反応を良くし，状態としての意欲を引き出すことが不可欠といえよう．ただ，授業の工夫はその場限りであるので，学習者を学習活動に引き込みつつ，その中で充実感や達成感などを感じられるような工夫が必要になる．

　このように，学習意欲を高めることについて考える際，特性と状態の2つの水準に分けて考え，どちらの水準での変化を意図しているのか考えることは重要であろう．ある方策がどちらの水準での変化をねらっているのか明確にすることで，その方策の有効性の判断ができ，また，その方策が対応できない水準での変化を補完するためには，加えてどのような方策が必要か考える出発点となる．

10.3 状態としての動機づけを高めることについて

　状態としての動機づけを高めることは，本研究の中心である認知的評価の段階で，学習者の反応を肯定的にすることと言える．図 2-7 のような行動が生起する過程を考えると，学習行動が起こるためには，その原動力と

なる意図があることが不可欠であると考えられる。その意図が形成される前段階には期待と価値の見積がある。授業への反応を良くすることとは期待と価値の見積の段階を指しているので，この期待と価値の見積と意図の関係について考察することは，意欲を高めることを考える上で重要となる。

　この点については第5章における研究の結果が重要になる。ここでは認知的評価に焦点を当て，期待と価値の見積と意図の関係について分析を行った。直線的な相関関係ではなく，期待と価値の高低のパターンと意図の強さについて考察するために，クラスター分析を行った。その結果，学習しようとする意図が最も強かったのは，期待と価値の両方で肯定的な見積をしている者であった。特に5.4における分析においては，価値の見積が非常に高くても期待の見積が低い場合，学習しようとする意図がさほど高くないという学習者が見られた。この結果から，期待と価値はどちらかだけ肯定的であればよいというのではなく，両方が肯定的であることが重要であると言える。価値の見積は，当該の活動に対して取り組む必然性を感じるかどうかといった見積であるため，必然性を感じなければ取り組む意図は生まれないだろう。その点では意図に対して価値が強く影響すると考えられる。しかし，価値のみが高ければ良いのではなく，取り組むことで成功する見込みがなければ，取り組もうとする意図は高まらないと言える。

　第5章の結果でもう一点重要なことがある。それは，同じ授業を受けているにもかかわらず，期待と価値の見積には大きな個人差があるということである。図5-2や図5-4を見ると分かるように，同じ学習課題に取り組んでいても，ある者は価値が高いが期待が低かったり，ある者は価値は低いが期待が高かったり，またある者は両方とも低いというように，認知的評価の結果形成される心的表象は全員が同一ということはなく，個人差があることがわかる。

　この結果は，状態としての動機づけを高めるために必要とされる方策は，個人により異なることを示唆している。例えば，価値が高く期待が低い者に対しては，価値を高める方策ではなく期待を高める方策が必要であり，例えば難易度を下げる，教えあいの機会を設ける，方略を教えるなどといった対処が必要となろう。しかしこれで全ての学習者の意欲が高まるわけ

ではない。一方で期待は充分に高いが価値が低い者もいる。こういった学習者に対しては価値を高めるための方策が必要であるので，上記の期待を高める方策だけでは不十分となる。このように，ある授業方法が学習者全員の認知的評価を肯定的にすることは難しいため，様々な授業方法を組み合わせつつ，高めようとする反応の側面に変化をつけることが必要であると言える。

第5章ではどのような反応が学習しようとする意図に結びつくかという点について分析を行ったが，第7章では，反応を良くするためには授業のどのような側面を変化させるとよいのかということについて分析を行った。授業においてどのような時にやる気が出るかという問いに対する学習者の自由記述による回答を分類した結果，大きく分けて，自信・学習内容・学習方法・場という分類に分かれた。自信とは，学習していることが「分かる」・「理解できる」という内容であった。これは，期待の見積が肯定的であることの重要性を示唆していると解釈できるが，別の角度から見ると，有能感に関係しているとも考えられ，自分の自己イメージから生まれる価値を高めることにもつながると考えられる。

学習者の自信を高めることで価値の見積を肯定的にすること，つまり，有能感から価値の見積を肯定的にすることは，授業において学習意欲を高めるうえで非常に重要であると考えられる。意欲を高めるための授業の工夫について考えると，真っ先に浮かぶのが，学習者の興味のある内容を取り入れることではないだろうか。しかし，授業には制約があり，授業内容の変更ができない場合も多いため，授業内容から意欲を高めるということが実現不可能な場合が多い。そのような時，「分かる」・「理解できる」といった成功経験から学習者の有能感を高め，学習することが自らを高めることにつながるといった重要性を見出せるようにするというアプローチは，一般的な授業において学習意欲を高めるための方策として重視すべきであろう。

このような学習者の自信を高めるための工夫には，例えば課題の難易度を変えたり，教えあいの機会を設けて学習の補助を増やしたり，方略を教えたりすることなど，様々な授業方法が考えられよう。また別の角度から

考えると，成功の基準を操作することも有効ではないかと考えられる。学習者が成功や失敗を感じることは，何らかの基準があり，それに達しているかどうか判断していると考えられる。したがって，学習課題には変化がなくても，成功の基準を操作することで学習者の受け取り方が変わる可能性がある。例えば，練習問題を解くという学習課題について考えてみると，間違えてはいけないという意識を知らず知らずのうちに持ってしまう学習者が多いのではないかと思われる。そのような学習者は，ひとつでも間違えるとそれは失敗と受け取ってしまうだろう。そのような学習者に対して，例えば前回解けた問題数よりも多く解けるように目指すことや，間違えてもなぜ間違えたのかが分かればよいといった基準を設けることで，学習経験の受け取り方が変わり，成功経験を得やすくなるのではないかと考えられる。また，全員が一律の基準で学ぶのではなく，学習者ひとりひとりが個別の基準を設けられるような課題の設計や，他人と競争するのではなく自分自身の水準を基準とし，それを超えることを目指すような課題の設計も，自信を高めることに対して有効な手段となろう。

　また，授業内容から学習意欲を高めることが難しい場合，学習の方法や場の工夫を行うことも選択肢の一つとなろう。これらは，学習そのものに学習者の気持ちを向かわせるというよりは，活動に参加することに価値を持たせることと言える。したがって，これが学習に対する意欲かと考えると，厳密にはそうとは言えないだろう。しかし，活動に意味を持たせて参加させるという方策は，状態としての学習意欲を高める方策としては有効と言える。もともと英語に何の関心もない学習者や，英語に対して苦手意識の強い学習者に対して，学習内容への関心により価値付けをねらうのは困難であろう。そのような場合，まずは活動に対する価値付けから学習へ引き込み，そのなかで充実感や達成感を経験することで，特性の変化を促したい。

10.4 特性の変化について

　学習意欲を高めるためには，授業の工夫により認知的評価を肯定的にす

ることも大事だが，学習者の特性が変化し，学習に対して肯定的な態度を有し積極的に学ぶ姿勢を育てることも必要である。第6章や第7章における分析で，テスト前だけやる気がでると答えた学習者が見られた。こういった学習者は，英語を身につけることよりもテストでいい点数を取ることが動機の中心にあり，テストに直接関連することにしか価値を見出さなかったり，学習内容の本質的な理解ではなくテストで正解することだけを目的に，表面的な学習しか行わないことが危惧される。したがって，彼らが英語学習全般において積極的に学習するようになるためには，授業の工夫によりその場の意欲を高めるだけでなく，英語や英語学習に対する認識が肯定的に変化することも必要となろう。

このような結果を受け，第8章と第9章では授業を受けることで学習者の特性はどのように変化するのか分析した。第8章では，特に授業に直接関係する側面についての学習者の認識の変化を対象とし，学習内容の重要性の認識と学習方法に対する認識の変化を分析した。その結果，学習者の特性は授業を受講することで変化したが，その変化は肯定的な変化もあれば，否定的な変化もあった。肯定的な変化を導くためには，前述のように充実感や達成感を得ることが重要だと思われる。その観点から，第8章と第9章の研究結果を振り返ってみたい。

授業の中心となる学習内容をどの程度重要と考えているかといった認識の変化を分析した8.3では，授業方法を一斉指導型の指導方法から個別指導型へ途中で変えたため，3時点にわたりデータ収集を行った。一斉指導の期間には，教科書の練習問題を行い，解説等をクラス全体に一斉に行っていたが，個別指導の期間では，学習者が書いたものを授業者が読み，それに基づいて改善すべきところを一対一で指導した。このような指導方法の変化の中で，学習内容の重要性についての認識がどのように変化するのか分析した。その結果，多くの学習者で，一方の指導形態では肯定的に変化するものの，もう一方の指導形態では否定的に変化するという傾向が見られた。両方の指導形態で肯定的に変化する者は少数であった。この結果の背景には，学習スタイルなどの学習者の適性と指導方法との交互作用があるのではないかと考えられた。学習者は好みの学習方法などの学習スタ

第四部　総合考察

イルがあり，それと指導方法が合致した時に学習成果が上がると考えられる。一斉指導から個別指導に切り替わったことで，指導方法のタイプが大きく変わったため，指導方法と学習者の適性とのマッチングも変化したと思われる。一斉指導が向いていた学習者はその指導方法で認識が肯定的に変化したが，個別指導に変わったことで自分に合った学習方法がとれなくなり，認識が否定的に変化したのではないかと思われる。また，一斉指導が向かなかった学習者は，この段階ではうまく学習成果が上がらずに認識が否定的に変化したと思われるが，個別指導に変化したことで，彼らのスタイルに指導が合致し，それにより学習効果が上がり，認識が肯定的に変化したのではないかと思われる。このように，何らかの指導方法はすべての学習者に対して有効というわけではなく，それが不利となる学習者もいると考えられるので，授業では多様な指導方法を織り交ぜることが求められよう。

　一方，学習方法に対する認識の変化を分析した 8.4 では，音読の重要性の認識と音読に対する自信の変化を分析した。その結果，肯定的に変化する者もいた反面，否定的に変化する者が多かった。この原因として，音読をする際に明確なフィードバックを与えていなかったことが考えられた。学習者は音読を行うことで，果たしてそれが学習に結びついているのか，あるいは，きちんと音読できているのかどうかといったことに対してのフィードバックが明確には与えられていなかった。そのため学習者は音読をたくさん行ったものの，その効果を実感することができず，また，自分の読み方でよいのかどうか不確実なまま音読を行ったために，認識が否定的に変化する者が多かったと推測される。

　続いて第 9 章では，英語でのスピーキングに対する抵抗感の変化を分析した。この分析では，特に第 8 章での反省を踏まえ，学習者がスピーキング活動に取り組むことで，成功経験や成就感を得やすいような活動を取り入れた。そのような活動を行う前後での抵抗感を比較したところ，平均値の水準で統計的に有意な水準で変化があり，全体的に抵抗感が軽減されたことが示された。また個人ごとの変化を吟味すると，多くの者で抵抗感が軽減されていた。したがって，この分析において導入された活動を行うこ

とで，抵抗感の軽減に成功したと考えられた。

　しかし，多くの者で抵抗感の軽減が見られた一方で，変化しなかったものや，抵抗感が増した者もいた。これも指導方法と学習者の適性の交互作用が背景にあるのではないかと考えられる（cf. 倉八・安藤・福永・須藤・中野・鹿毛, 1992; 倉八, 1993, 1994a, 1995）。そのため，8.3 で示唆されたように，あるひとつの指導方法がすべての学習者に対して有効というわけではなく，それが逆に不利となる学習者もいると考えられるので，授業では多様な指導方法を織り交ぜることが求められよう。

　これらの 2 章の研究事例における考察をまとめると，学習者の特性が肯定的に変化するためには，学習活動に取り組む中で，成功経験を得て充実感や達成感などを経験することが不可欠であり，したがって特性の変化を狙うためには，そのような点に気をつけて授業設計がなされることが必要と言える。第 8 章における分析と第 9 章における分析では，対象とした概念が異なるため，単純には結果を比較することはできない。しかし，第 9 章で報告された授業では，スピーキングに対する抵抗感の軽減を促すために，基準設定が個人の能力に合わせてなされ，また即時にフィードバックが得られる活動を行い，その取組の前後で平均値の差の検定において有意差が見られるほどに全体的な変化があったことは興味深い。この点は，10.3 において状態の水準での動機づけを高めることについて考察した，自信を高めることと深い関連があると思われる。10.3 は状態としての動機づけを高めることに限って議論しているが，学習者の「分かる」・「理解できる」という経験は，達成感や充実感に結びつくものであると考えられるため，状態の水準での動機づけだけでなく，特性の水準の動機づけ変化を促す上でも重要であると思われる。

10.5 今後へ向けて

　本研究は教師の視点を研究の視点として取り入れることで，動機づけ研究の知見を教育実践へ応用できる可能性を高める試みであった。しかし，ここで報告された結果のみで全ての課題が解決されたとは言えず，更に研

究を重ねる必要がある。本論を結ぶにあたり，今後の研究の課題を4点述べたい。

まず1点目に，質の違いに着目する研究が必要となる。本研究では，例えば価値と期待の見積の高低や，学習しようとする意図の強さのように，測定対象とした要因の強さという量的な側面に着目した分析が多かった。今後は，それぞれの要因の質的な違いが，どのように学習行動に影響するのか分析を行う必要がある。例えば，価値の見積については，内発的興味，重要性，有用性，コストといった下位要因が提案されているが，それぞれの下位要因における判断が，どのような価値の見積につながり，更にどのような意図の形成につながるのかといったことは，学習意欲を考える上で重要であろう。従来，学習動機の分類は数多くなされてきたが，そういった動機の質の違いがどのように行動に影響するのかといったことを分析することも今後重要となるであろう。

2点目に，期待の側面に着目する研究がなされる必要がある。これまで第二言語学習における動機づけ研究は，動機の分類のように，価値に関する要因に焦点があてられてきたように思われる。しかし，動機づけは価値に関する要因だけでは成り立たず，本研究で度々指摘されたように，期待の側面も重要な役割がある。特に特性の変化を計画する上で，学習者が学習効果を実感したり，成就感や成功経験を得たりすることが鍵になることを述べたが，これは学習者の自信を伸長することであり，将来の学習において期待の見積を肯定的にするという意味もある。また自信が伸長されることで有能感が高まり，それにより価値の見積が高まる可能性もある。加えて第5章における分析で，認知的評価において，価値は高いが期待が低いために意図が高まらないというタイプの学習者が報告されたように，期待の面での介入を必要とする学習者もいる。動機づけを解明するだけでなく，動機づけを高めるためにも，期待に関する側面に焦点をあてた研究が必要になる。

3点目に，異なる分析の水準間の影響を研究する必要がある。つまり，ある水準で起こった変化が，別の水準へ影響するのかどうか検証する必要がある。本研究では，主に授業の中での学習を対象に分析を行ったが，授

業は英語学習全体の中のひとつの領域であり，分析の水準として考えてみると，英語学習という上位の水準があり，授業はそれを構成する下位水準のひとつと言える。授業という一つの水準で起こった変化が，他の水準の変化を引き起こすのかどうか，更なる研究が必要である。例えば，授業を受けることで，英語学習に対する何らかの認識が肯定的に変化した場合，その変化の影響は授業内の学習行動のみに限定されるのか，あるいは授業という領域を超えて，英語学習全般にまで広がるのかどうかといったことについて研究がなされることが望まれる。

　4点目に，授業設計と動機づけ研究の結びつきを強くする必要がある。意欲を高めることの出発点は授業を工夫することであるので，研究成果が教育実践に資するためには，何らかの形で授業の工夫について提言できなければならない。これは動機づけそのものを研究しているだけではできないことであり，授業設計において動機づけ研究の知見が生かされるように，研究の成果を授業設計での判断過程に結びつける必要がある。つまり，授業の設計の過程において，教師はどのようなことを考慮すべきであり，どのような方法で学習者に関する情報を得て，どのような方策が取れるかといった，具体的な判断過程を示すことができるようになることが求められるであろう。

　このような動機づけと授業設計の融合が具現化されたもののひとつとして，第3章で取り上げたARCSモデルがある。しかしこのモデルは教科を特定しないために汎用性が高いが，果たして第二言語の授業への適用可能かどうか，慎重に吟味する必要がある。また，教科を特定しないモデルは汎用性が高いが，教科の特性まで充分にカバーできていない可能性がある。第二言語の授業は，知識教授の側面と技能訓練の側面の両方を持ち，他の教科と大きく異なる教科特性を持つと思われる。そのため，第二言語の授業を設計する上では，他の教科にない判断過程が含まれるのではないかと思われる。したがって，まず第二言語の授業設計で求められる判断過程を明確にし，そこに動機づけ研究を結びつけることが求められる。

　ここに挙げた4点はいずれも大きな課題であり，実現は易くないが，今後このような点についてさらに研究を深め，学習意欲を高める教育実践へ

とつなげていきたい。

資料編

付章　同一タスクにおける学習行動の個人差

1. 本章の目的

　本章は付章として,本編の第1章から第10章までの研究を補足する研究結果を報告するものである[1]。ここでは,実際の学習場面における学習行動を記述することで,同一の学習課題に取り組んでいる中で学習行動に個人差があること,また,認知的評価が学習中に繰り返し行われていることを示す。

　ここで報告される研究は,本編の研究を2つの点で補足するものである。1点目は,認知的評価についての理論的考察を支持するものである。第2章で認知的評価を中心とした動機づけのプロセスについて理論的考察を行った。そこで,認知的評価は学習中に一度だけなされるものではなく,実際は外界の刺激に対して絶えず評価を繰り返しており,したがって連続して起こる現象である(Boekaerts, 1991)と考えられていると述べた。これは,学習者は学習時に絶えず外界に対して評価を行うことで,学習条件の変化に応じて自分の行動を変化させていることと言えるだろう。例えば,学習を行うことで当初考えていた困難度よりも実際は易しい,あるいは難しいと感じると,課題に対する期待の見積が変化するだろう。あるいは,学習が進むにつれて新しい知識を得ると,それにより自分の既有知識が変化し,課題に対する価値の見積が変化したり,知識量が増えることで難易度が下がり,期待の見積が変化したりするといったことが起こると考えられる。このように,認知的評価は学習時に一度だけなされるのではなく絶えず繰り返されており,外界の変化,あるいは自分の内面の変化によって評価が変化することが予想される。認知的評価が行動に先行するという見方に立て

---

[1] 本章は,全国英語教育学会紀要 Annual Review of English Language Education in Japan 14号(2003年)に掲載の「Individual differences in learning behaviors within a single task: An analysis of goals and strategies」,および,広島大学外国語教育研究センター紀要『広島外国語教育研究』第8号（2005年）に掲載の「タスクに取り組む際の学習行動の個人差」に基づき,加筆・修正したものである。

ば，認知的評価が変化することで，行動にも変化が表れると考えられる。

2点目には，認知的評価，およびその結果生じる学習行動は，個人ごとに特異(idiosyncratic)であるという点である。第5章で報告した研究に見られたように，同一の学習課題であっても，学習者間でその受け取り方が大きく異なり，価値と期待の見積に大きな個人差がある。このように，学習課題に対する認知的評価は個人ごとに異なると言える。その結果，同一の学習課題であっても，認知的評価の結果生じる学習行動に個人差が生まれることが予想される。

これら2点は，授業における指導に対して重要な示唆がある。まず，認知的評価は絶えず繰り返されているということは，仮に学習課題を提示したときには評価が否定的であっても，それに取り組む中で，例えばヒントや背景知識を与えたり，取り組む状況を個人で行うことから共同で行うように変化させたりするなど状況を変えることで，認知的評価を肯定的にできる可能性があることを示唆している。また，認知的評価の特異性は，授業の効果を上げるために留意すべきことであろう。教師は学習課題を与える際，その課題を行うことで身に付けて欲しい事項や，こういったことができるようになって欲しいといった，何らかの意図や目的をもって学習課題を与えるだろう。しかし，学習者はその課題に対して認知的評価を行うわけであるが，評価が特異であれば，学習者は必ずしも教師と同じ意図を持って取り組むとは限らないだろう。これは指導の効果を半減させることにつながりかねない。つまり，教師が指導しようとしていることと，学習者が学ぼうとしていることにずれが生じる可能性がある。(この点は，第9章における研究でSPMを指導方法に選択した理由のうち，学習者が教師の意図する基準に基づいて活動できるようにするというねらいと関係するものである。)

本章では，学習者の認知的評価が絶えず行われており，条件が変わることで認知的評価が変わることや，認知的評価が特異であり，教師と学習者の間にずれがあるといったことが実際に起こっているかどうか分析する。分析の対象となった授業はリスニングの授業で，録音教材を2回聴き，内容を大まかに理解することを目的とした活動であった。分析ではそれぞれの回での意図と行動を記述する。これにより，1)学習者の意図と行動は

特異かどうか，2）1回目から2回目へかけて意図と行動は変化するのか，といった点について分析を行う。意図と行動は，図2-7に基づけば，認知的評価において期待と価値の見積の結果意図が形成され，それが行動を引き起こすという関係にある。第5章における分析では，期待と価値の見積に個人差があり，それが学習しようとする意図の強さと関係があるということが示されている。したがって，認知的評価が特異であるということから，意図と行動の違いが生じると考えられる。この場合，教師が意図したことと学習者が意図していることにずれがあるかどうかが重要となる。

また，認知的評価が繰り返し行われていると考えると，リスニングの課題において2回録音教材を聴いた場合，1回目と2回目では内容に関する知識の量は異なるため，同じ学習課題であっても1回目と2回目では認知的評価が変化すると予想される。そしてその結果，意図と行動にも変化が表れるのではないかと考えられる。そのような変化が見られると，学習条件が変化することによって認知的評価が変化したと考えられ，学習者は認知的評価を繰り返し行っているということを示す証拠となろう。

2. 研究

2.1 対象者と授業

本研究の対象者は，関東地方の高校に通う3年生1クラス38名（全て男子）であった（s1〜s38と記す）。授業はリスニングに重点を置くオーラルコミュニケーションBであった。分析の対象となった学習課題は各時の授業で最も中心となるもので，録音教材を聴き，その概要を理解することを目的とするものであった。この授業では，分析の対象となった概要を理解することを目的とした課題の後に，ディクテーションなどにより細部の理解と語彙，文法の理解を行う活動を行っていた。

分析の対象となった授業時には，市販の教材(Day & Yamanaka, 1996)から会話をひとつ選び題材として用いた。会話を聴く前に，会話の内容についての若干の情報（登場人物や会話が行われている場所など）を与えた。学習者には大まかな内容を捉えるようにと指示し，その上で1回目のリスニングを

行った。その後，内容に関する質問を行い，大まかな話の流れについて部分的に確認し，2回目のリスニングを行った。その後で，1回目の質問で触れられなかった点について質問し，また，1回目のリスニングで理解できなかった点について確認を行った。このように，聴く教材は同じものであるが，1回目と2回目では，学習者が内容に関して知る情報の量が異なる。したがって，学習者側の既有知識が1回目と2回目で異なっており，学習条件に違いがあると考えられる。

2.2 データ収集方法

　実際の学習時の思考についてのデータを収集するには，インタビューや刺激再生法(cf. Gass & Mackey, 2000)といった，内省を求めことばにより詳しく報告する方法により，最も詳細なデータが得られると思われる。しかしそれらの方法は多大な時間と人的資源を必要とし，またデータ収集を授業内で行う場合，授業過程を妨害してしまうため，実際の授業の中でこういった方法でデータを集めることは不可能である。そのため，授業過程をなるべく妨害しない方法として，質問紙を用いることが考えられる。質問紙は短時間で比較的大人数からデータを集めることが可能であり，授業過程の妨害も，インタビューなどと比べるとはるかに少ない。このような理由で，本研究では通常授業内でのデータ収集の実施可能性を優先して，質問紙を用いてデータ収集をすることとした。

　質問紙の作成においては，質問項目が対象者の普段の学習行動を反映するように，まず研究の対象となったクラスと同じオーラルコミュニケーションBを受講していた4クラス159名の学習者(本章の分析の対象者を含む)から，分析の対象となったリスニングの学習課題において，普段どのような意図をもち，どのような聴き方をしているか，自由記述による回答を集めた。その自由記述データを分類し，表1に示されるような意図と行動の項目を得た。この分類作業は筆者のみで行った。また，作成された質問項目に当てはまらない行動をとる学習者もいる可能性があるため，意図に関する質問と行動に関する質問それぞれにおいて，自由記述の分類により作成された項目の他に「その他」という欄を設け，項目に当てはまるもの

がなければその欄に記入できるようにした。

表1 質問項目

いま英語を聴いたとき、どういうことを目的として聴きましたか？当てはまるものの番号に○をつけてください		(略記)
1	内容を全部理解しようと思って聴いた	(全部理解)
2	大まかでいいから内容を理解しようと思って聴いた	(大まか理解)
3	英語に慣れるために聴いた	(慣れる)
4	音の聴き取りの練習として聴いた	(音聞き取り)
5	特になし	(なし)
どういう聴き方をしましたか？自分に当てはまるものに○をつけてください		
1	自分が重要だと思う箇所を重点的に聴いた	(重要箇所)
2	わからないところはとばした	(とばす)
3	わからないところはわかるところから推測したり想像した	(推測)
4	全てのことばを聴き取ろうと聴いた	(すべて聞く)
5	聴き取りにくいところに注意を向けた	(聴き取り)
6	特になし	(なし)

　質問紙で実際の学習時の学習行動について測定を行う上では，従来の研究と異なるアプローチをとる必要がある。学習行動を分析対象とする学習方略の研究では，質問紙を用いて方略使用のデータを集めることが多いが，そこでは過去のある一定期間の学習を振り返り，どれぐらいの頻度で方略を使用しているか調査する形式をとっている。例えばSILL (Strategy Inventory for Language Learning: Oxford, 1990)や，本研究の第6章における研究で用いた方略の質問紙では，対象者は評定法によりどの程度の頻度でその方略を用いているか答える。しかし本章における研究は，一定期間の学習についての調査ではなく，ある特定場面における学習の調査である。そのため，その場で何をしたかという具体的な場面での行動を測定することが求められ，方略の使用頻度を尋ねる方法は適切ではなく，方略を「使った」か「使わなかった」かの二者択一にならざるを得ない。このような理由から，本研究では学習行動について尋ねる項目を，学習行動のリストの中から自分に当てはまるものを選択するチェックリスト方式にした。意図に関する項目については評定法で測定することも可能であったが，方略と同じようにチ

ェックリスト方式で二値データとして測定することとした。これは，次に述べる分析方法を使用することで数量化が可能であることと，量的データと質的データが混在することから生じる分析手続の煩雑化を避けるためであった。

　対象者は当該の学習課題が終わった後に質問紙を配布され，自分に当てはまる項目に○をつけるよう指示をされた。回答は 1 回目と 2 回目を区別して答えるように指示した。また，学習課題が終わるまで調査を行うことは告げられなかった。これは，学習課題に取り組む前に調査を行うことを告げることで，普段と異なる取り組み方をする恐れがあったためである。記入には十分な時間を与え，全員が記入を終えたことを確認して用紙を回収した。

2.3 分析方法

　分析の目的は，回答のパターンにより学習者の学習行動の個人差を記述することにあるが，質問紙は項目の内容が当てはまるか当てはまらないか答えるチェックリスト式であるため，データは二値である。二値データに対してそのような目的で分析を行うには，コレスポンデンス分析[2]の使用が考えられる。

　コレスポンデンス分析は，「はい」「いいえ」や「あてはまる」「あてはまらない」といったカテゴリカル（質的）なデータに対して適用されるもので，カテゴリーの連関を基に次元を縮小し，背後にある構造を浮かび上がらせる手法である（Clausen, 1998; StatSoft, Inc., 2006; 山田, 2002a; 山際・田中, 1997）。同様の目的では，量的変数に対しては主成分分析が適用され，複数の変数がそれらを代表する主成分に縮約される。同様にコレスポンデンス分析では，複数の変数を代表する次元を求める。このように，コレスポンデンス分析は主成分分析と同様に，変数の縮約の方法として用いられる。

---

[2] 対応分析という名前で呼ばれることもある。第二言語学習に関する研究では，筆者の知る限りこれまでのところコレスポンデンス分析を用いた研究は見られないが，コーパス言語学や文体論の研究やテキストマイニングなど，言語データの計量的な分析において，コレスポンデンス分析，ないしはこの方法と同等の解が得られる数量化Ⅲ類（注 3 を参照）が紹介され，分析に用いられている（例えば大隅・Lebart, 2002; 小杉, 2005; 田畑, 1998; 中村, 1992, 1998; 矢野, 2002）。

またコレスポンデンス分析では，次元上に変数や対象者を座標としてプロットすることができ，互いの関係の近さ・遠さを，空間上の距離として表すことができる。このように，変数や対象者が次元上の座標として表されると，それぞれの位置が数値化されると言え，コレスポンデンス分析はカテゴリカルデータを数量化する目的でも用いられる[3]。

このようにコレスポンデンス分析では，変数や対象者を次元上に図示してそれらの関係を空間上の距離により解釈するわけであるが，図を見るだけでは関係が明確にならない場合や，次元数が多くて関連が複雑になる場合もある。そのような場合，クラスター分析を援用することで，解釈を容易にすることができる(Lebart,1994)。つまり，コレスポンデンス分析により，変数や対象者の各次元上の座標を求め，その座標をクラスター分析に投入することで，傾向の似た学習者の群を得ることができる。

注意しなければならないのは，コレスポンデンス分析は複数の変数を少ない次元に縮約することで，データの背後にある構造を浮かび上がらせることができるが，少ない次元に縮約しようとすると，それらの次元が全てのデータを説明できるわけではない。したがって，コレスポンデンス分析の結果が学習者の違いを全て説明できるわけではない。そのため本分析では，コレスポンデンス分析の結果，及びその結果を利用したクラスター分析の結果得られるクラスターは，学習者の大まかな傾向の分類した上で個人差をさらに詳細に分析する一助とするものである。

2.4 結果

2.4.1 1回目の結果

各項目における1回目と2回目の度数を表2に示す。どの項目にも当て

---

[3] コレスポンデンス分析の他に，日本では数量化III類(cf. 岩坪, 1987; 山田, 1988)が用いられることが多い。数量化III類は，反応パターンの類似性に基づいて変数と被験者の両方を数量化する方法(山田, 1989)である。コレスポンデンス分析はもともとクロス集計表を分析するために開発されたものであるが，変数×被験者のデータ形式にも適用でき，数量化III類と同じ形式のデータが分析できる。また，コレスポンデンス分析は数量化III類と開発の背景は異なるものの，両者は本質的な部分は同じであり（村上・柳井, 1999)，得られる解も本質的に同じになる（足立, 2006; 山田, 2002a）と言われている。その他にもカテゴリカルデータを数量化しコレスポンデンス分析や数量化III類と同等の解が得られる方法で，双対尺度法を用いた例も見られる（山田, 2002b)。

はまるものがない場合に記入する「その他」の欄に記入した者はいなかった。

表2 項目ごとの度数

いま英語を聴いたとき、どういうことを目的として聴きましたか？当てはまるものの番号に○をつけてください		1回目	2回目
1	内容を全部理解しようと思って聴いた	4	22
2	大まかでいいから内容を理解しようと思って聴いた	30	15
3	英語に慣れるために聴いた	7	3
4	音の聴き取りの練習として聴いた	3	4
5	特になし	2	1
どういう聴き方をしましたか？自分に当てはまるものに○をつけてください			
1	自分が重要だと思う箇所を重点的に聴いた	11	8
2	わからないところはとばした	14	5
3	わからないところはわかるところから推測したり想像した	16	20
4	全てのことばを聴き取ろうと聴いた	9	9
5	聴き取りにくいところに注意を向けた	0	14
6	特になし	3	1

このうち，まず1回目のデータを用い，質問項目を列要素に，対象者を行要素に取る反応パターン行列に対しコレスポンデンス分析を行った。「聴き取りにくいところに注意を向けた」という項目で度数が0であるため，この項目は分析から除外した。それ以外の項目をコレスポンデンス分析に投入したところ，意図と行動の両方で「特になし」という項目の頻度が極端に少なかったため，データの解釈を困難にしていた。そのため，これら2項目を以後の分析から除外した。これにより，意図と行動の両方で「特になし」という項目のみに当てはまると答えていた学習者（1名）を以後の分析から除外した。「特になし」は明らかに他の項目と傾向が異なるので，除外した学習者は分析の後で他の学習者とは異なる傾向の群として扱う。残りの項目を投入し分析を継続した結果，3次元を採用した。その結果が表3である。3次元で70.48%の説明率であった。各次元上の列要素（質問項目）のプロットを図1～3に示す。また，行要素（対象者）を3次元上にプロットしたものが図4である。

付章　同一タスクにおける学習行動の個人差

表3　1回目のデータに対するコレスポンデンス分析の結果

	次元1	次元2	次元3
全部理解	2.51	-0.82	0.14
大まか理解	-0.34	-0.02	0.11
慣れる	-0.03	0.08	-0.71
音聞き取り	0.78	3.84	-0.28
重要箇所	-0.16	-0.30	-0.25
とばす	-0.59	-0.23	-0.86
推測	-0.34	0.02	1.10
すべて聞く	1.52	-0.23	-0.09
固有値	0.62	0.52	0.37
説明率（%）	28.86	24.36	17.26

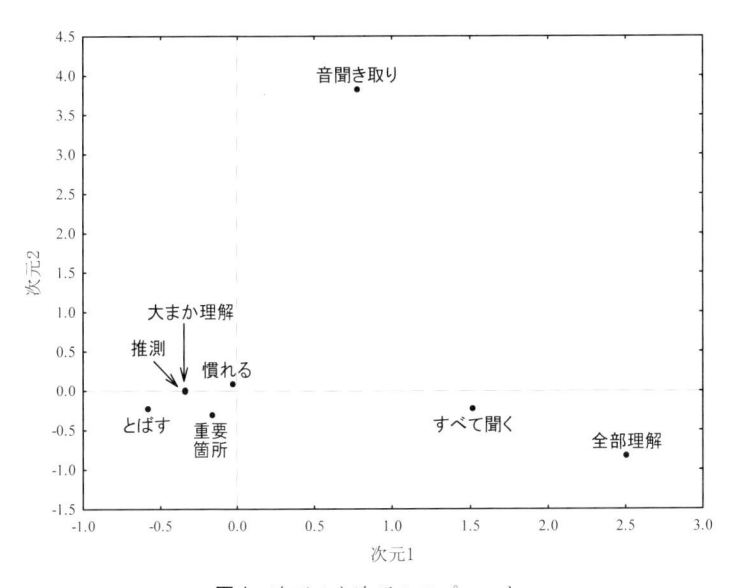

図1　次元1と次元2のプロット

資料編

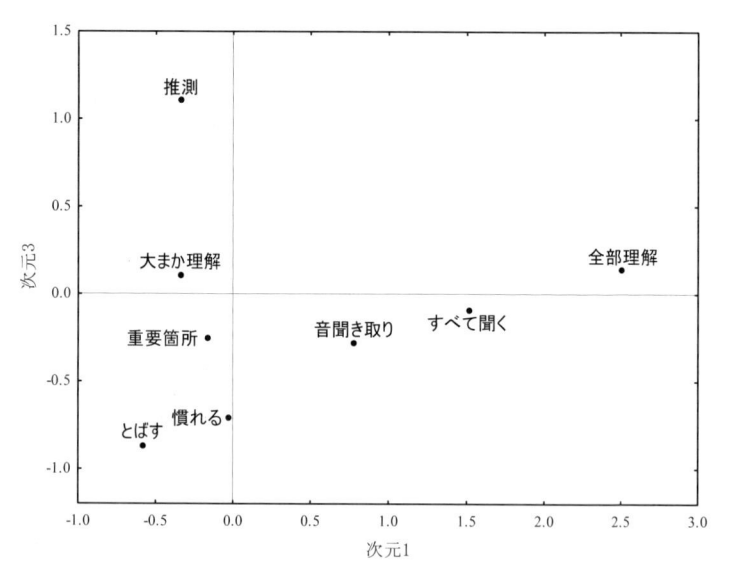

図2 次元1と次元3のプロット

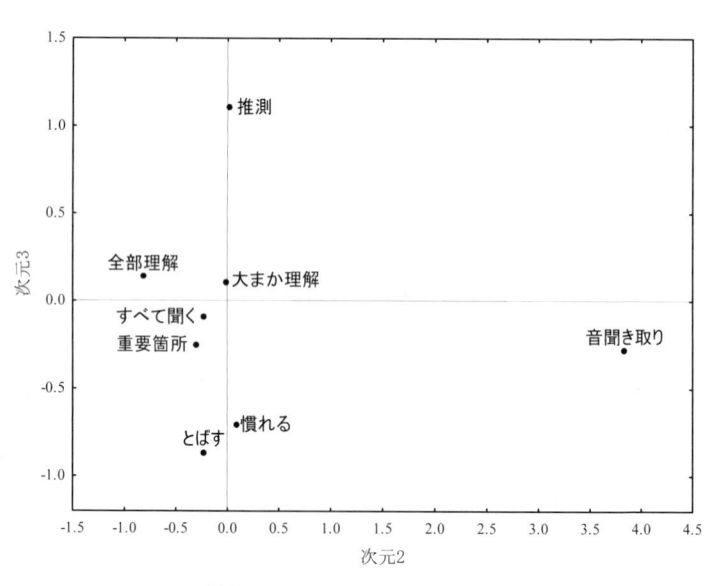

図3 次元2と次元3のプロット

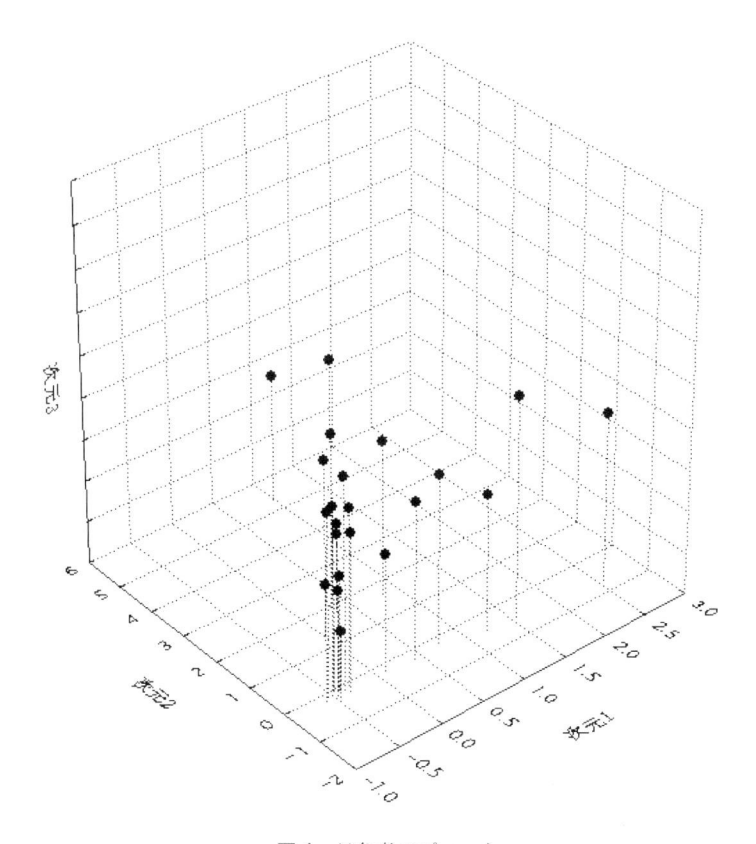

図 4 対象者のプロット

　これらの結果を基に次元の解釈を行いたい。図1や図2を見ると，次元1においては，内容を全部理解しようと思って聴いたという項目がこの次元の右端にプロットされ，やや離れているがすべてのことばを聴き取ろうとしたという行動の項目が，この次元で右側にプロットされている。一方，その他の項目は次元1の0付近に集中している。その中で，分からないところはとばすという行動の項目が左端にあることから，次元1は，すべて理解しようとしてすべての言葉を聞き取ろうとしたのか，あるいはそれとは逆に，分からないところはとばすといったことをしたのかという違いを表していると考えられる。

図1および図3を見ると，次元2では，音の聞き取りの練習として聞いたという項目が離れた位置にプロットされているが，その他の項目は0付近に集中している。このことから，この次元2は，音の聞き取りの練習という意図を持っていたかどうかという違いを表すものと考えられる。

　図2および図3を見ると，次元3では，分からないところは推測をするという項目が片方に位置し，その逆側に分からないところはとばすという項目と，英語に慣れるためという項目が位置している。とばすという項目と慣れるという項目が近い位置にあることから，英語に慣れるという意図を持っていた者は，わからないところはとばすという行動をとる傾向にあったことが分かる。そしてこれらの項目が次元3上で推測するという行動と対比されているように，この次元は，分からないところではそこをとばすのか，あるいは推測するのかという違いを表すものであると考えられる。

　続いて，この3次元上での対象者の座標（列座標）[4]を用いてクラスター分析をおこなった。平方ユークリッド距離を用いたウォード法により，図5のようなデンドログラムを得た。縦軸が結合距離で，下の横軸に対象者が並ぶ。結合距離の変化や得られるクラスターの特徴を吟味して図5の点線部分にカッティングポイントを定め，7クラスターに分類した。また，これらの7つのクラスターと合わせて，コレスポンデンス分析の際に除外した，意図と行動の両方で「特になし」と答えた1名を独立のクラスターとして扱う。したがって，全部で8つのクラスターが得られた。

　このようにして得られたクラスターの特徴を知るために，各質問項目に当てはまると答えた度数をクラスターごとに求めた。それをまとめたものが表4である。空欄は度数が0であることを示す。

---

[4] コレスポンデンス分析では，行要素（この分析では学習者）と列要素（この分析では質問項目）を同じ次元上にプロットすることができる。つまり，この分析で選択して，列要素の配置から解釈した3つの次元に，学習者をプロットすることができる。それが図4であり，各次元の意味は，列要素の配置から解釈したものと同じである。列要素と行要素を同時に次元上にプロットすることもできるが，3つの次元に両者を同時にプロットすると複雑になるため，それは行わなかった。

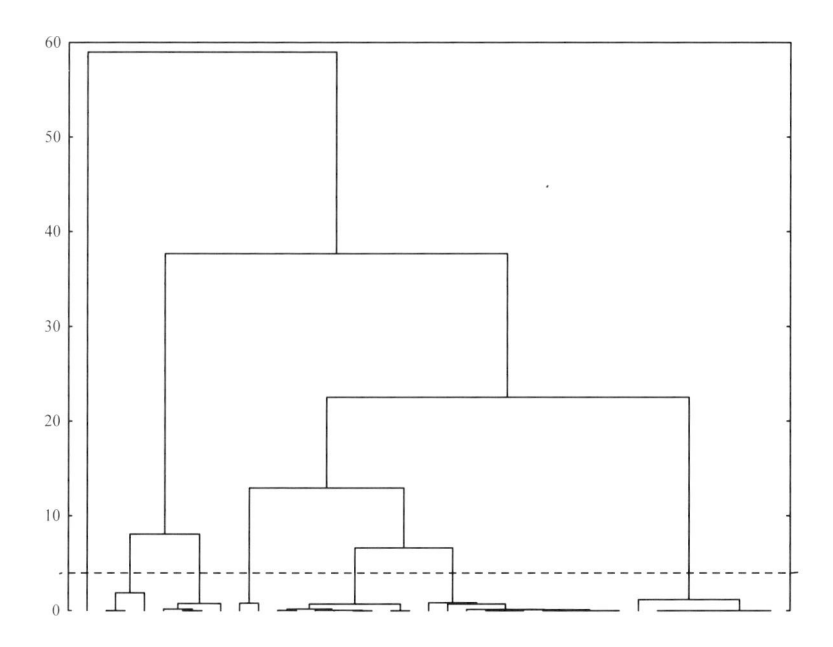

図5 1回目のデータに対するクラスター分析の結果

表4 クラスターごとの度数（1回目）

クラスター	人数	意図					行動					
		全部理解	大まか理解	慣れる	音聞き取り	なし	重要箇所	とばす	推測	すべて聞く	聴き取り	なし
1	8		7			1			8			
2	11		10	3			4	11	1			
3	4	1	3	1			2			4		
4	8		8	2			5	3	6			1
5	3	3							1	3		
6	1				1							1
7	2		2	1	2				1	1		
8	1					1						1

277

資料編

　クラスター1には8名属しているが，1名を除いて大まかに理解することを意図してこの課題に取り組んでいる。行動においては全員が，分からないところは推測をしていることがうかがえる。

　クラスター2には11名が属するが，そのうち10名が大まかに理解するという意図を持っていた。行動においては全員が，分からないところはとばすということを行っている。これに加えて4名が重要箇所に注意を向けたり，1名が全部理解しようとしていたことが分かる。

　クラスター3には4名が属し，そのうち3名がおおまかに理解することを意図していたが，その他にも全部理解しようとしていたり，英語に慣れるためという目的で課題に取り組んでいる者もいた。行動においては，全員が全て聞き取ろうとしていたことがうかがえる。合わせて，2名が重要箇所へ注意を向けていた。

　クラスター4には8名属し，全員がおおまかに理解するという意図を持っていた。その他にも英語に慣れるという目的も合わせて持っていた者がいた。このクラスターの行動の特徴は，特になしと答えた1名を除き，複数の方略を用いていることにある。

　以上4つのクラスターは，意図が大まかな理解にあったが，クラスター5の3名は，全部理解しようという意図を持って取り組んでいた。そしてそれに対応するように，全員がすべての言葉を聞き取ろうとしていたことが分かる。1名はそれに加えて推測も行っていた。

　クラスター6には1名だけが属するが，この学習者は内容を理解するという方向性の意図ではなく，音の聞き取りの練習としてこの課題に取り組んでいたことが分かる。そして，行動においては特になしと答えている。

　クラスター7には2名属し，両者とも大まかに理解するという意図と，音の聞き取りの練習という意図を持って取り組んでいた。行動では1名が推測，もう1名がすべての言葉を聴き取るということを行っていた。

　最後にクラスター8であるが，これはコレスポンデンス分析の際に除外した学習者である。意図，行動共に特になしと答えている。

2.4.2 2回目の結果

項目ごとの度数は表2に示すとおりである。このうち2回目のデータを用い,質問項目を列要素に,対象者を行要素に取る反応パターン行列に対しコレスポンデンス分析を行った。しかし,意図と行動両方の「特になし」という項目の頻度が極端に少なく外れ値であったため,データの解釈を困難にしていた。そのため,これら2項目を以後の分析から除外した。これにより,この2つの項目のみに当てはまると答えていた者(1名)を以後の分析から除外した。「特になし」は明らかに他の項目と傾向が異なるので,この学習者は他の学習者と異なる傾向の群として扱う。これらの項目を除外した後に再び分析を行い,3次元を採用した。その結果が表5である。3次元で63.23%の説明率であった。各次元上の列要素(質問項目)のプロットを図6〜8に示す。また,行要素(対象者)を3次元上にプロットしたものが図9である。

これらの結果から,それぞれの次元を次のように解釈した。まず次元1では,図6や図7を見ると分かるように,聞き取れないところはとばすという行動と大まかに理解しようとする意図が次元1の片側にプロットされ,反対側にはすべてのことばを聴き取ろうとする行動や,全て理解しようとする意図がプロットされている。このことから次元1は,大まかに聴くアプローチと全て聴くアプローチの対立と解釈した。

次元2では,図6や図8を見ると分かるように,英語に慣れるためという意図が片側にプロットされ,反対側には全てのことばを聴き取るという意図がプロットされている。このことから,次元2は英語に慣れるという意図と全てのことばを聴き取るという意図の対立と解釈した。

次元3では,図7や図8を見ると分かるように,片側に分からないところは推測するという行動がプロットされ,反対側には分からないところはとばすという行動がプロットされている。このことから次元3は,聴き取れない部分への対処が推測という方法をとるかとばすという方法をとるかという対立であると解釈した。

資料編

表5 2回目のデータに対するコレスポンデンス分析の結果

	次元1	次元2	次元3
全部理解	-0.74	0.19	-0.03
大まか理解	1.21	0.15	0.21
慣れる	-0.16	-1.63	0.47
音聞き取り	-0.48	-0.75	0.09
重要箇所	-0.14	-0.83	-0.42
とばす	1.86	0.88	-1.11
推測	0.16	0.08	0.87
すべて聞く	-1.13	1.13	-0.27
聴き取り	-0.05	-0.56	-0.73
固有値	0.64	0.37	0.32
説明率（%）	30.58	17.41	15.23

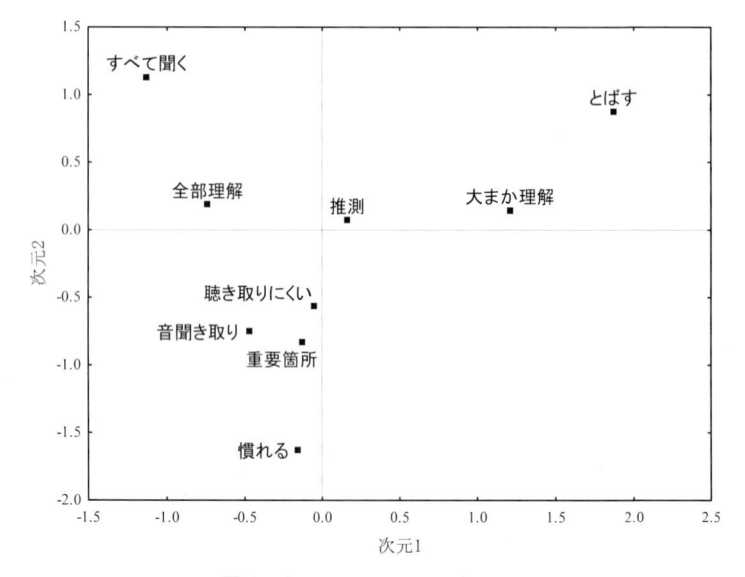

図6 次元1と次元2のプロット

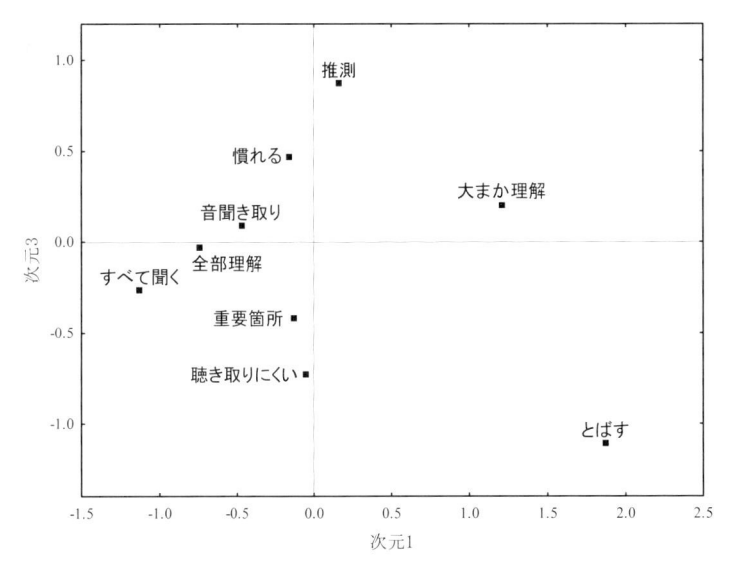

付章　同一タスクにおける学習行動の個人差

図7　次元1と次元3のプロット

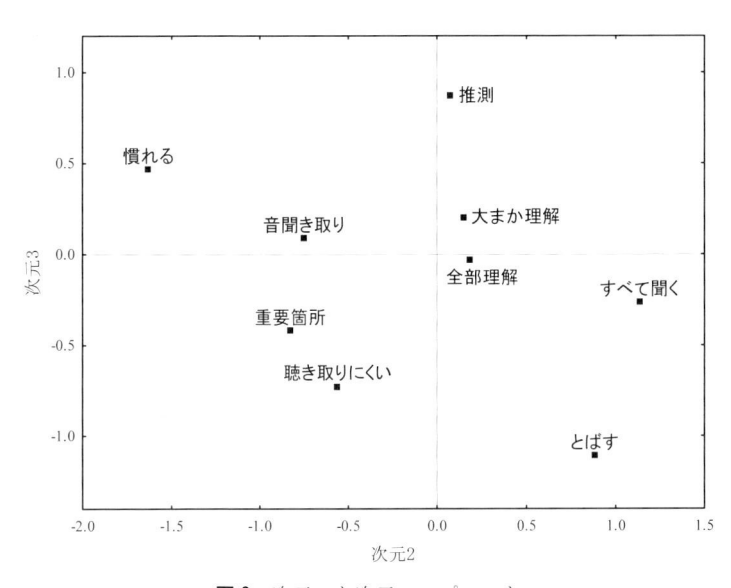

図8　次元2と次元3のプロット

資料編

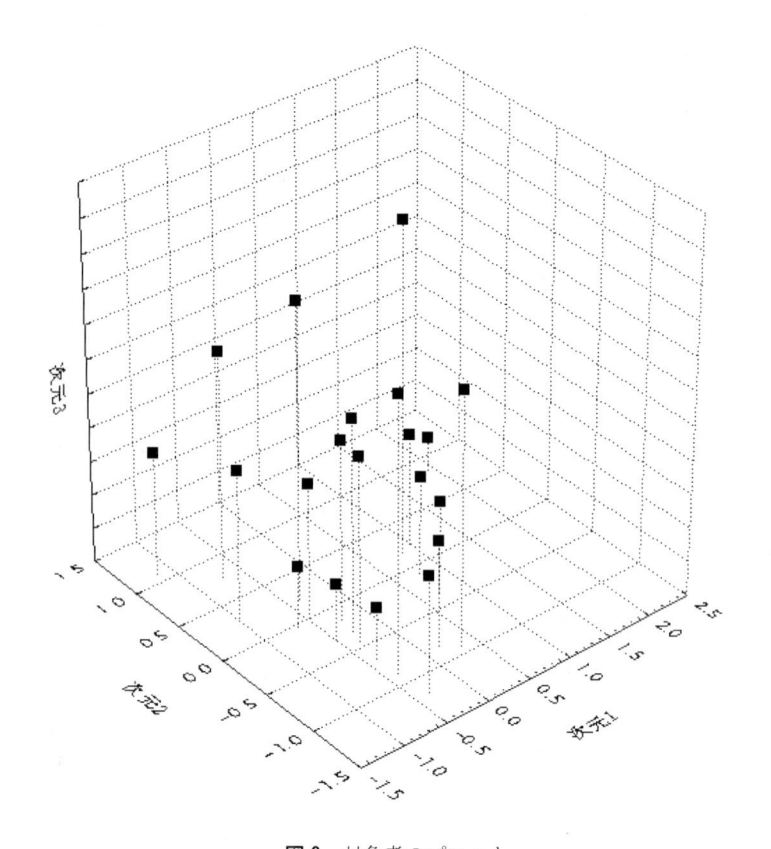

図9 対象者のプロット

　次に，行座標（図9上での各学習者の座標）のデータを用いてクラスター分析を行った。平方ユークリッド距離を用いたウォード法により，図10のような結果を得た。縦軸が結合距離で，下の横軸に対象者が並ぶ。結合距離の変化や得られるクラスターの特徴を吟味して，図10中の点線部分にカッティングポイントを定め，6クラスターに分類した。また，これらの6クラスターに加え，コレスポンデンス分析から除外した1名（意図，行動とも「なし」と答えた者）を独立のクラスターとして扱い，合計7クラスターを得た。

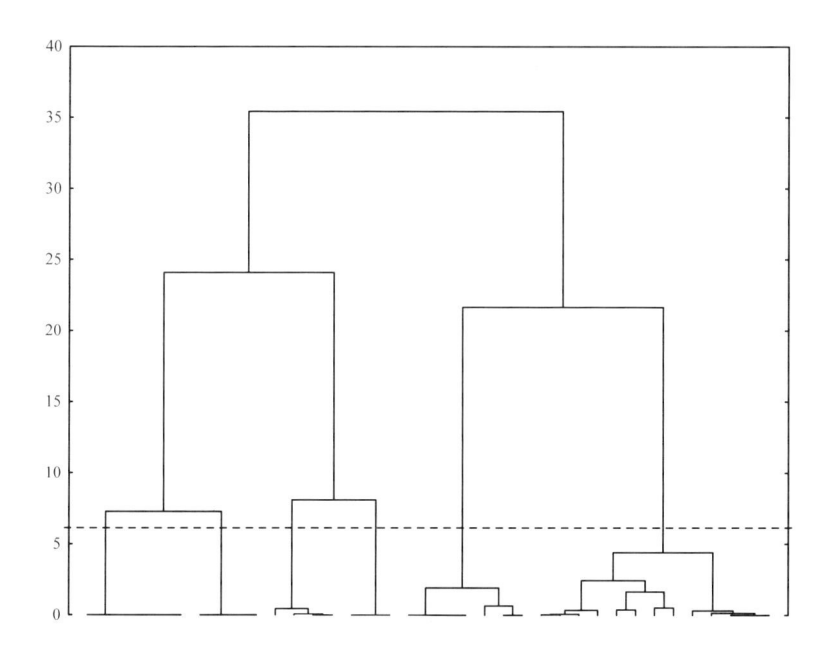

付章　同一タスクにおける学習行動の個人差

図10 2回目のデータに対するクラスター分析の結果

表6 クラスターごとの度数（2回目）

クラスター	人数	意図					行動					
		全部理解	大まか理解	慣れる	音聞き取り	なし	重要箇所	とばす	推測	すべて聞く	聴き取り	なし
1	13	11	2	3	3		7		6	2	10	
2	3		3				3					
3	7	7			1				2	7		
4	4	4							4			
5	4		4				1	2	2		4	
6	6		6						6			
7	1					1						1

　クラスター1には13名が属し，多くの者が内容を全部理解しようとしていたことが分かる。そのほかにも大まかな理解を意図していた者や，それらの意図に加えて，英語に慣れる，音の聞き取りといった目的を持ってい

283

た者もいることが分かる。そしてこのクラスターの特徴は，複数の行動の項目で当てはまるとしている者が多いということである。

クラスター2 は，属する 3 名全員が大まかな理解を意図しており，分からないところはとばすということを行っていたことが分かる。

クラスター3 には 7 名が属し，全員が内容をすべて理解するという意図を持っていた。そして全員がすべてのことばを聞き取ろうとしていたことが分かる。2 名は加えて推測も行っていた。

クラスター4 に属する 4 名も，内容をすべて理解することを意図していたが，クラスター3 のようにすべてのことばを聞き取ろうとするのではなく，分からないところでは推測をするという行動をとっていた。

クラスター5 には 4 名が属し，全員が大まかな理解を目的とし，聞き取りにくいところへ注意を向けることを行っていた。それに加えて分からないところではとばしたり推測を行ったりし，重要箇所に注意を向けるといったことも行っていた者も含まれる。

クラスター6 には 6 名が属し，全員が大まかな理解を目指していた，そして分からないところでは全員が推測を行っていた。

クラスター7 に属する 1 名は，コレスポンデンス分析の際に除外した学習者である。意図，行動共に特になしと答えている。

2.4.3　1 回目から 2 回目への変化

ここまで 1 回目と 2 回目を分けて分析を行い，それぞれにおいて学習者がどのような意図を持ち，どのように行動したか記述してきた。以下では 1 回目から 2 回目へかけて，それぞれの学習者が意図と行動をどのように変化させたのか分析する。

表 2 に示される，1 回目と 2 回目の度数を比較すると，全体的な水準で変化が起きていることが分かる。1 回目においては，内容を全て理解するという意図に当てはまると答えた者は少なかったが，2 回目では多くの者がこの項目に当てはまると答えている。一方で，1 回目では大まかな理解をするという意図の項目に多くの者があてはまると答えていたが，これが 2 回目では半減している。行動において特に目立つ変化は，聴き取りにく

いところに注意を向けるという項目で，1回目では当てはまると答えた者は全くいなかったが，2回目では14名が当てはまると答えている。その他の項目でも，1回目と2回目の度数が変化している。

続いて，1回目から2回目へかけて，意図と行動の両方が変化したのか，片方だけが変化したのか，あるいは両方とも変化しなかったのかどうか調べるために，意図と行動において変化のあり・なしによりクロス集計を行った。その結果が表7である。

表7 意図と行動の変化のクロス集計

		意図の変化 あり	意図の変化 なし	計
行動の変化	あり	24	7	31
行動の変化	なし	4	3	7
	計	28	10	38

表7を見ると，1回目から2回目へかけて意図と行動の両方が変化した者の数が多いことが分かる。また，意図のみ，あるいは行動のみ変化した者も合わせ，何らかの変化があった者の人数を計算すると，38名中35名にのぼる。両方とも変化しなかったものは3名であった。このような結果から，多くの学習者において，1回目から2回目へかけて意図と行動の選択に変化があったと言える。

ここまで見た全体的な変化と合わせて，以下では個人の水準での変化を分析したい。そのために，1回目の分析で得られたクラスターが，2回目へかけてどのように変化したのか個人ごとに変化を記述する。図11は，1回目のクラスターそれぞれに属する学習者が，2回目ではどのクラスターに属するのかまとめたものである。矢印の側に記される数字は，そのような変化を見せた者の人数を表す。

資料編

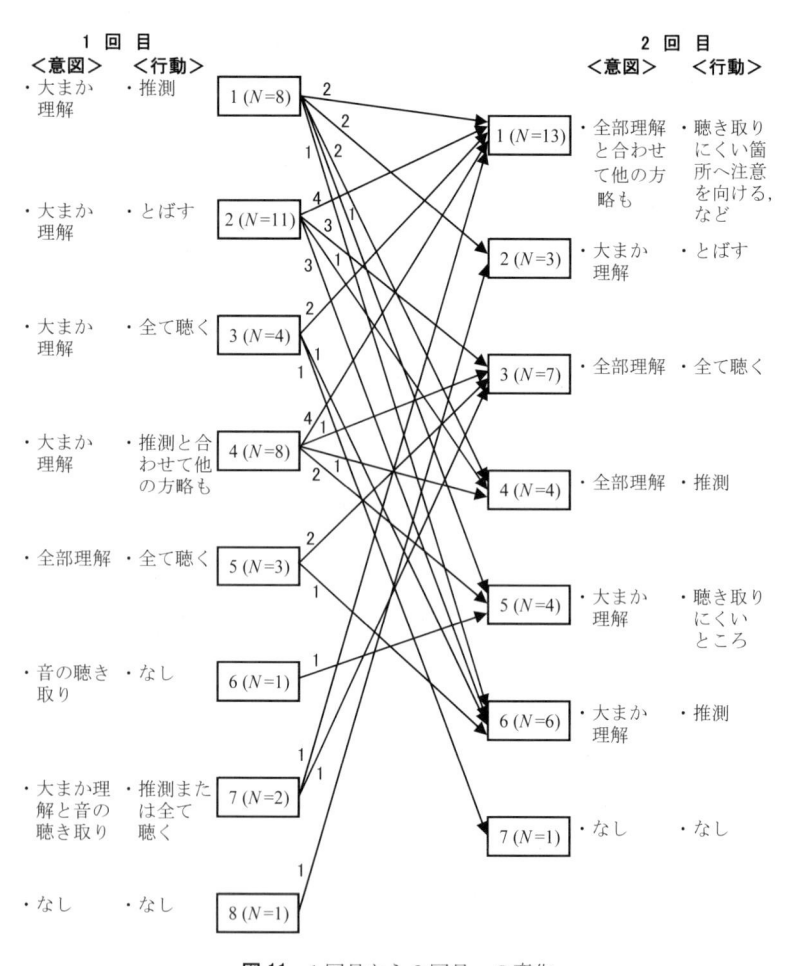

```
      1 回目                                    2 回目
   <意図>  <行動>                           <意図>    <行動>
・大まか  ・推測     1 (N=8)                 ・全部理解  ・聴き取り
  理解                          1 (N=13)     と合わせ    にくい箇
                                             て他の方    所へ注意
                                             略も        を向ける，
                                                         など
・大まか  ・とばす   2 (N=11)                ・大まか    ・とばす
  理解                          2 (N=3)       理解

・大まか  ・全て聴く 3 (N=4)                 ・全部理解  ・全て聴く
  理解                          3 (N=7)

・大まか  ・推測と合 4 (N=8)                 ・全部理解  ・推測
  理解      わせて他            4 (N=4)
            の方略も

・全部理解・全て聴く 5 (N=3)                 ・大まか    ・聴き取り
                                5 (N=4)      理解          にくい
                                                           ところ

・音の聴き・なし     6 (N=1)                 ・大まか    ・推測
  取り                          6 (N=6)      理解

・大まか理・推測また 7 (N=2)
  解と音の  は全て
  聴き取り  聴く                7 (N=1)     ・なし      ・なし

・なし    ・なし     8 (N=1)
```

図 11 1 回目から 2 回目への変化

　以下では 1 回目の分析におけるクラスターをひとつずつ取り上げ，そこに属する学習者がどのように意図と方略を 2 回目で変化させているか見てみたい。それぞれのクラスターごとに，そこに属する学習者の回答パターンを表 8 から表 15 に示す。各学習者の欄に数字の 1 が記されているが，これはその項目に当てはまると回答したことを示し，上段が 1 回目，下段が 2 回目での結果である。

表 8 1回目の分析におけるクラスター1に属する学習者と2回目での結果

id	意図 全部理解	意図 大まか理解	意図 慣れる	意図 音聞き取り	意図 なし	行動 重要箇所	行動 とばす	行動 推測	行動 すべて聞く	行動 聴き取り	行動 なし
s1	1	1						1		1	
s2		1 1					1	1			
s5	1	1						1			
s14		1 1				1		1	1	1	
s19		1 1						1		1	
s21	1				1			1 1			
s26		1 1					1	1			
s30		1 1						1 1			

　表8は，1回目の分析においてクラスター1に属した学習者の回答を示したものである．このクラスターは，1回目ではほとんどの者が内容を大まかに理解するという意図を持っていたこと，また行動では，全員が推測を行っていたことが特徴である．2回目では1回目と同様に大まかな理解を目指していた者もいるが，全部を理解するという意図に変化した者もいる．行動においては，2回目においても推測を用いる者が多いが，他にもとばす，すべて聞き取るといったことを行う者も見られる．このような意図や行動の変化は，1回目のリスニングで理解した内容を足がかりに，さらに高い理解度を目指したことの表れと考えられる．

　1名（s21）は，1回目において意図が特にないと答えているが，行動においては推測をしたと答えている．これは，質問紙では意図はないと答えているものの，推測を行っていたということは，内容を理解しようとする意図が少しはあったことを物語っていると言えよう．この学習者は2回目において，全ての内容を理解するという項目に当てはまると答えており，2回目において内容を理解する意図が明確になったと考えられる．

表9 1回目の分析におけるクラスター2に属する学習者と2回目での結果

id	意図 全部理解	意図 大まか理解	意図 慣れる	意図 音聞き取り	意図 なし	行動 重要箇所	行動 とばす	行動 推測	行動 すべて聞く	行動 聴き取り	行動 なし
s03	1	1					1	1	1		
s09	1	1	1			1	1	1		1	
s11	1	1						1			
s16	1	1					1	1			
s20	1	1		1		1	1				
s23		1	1								
s24	1	1									
s25	1	1				1			1		
s29	1	1				1		1			
s36		1	1				1	1			
s38	1	1		1		1				1	

　表9は，1回目の分析でクラスター2に分類された学習者の回答である。このクラスターの学習者は，1回目においてほとんどの者が大まかな理解を目的とし，分からないところはとばすということを行っていたことが特徴である。2回目では多くの者が全て理解しようという意図を持ち，分からないところをとばすということはせずに，推測を行ったり，全てのことばを聴き取ろうとするなど，より理解度を高めようとする行動をとっている。この変化も，1回目で理解したことを足がかりに，2回目でさらに高い理解度を目指したことの表れと考えられる。

　1名は（s16）は1回目と2回目で意図に変化はないものの，行動では1回目ではとばすということを行っていたが，2回目では推測に変化している。別の1名（s36）は，1回目においては英語に慣れるためという意図で取り組んでいたが，2回目では大まかな理解をするという意図へ変化して

いる。この2名も，1回目よりも2回目へかけて，より理解度を高めようとしていたと考えられる。

表10　1回目の分析におけるクラスター3に属する学習者と2回目での結果

id	意図 全部理解	意図 大まか理解	意図 慣れる	意図 音聞き取り	意図 なし	行動 重要箇所	行動 とばす	行動 推測	行動 すべて聞く	行動 聴き取り	行動 なし
s4	1	1 1	1			1 1		1			
s28		1 1						1			
s31	1	1							1	1	
s32		1 1			1	1		1		1	

　表10は，1回目においてクラスター3に分類された学習者の回答を示したものである。この群は，1回目においては1名を除き，大まかに理解するという意図で，全てのことばを聴き取ろうとしていたことが特徴であった。2回目においてはその行動が変化しており，ある者は推測を行う，またある者は聴き取りにくいところへ注意を向けるなど，1回目から2回目へかけてそれぞれに行動を変化させている。この変化は，1回目で全てのことばを聴き取ろうとしたところ，それが不可能であったため，2回目では聴き取れないところに対処しようとしたのではないかと考えられる。

　1名（s4）は，1回目では全て理解するという意図を持っていたが，2回目では大まかな理解へ変化している。行動においては1回目で全てのことばを聴き取ろうとしていたが，2回目では分からないところは推測することへ変化している。この変化も，1回目のリスニングで全てのことばを聴き取るということが不可能であると判断し，2回目では大まかな理解をするという実現可能な意図へ変更し，それに伴って行動においては，聴き取れないところへ対処するために，推測することを行ったのではないかと推測される。

　もう1名（s32）は，1回目では大まかな理解を目指し，全てのことばを聴き取ろうという行動をとっていたが，2回目においては意図，行動とも

特になしと答えている。この変化の背景について断言はできないが，1回目のリスニングを行って，自分には難しすぎて理解できないと感じたことで，2回目のリスニングに対して期待の見積が否定的になり，その結果理解することをあきらめてしまった，あるいは，1回目に大まかな理解という目的が達せられたために2回目のリスニングに必然性を感じなかった，などといったことが起こり，2回目では意図も行動もなしと答えたのではないかと推測される。

表11 1回目の分析におけるクラスター4に属する学習者と2回目での結果

id	意図 全部理解	意図 大まか理解	意図 慣れる	意図 音聞き取り	意図 なし	行動 重要箇所	行動 とばす	行動 推測	行動 すべて聞く	行動 聴き取り	行動 なし
s7		1				1		1			
	1					1		1	1	1	
s8		1				1		1			
	1							1			
s10		1									1
	1								1		
s13		1				1		1			
	1									1	
s17		1	1								
	1					1	1	1			
s18		1	1								
	1					1				1	
s27		1				1	1				
	1			1						1	
s37		1				1					
	1									1	

表11は，1回目においてクラスター4に分類された学習者の回答を示したものである。このクラスターは，1回目では全員が大まかな理解をするという意図を持っていた。行動では，推測をしたり，重要箇所へ注意を向けるといったことを行っていたことが特徴である。2回目では意図が変化しない者もいるが，全部理解することへ変化する者が多い。行動においては，2回目で聴き取りにくいところへ注意を向けるという項目に回答している者が増えている。これは，1回目で理解した内容よりもさらに詳しい内容の理解を目指した結果ではないかと考えられる。

1名（s10）は，1回目では大まかに理解するという意図で，行動は特にないと答えているが，2回目では全て理解するという意図に変化し，行動では全てのことばを聴き取ることへ変化している。この変化の背景について断定はできないが，例えば1回目のリスニングの際にはあまり意欲的になれなかったが，1回目のリスニングを行う中，あるいはその後の内容についての質疑応答において，内容に対する関心が高まったことにより，2回目では肯定的な価値の見積がなされたのではないかと推測される。あるいは，1回目のリスニングでは困難度を高く見積りすぎていたが，実際に聴いてみると思っていたよりも理解ができると感じ，期待の見積が変化したことで，2回目ではより理解度を高めようとした可能性も考えられる。

表12 1回目の分析におけるクラスター5に属する学習者と2回目での結果

id	意図					行動				
	全部理解	大まか理解	慣れる	音聞き取り	なし	重要箇所	とばす	推測	すべて聞く	聴き取り	なし
s12	1								1	1	
	1								1	1	
s33	1									1	
	1									1	
s34		1						1			

表12は，1回目においてクラスター5に分類された学習者の回答を示したものである。この群は，1回目では内容の全てを理解しようという意図を持ち，全てのことばを聴き取ろうとしていたという特徴がある。2回目では3名中2名が1回目と変化がなく，同じ意図と行動をとっている。

変化のあった1名（s34）は，1回目では内容を全て理解するという意図が，2回目では大まかな理解へと変化し，行動においては，1回目では全てのことばを聴き取ろうとしていたのが，2回目では分からないところは推測をするというように変化している。この変化は，1回目よりも2回目でより実現可能な意図を選択したこととの表れではないかと考えられる。その背景には，1回目のリスニングを行うことで困難度の見積が変わり，それにより2回目では自分の力で実現できそうな水準に目標を設定したので

はないかと考えられる。

表13 1回目の分析におけるクラスター6に属する学習者と2回目での結果

id	意図					行動				
	全部理解	大まか理解	慣れる	音聞き取り	なし	重要箇所	とばす	推測	すべて聞く	聴き取り	なし
s15		1		1			1	1	1		1

表13は1回目でクラスター6に分類された学習者の反応を示すものである。この群には1名のみが属する。1回目では音の聞き取りの練習として聴くという意図を持ち，行動においては特になしと答えている。2回目では意図が大まかな理解をすることへ変化し，行動においては分からないところをとばしたり，推測したり，聴き取りにくいところへ注意を向けるといったことを行っている。この変化は，1回目では音の聞き取りという，内容の理解とは方向性の異なる意図だったものが，2回目では内容を理解するという意図へ変化したことに合わせて，行動も理解を促進するものへ変化したと考えられる。

表14 1回目の分析におけるクラスター7に属する学習者と2回目での結果

id	意図					行動				
	全部理解	大まか理解	慣れる	音聞き取り	なし	重要箇所	とばす	推測	すべて聞く	聴き取り	なし
s22	1	1	1	1		1		1			
s35	1	1		1					1	1	

表14は，1回目においてクラスター7に分類された者である。2名が属しているが，この群の特徴は，2名とも1回目では音の聞き取りの練習として課題に取り組み，また大まかな理解を目指していたことである。2回目では，大まかに理解するという意図が，全て理解するという意図へ変化している。しかしこのクラスターの学習者は，1回目から2回目へかけて

行動は変化していない。

表15 1回目の分析におけるクラスター8に属する学習者と2回目での結果

id	意図					行動				
	全部理解	大まか理解	慣れる	音聞き取り	なし	重要箇所	とばす	推測	すべて聞く	聴き取り	なし
s06		1			1		1				1

　表15は，1回目でクラスター8に属した学習者の回答を示すものである。この学習者は1回目では意図も行動も特になしと答えていたが，2回目ではそれが変化し，大まかに理解する意図を持ち，分からないところはとばすということを行っていた。このように，1回目では消極的だったが，2回目では理解しようという意図を持ち，それを実現しようとする行動をとるように変化している。

　この変化の背景は断定はできないが，2回目では肯定的な認知的評価がなされたのではないかと推測される。分析の対象となった課題はこの授業で毎時行っていたものであるため，学習者はすでにこの課題に対する認識，ないしはスキーマを形成していたと考えられる。この学習者はこの課題に対して否定的なスキーマを形成しており，課題が提示された際にそのスキーマへのアクセスが起こり，1回目のリスニングでは意欲的になれなかったのではないかと推測される。しかし1回目のリスニングやその後の内容に関する質疑応答で，どのような話がなされているのか知ることで，内容についての関心が湧いた，あるいは内容についての情報が増えたことで難易度が下がったということが起こり，価値と期待の見積が肯定的になり，2回目では内容を理解しようという意図が生まれたのではないかと推測される。

2.5 考察

　この分析の結果は，認知的評価は個人ごとに特異であること，また，認知的評価は繰り返し行われるということを支持する結果であると言えるだ

ろう。まず，同一のタスクを同一の指示により行ったにもかかわらず，学習行動には個人差があることが示された。意図の違いについては，内容の大まかな理解という教師の指示通りの意図で学習を行った者もいれば，より高い理解度を目指す者もいた。また，意図の方向性が理解することに向いているのではなく，音の聞き取りといった方向に向いている者もいた。このように，同じ学習課題でありながらも，それに取り組む意図は学習者により違うこと，また，必ずしも教師の意図と一致しないことが明らかになった。同様に，行動についても学習者間で個人差があった。全てのことばを聴き取ろうとする者や，聴き取れないところはとばしたり推測したりと，学習者によって異なる行動をとっていたことが浮かび上がった。意図と行動の先行要因に期待と価値の見積があると考えられるが，第5章での研究の結果で，同一の課題に対する価値と期待の見積に個人差があることが示されたことと併せて，意図と行動に個人差があることは，認知的評価の特異性を示すものであると考えられる。

　1回目のリスニングから2回目へかけて，多くの学習者が意図と行動を変化させていたという結果が得られたが，これは，認知的評価は学習時に一度だけなされるものではなく，繰り返しなされるものであるということを示していると考えられる。まず，多くの学習者が，特に指示もなく自ら意図と行動を変化させていることに注目すべきであろう。これは，1回目のリスニング後，おおまかな内容について質問をして確認をしたため，聴く前よりも内容についての情報が増え，内容に対する関心が変化することで価値の見積が変化した，または情報が増えたことで聴く手がかりが増え，それによりリスニングの難易度が下がり，期待の見積が変化した，といったことが起こったのではないかと考えられ，このような価値と期待の変化が意図と行動の変化を引き起こしたのではないかと考えられる。期待と価値の見積が意図の形成や行動に先行すると考えると，この分析の結果から，多くの学習者は漠然と受動的に授業を受けているのではなく，絶えず認知的評価を行っており，学習の状況や条件が変化するにつれて反応が変化し，それにより行動選択も変化すると言えるだろう。

　学習行動の変化に関して着目すべきもうひとつの点は，変化の方向性が

ひとそれぞれに違うという点である。たとえば，1回目のリスニングで同じ意図と行動を選択した者でも，2回目も同じとは限らず，互いに別の意図や行動を選択している。また，1回目では傾向の異なる者が，2回目で同じ傾向になるケースもある。このように，誰がどの方向に変化するのかという点についても個人差が大きい。これは，上述の認知的評価の特異性が関係していると考えられ，1回目のリスニングの後の認知的評価が個人により異なったことが原因ではないかと考えられる。

　教授上留意すべき点は，学習者の意図は必ずしも教師の意図を反映していなかったということである。分析の対象となった課題では，教師は大まかな内容の理解を意図しており，それを学習者に指示している。しかし全員がその意図を取り入れていたわけではなかった。1回目のリスニングにおいては多くの学習者が大まかな理解という意図を持っていたが，一方では全て理解するといった，より困難度の高い目的を持っていたり，あるいは理解するという方向性とは異なる音の聞き取りの練習をするという意図や，慣れるという意図を持つ者もいた。また，1回目では比較的多くの学習者が大まかな理解を目的としていたが，2回目ではそれが変化し，全て理解するという意図を持つ者が増えている。大まかな理解よりも困難度が高い全て理解するという意図を持ったことは，学習者自らが知的挑戦を求めたことの表れではないかと考えられるので，意欲的な行動と解釈でき，教授者にとっては望ましい結果であると言える。しかし，内容の理解を目的とした学習課題において，理解することから離れた意図を持つ学習者がいたことは，指導の効果を高める上で留意すべきことであろう。このような意図を持っていた学習者においては，教師が教えようとしていることと，学習者が学ぼうとしていたことにずれが生じていたと考えられ，教師が意図していた指導の効果は得られなかったのではないかと推測される。

　この研究の結果は，学習者は自分の置かれた状況に対して反応し，それに応じて自分なりに学習過程を制御していることを表していると言える。また，ひとつの授業を全員が同じように受け取っているわけではなく，ひとりひとりが独自の意味づけを行っていることも示している。そのため，授業においては全ての学習者が同じ方向性で学習しているとは限らないと

言えよう。その背景には，学習者ひとりひとりが異なる認識を持っていたり，英語学習への動機が異なっていたり，学習方法についての知識に差があったりと，様々な個人差要因があり，それらが複合的に働いていると考えられる。授業を行う上ではこの学習者の多様性を認識し，指導の効果を上げるためには教授者の意図する方向に向かって学習者が努力するように工夫する必要があると言える。そのためには，教師の意図を明確に，かつ分かりやすく示すことや，なぜそのような意図を持って学ぶのかという理由を説明し，学習者がそれを受け入れられるような工夫が必要であろう。また，学習者側の認識などが偏っているために教授者の意図を受け入れられないという可能性もあるため，そのような場合には特性の変化を促すような指導が必要となろう。

引用文献

Abraham, R. G., & Vann, R. J. (1987). Strategies of two language learners: A case study. In A. L. Wenden & J. Rubin (Eds.), *Learner strategies in language learning* (pp. 85-102). London: Prentice Hall.

足立浩平 (2006) 『多変量データ解析法：心理・教育・社会系のための入門』ナカニシヤ出版

Aida, Y. (1994). Examination of Horwitz, Horwitz, and Cope's construct of foreign language anxiety: The case of students of Japanese. *The Modern Language Journal, 78,* 155-168.

Ajzen, I. (1985). From intentions to actions: A theory of planned behavior. In J. Kuhl & J. Beckman (Eds.), *Action-control: From cognition to behavior* (pp. 11-39). Heidelberg: Springer.

Ajzen, I. (1988). *Attitudes, personality and behavior.* Milton Keynes: Open University Press.

Ajzen, I., & Fishbein, M. (1980). *Understanding attitudes and predicting social behavior.* Englewood Cliffs, NJ: Prentice-Hall, Inc.

赤井誠生 (1999) 「動機づけ」 『心理学辞典』(pp.622-623) 有斐閣

Alexander, P. A., & Murphy, P. K. (1998). Profiling the differences in students' knowledge, interest, and strategic processing. *Journal of Educational Psychology, 90,* 435-447.

Ames, C. (1992). Classrooms: Goals, structures, and student motivation. *Journal of Educational Psychology, 84,* 261-271.

Ames, C., & Archer, J. (1988). Achievement goals in the classroom: Students' learning strategies and motivation processes. *Journal of Educational Psychology, 80,* 260-267.

Anisfeld, M., & Lambert, W. E. (1961). Social and psychological variables in learning Hebrew. *Journal of Abnormal and Social Psychology, 63,* 524-529.

新井邦二郎 (1997) 「学習意欲とは何か」 北尾倫彦（編）『活きる力を支える学習意欲の育て方A〜Z』(pp. 24-30) 図書文化

Au, S. Y. (1988). A critical appraisal of Gardner's socio-psychological theory of second-language (L2) learning. *Language Learning, 38,* 75-100.

Barcelos, A. M. F. (2003). Researching beliefs about SLA: A critical review. In P. Kalaja, & A. M. F. Barcelos (Eds.), *Beliefs about SLA: New research approaches* (pp. 7-33). Dordrecht: Kluwer Academic Publishers.

Block, D. (1994). A day on the life of a class: Teacher/learner perceptions of task purpose in conflict. *System, 22,* 473-486.

Boekaerts, M. (1985). Some new developments in the study of motivational processes in a classroom context. In G. d'Ydewalle (Ed.), *Cognition, information processing, and motivation* (pp. 569-585). Amsterdam: Elsevier Science Publishers B. V.

Boekaerts, M. (1986). The measurement of state and trait motivational orientations: Refining our measures. In J. H. L. van den Berchen, E. E. J. De Bruyn, & Th. C.

M. Bergen (Eds.), *Achievement and task motivation* (pp. 229-245). Lisse: Swets and Zeitlinger.
Boekaerts, M. (1987). Situation-specific judgments of a learning task versus overall measures of motivational orientation. In E. De Corte, H. Lodewijks, R. Parmentier, & P. Span (Eds.), *Learning and instruction* (pp. 169-179). Pergamon Press.
Boekaerts, M. (1988). Motivated learning: Bias in appraisals. *International Journal of Educational Research, 12*, 267-280.
Boekaerts, M. (1991). Subjective competence, appraisals, and self-assessment. *Learning and Instruction, 1*, 1-17.
Boekaerts, M. (1993). Being concerned with well-being and with learning. *Educational Psychologist, 28*, 149-167.
Boekaerts, M. (2002). The on-line motivation questionnaire: A self-report instrument to assess students' context sensitivity. In M. L. Maehr, & P. R. Pintrich (Series Eds.) & P. R. Pintrich, & M. L. Maehr (Vol. Eds.), *Advances in motivation and achievement: Volume 12. New directions in measures and methods.* (pp. 77-120). New York: JAI.
Brophy, J. (2004). *Motivating students to learn* (2nd. ed.). Mahwah, NJ: Lawrence Erlbaum Associates.
Carrell, P. L., Gajdusek, L., & Wise, T. (2001). Metacognition and EFL/ESL reading. In H. J. Hartman (Ed.), *Metacognition in learning and instruction* (pp. 229-243). Dordrecht: Kluwer Academic Publishers.
Chambers, G. (1999). *Motivating language learners*. Clevedon: Multilingual Matters.
Chambers, G. (Ed.). (2001). *Reflections on motivation*. London: The Center for Information on Language Teaching and Research (CILT).
Chamot, A. U. (2001). The role of learning strategies in second language acquisition. In M. P. Breen (Ed.), *Learner contributions to language learning* (pp. 25-43). Harlow: Pearson Education Limited.
Chamot, A. U., Barnhardt, S., El-Dinary, P. B., & Robbins, J. (1999), *The learning strategies handbook*. White Plains, NY: Addison Wesley Longman.
Chamot, A. U., & O'Malley, J. M. (1994). Language learner and learning strategies. In N. C. Ellis (Ed.), *Implicit and Explicit Learning of Language* (pp. 371-392). London: Academic Press.
Chang, M. & Lehman, J. D. (2002). Learning foreign language through an interactive multimedia program: An experimental study on the effects of the relevance component of the ARCS model. *CALICO Journal, 20*, 81-98.
Chaudron, C. (1985). Intake: On models and methods for discovering learners' processing of input. *Studies in Second Language Acquisition, 7*, 1-14.
Clausen, S. (1998). *Applied correspondence analysis: An introduction.* Thousand Oaks, CA: Sage Publications.
Clément, R., Dörnyei, Z., & Noels, K. A. (1994). Motivation, self-confidence, and group cohesion in the foreign language classroom. *Language Learning, 44*, 417-448.
Cohen, A. D. (1998). *Strategies in learning and using a second language*. New York:

Addison Wesley Longman Limited.
Cohen, A. D. (2003). The learner's side of foreign language learning: Where do styles, strategies, and tasks meet? *International Review of Applied Linguistics in Language Teaching (IRAL)*, *41*, 279–291.
Cotterall, S. (1999). Key variables in language learning: What do learners believe about them?. *System*, *27*, 493-513.
Crookes, G., & Schmidt, R. W. (1991). Motivation: Reopening the research agenda. *Language Learning*, *41*, 469-512.
Csikszentmihalyi, M. (1975). *Beyond boredom and anxiety*. San Francisco: Jossey-Bass.（今村浩明（訳）(1979)『楽しみの社会学―不安と倦怠を超えて―』思索社）
大学英語教育学会学習ストラテジー研究会 (2006)『英語教師のための「学習ストラテジー」ハンドブック』大修館書店
Day, R. R., & Yamanaka, J. (1996). *Impact issues*. Hong Kong: Addison Wesley Longman China Limited.
Deci, E. L., & Ryan, R. M. (1985). *Intrinsic motivation and self-determination in human behavior*. New York: Plenum Publishing Co.
Diab, R. L. (2006). University students' beliefs about learning English and French in Lebanon. *System*, *34*, 80-96.
Dick, W., Carey, L., & Carey, J. O. (2001). *The systematic design of instruction* (5th. ed.). New York: Longman.
Dickinson, L. (1992). *Learner autonomy 2: Learner training for language learning*. Dublin: Authentik.
Dörnyei, Z. (1994a). Motivation and motivating in the foreign language classroom. *The Modern Language Journal*, *78*, 273-284.
Dörnyei, Z. (1994b). Understanding second language motivation: On with the challenge!. *The Modern Language Journal*, *78*, 515-523.
Dörnyei, Z. (1996). Moving language learning motivation to a larger platform for theory and practice. In R. L. Oxford (Ed.), *Language learning motivation: Pathways to the new century* (Technical Report #11) (pp. 71-80). Honolulu: University of Hawai'i, Second Language Teaching & Curriculum Center.
Dörnyei, Z. (1998). Motivation in second language and foreign language learning. *Language Teaching*, *31*, 117-135.
Dörnyei, Z. (2000). Motivation in action: Towards a process-oriented conceptualisation of student motivation. *British Journal of Educational Psychology*, *70*, 519-538.
Dörnyei, Z. (2001a). *Teaching and researching motivation*. Harlow: Pearson Education Limited.
Dörnyei, Z. (2001b). New themes and approaches in second language motivation research. *Annual Review of Applied Linguistics*, *21*, 43-59.
Dörnyei, Z. (2001c). *Motivational strategies in the language classroom*. Cambridge: Cambridge University Press.
Dörnyei, Z. (2002). The motivational basis of language learning tasks. In P. Robinson (Ed.), *Individual differences and instructed language learning* (pp. 137-158).

Amsterdam: John Benjamins.
Dörnyei, Z. (2003). Attitudes, orientations, and motivations in language learning: Advances in theory, research, and applications. *Language Learning, 53 supplement*, 3-32.
Dörnyei, Z. (2005). *The psychology of the language learner: Individual differences in second language acquisition*. Mahwah, NJ: Lawrence Erlbaum Associates.
Dörnyei, Z., & Kormos, J. (2000). The role of individual and social variables in oral task performance. *Language Teaching Research, 4*, 275-300.
Dörnyei, Z., & Ottó, I. (1998). Motivation in action: A process model of L2 motivation. *Working Papers in Applied Linguistics, 4*, 43-69. Thames Valley University.
Dörnyei, Z., & Skehan, P. (2003). Individual differences in second language learning. In C. J. Doughty, & M. H. Long (Eds.), *The handbook of second language acquisition* (pp. 589-630). Oxford: Blackwell Publishing.
Doughty, C. (1998). Acquiring competence in a second language. In H. Byrnes (Ed.), *Learning foreign and second languages* (pp. 128-156). New York: Modern Language Association of America.
Doughty, C. (2001). Cognitive underpinnings of focus on form. In P. Robinson (Ed.), *Cognition and second language instruction* (pp. 206-257). Cambridge: Cambridge University Press.
Eccless, J. S. (1987). Gender roles and women's achievement-related decisions. *Psychology of Women Quarterly, 11*, 135-172.
Eccless (Parsons), J., Adler, T. F., Futterman, R., Goff, S. B., Kaczala, C. M., Meece, J. L. & Midgley, C. (1983). Expectancies, values, and academic behaviors. In J. T. Spence (Ed.), *Achievement and achievement motives: Psychological and sociological approaches* (pp. 75-146). San Francisco: W. H. Freeman and Company.
Eccless, J. S., & Wigfield, A. (1995). In the mind of the actor: The structure of adolescents' achievement task values and expectancy-related beliefs. *Personality and Social Psychology Bulletin, 21*, 215-225.
Eccless, J. S., & Wigfield, A. (2002). Motivational Beliefs, values, and goals. *Annual Review of Psychology, 53*, 109-132.
Egbert, J. (2003). A study of flow theory in the foreign language classroom. *The Modern Language Journal, 87*, 499-518.
Ellis, G., & Sinclair, B. (1989). *Learning to learn English: A course in learner training*. Cambridge: Cambridge University Press.
Ellis, R. (1994a). *The study of second language acquisition*. Oxford: Oxford University Press.
Ellis, R. (1994b). A theory of instructed second language acquisition. In N. C. Ellis (Ed.), *Implicit and explicit learning of languages* (pp. 79-114). London: Academic Press.
Ellis, R. (1997). *SLA research and language teaching*. Oxford: Oxford University Press.
Ely, C. M. (1986). Language learning motivation: A descriptive and causal analysis.

The Modern Language Journal, 70, 28-35.
Epstein, J. L. (1988). Effective schools or effective students: Dealing with diversity. In R. Haskins & D. Macrae (Eds.), *Policies for America's public schools: Teachers, equity, and indicators* (pp. 89-116). Norwood, NJ: Ablex Publishing Corporation.
Ferguson, E. D. (2001). Motivation. In *The Corsini encyclopedia of psychology and behavioral science* (Vol. 3, pp. 980-983.). New York: John Wiley & Sons.
Fridhandler, B. M. (1986). Conceptual note on state, trait, and the state-trait distinction. *Journal of Personality and Social Psychology, 50*, 169-174.
藤澤伸介 (2002a) 『ごまかし勉強（上）学力低下を助長するシステム』新曜社
藤澤伸介 (2002b) 『ごまかし勉強（下）ほんものの学力を求めて』新曜社
Gagné, R. M., Wager, W. W., Golas, K. C., & Keller, J. M. (2005). *Principles of instructional design* (5th. ed.). Belmont CA: Wadsworth/Thomson Learning.（鈴木克明・岩崎信（監訳）(2007)『インストラクショナルデザインの原理』北大路書房）
Gardner, D., & Miller, L. (1999). *Establishing self-access: From theory to practice.* Cambridge: Cambridge University Press.
Gardner, R. C. (1960). *Motivational variables in second-language acquisition.* Unpublished doctoral dissertation, McGill University.
Gardner, R. C. (1966). Motivational variables in second-language learning. *International Journal of American Linguistics, 32*, 24-44.
Gardner, R. C. (1983). Learning another language: A true social psychological experiment. *Journal of Language and Social Psychology, 2*, 219-239.
Gardner, R. C. (1985). *Social psychology and second-language learning: The role of attitudes and motivation.* London: Edward Arnold.
Gardner, R. C. (2001). Integrative motivation and second language acquisition. In Z. Dörnyei, & R. Schmidt (Eds.), *Motivation and second language acquisition* (Technical Report #23, pp. 1-19). Honolulu: University of Hawai'i, Second Language Teaching and Curriculum Center.
Gardner, R. C., Day, J. B., & MacIntyre, P. D. (1992). Integrative motivation, induced anxiety, and language learning in a controlled environment. *Studies in Second Language Acquisition, 14*, 197-214.
Gardner, R. C., Lalonde, R. N., & Moorcroft, R. (1985). The role of attitudes and motivation in second language learning: Correlational and experimental considerations. *Language Learning, 35*, 207-227.
Gardner, R. C., Lalonde, R. N., & Pierson, R. (1983). The socio-educational model of second language acquisition: An investigation using LISREL causal modeling. *Journal of Language and Social Psychology, 2*, 51-65.
Gardner, R. C., & Lambert, W. E. (1959). Motivational variables in second language acquisition. *Canadian Journal of Psychology, 13*, 266-272. (Reprinted in Gardner & Lambert, 1972).
Gardner, R. C., & Lambert, W. E. (1972). *Attitudes and motivation in second-language learning.* Rowley, MA: Newbury House Publishers.
Gardner, R. C., & MacIntyre, P. D. (1991). An instrumental motivation in language

study: Who says it isn't effective?. *Studies in second language acquisition, 13*, 57-72.

Gardner, R. C., & MacIntyre, P. D. (1993). On the measurement of affective variables in second language learning. *Language Learning, 43*, 157-194.

Gardner, R. C., Masgoret, A. M., Tennant, J. & Mihic, L. (2004). Integrative motivation: Changes during a year-long intermediate-level language course. *Language Learning, 54*, 1-34.

Gardner, R. C., & Smythe, P. C. (1975). Motivation and second-language acquisition. *The Canadian Modern Language Review, 31*, 218-230.

Gardner, R. C., & Smythe, P. C. (1981). On the development of the Attitude/Motivation Test Battery. *The Canadian Modern Language Review, 37*, 510-525.

Gardner, R. C., Smythe, P. C., & Brunet, G. R. (1977). Intensive second language study: Effects on attitudes, motivation, and French achievement. *Language Learning, 27*, 243-261.

Gardner, R. C., Smythe, P. C., & Clément, R. (1979). Intensive second language study in a bicultural milieu: An investigation of attitudes, motivation, and language proficiency. *Language Learning, 29*, 305-320.

Gardner, R. C., Smythe, P. C., Clément, R., & Gliksman, L., (1976). Second-language learning: A social psychological perspective. *The Canadian Modern Language Review, 32*, 198-213.

Gardner, R. C., & Tremblay, P. F. (1994). On motivation, research agendas, and theoretical frameworks. *The Modern Language Journal, 78*, 359-368.

Gardner, R. C., & Tremblay, P. F. (1998). Specificity of affective variables and trait/state conceptualization of motivation in second language acquisition. In R. K. Agnihotri, A. L. Khanna, & I. Sachdev (Eds.), *Social psychological perspectives on second language learning* (pp. 31-52). New Delhi: Sage Publications.

Gardner, R. C., Tremblay, P. F., & Masgoret, A. (1997). Towards a full model of second language learning: An empirical investigation. *The Modern Language Journal, 81*, 344-362.

Gass, S. M., & Mackey, A. (2000). *Stimulated recall methodology in second language research*. Mahwah, NJ: Lawrence Erlbaum Associates.

Graham, S., & Weiner, B. (1996). Theories and principles of motivation. In D. C. Berliner, & R. C. Calfee (Eds.), *Handbook of educational psychology* (pp. 63-84). New York: Simon & Schuster Macmillan.

Green, J. H., & Oxford, R. (1995). A closer look at learning strategies, L2 proficiency, and gender. *TESOL Quarterly, 29*, 261-297.

Gremmo, M., & Riley, P. (1995). Autonomy, self-direction and self-access in language teaching and learning: The history of an idea. *System, 23*, 151-164.

南風原朝和 (2002) 『心理統計学の基礎―統合的理解のために』 有斐閣

Hair, J. F., & Black, W. C. (2000). Cluster analysis. In L. G. Grimm & P. R. Yarnold (Eds.), *Reading and understanding more multivariate statistics* (pp. 147-205). Washington, DC: American Psychological Association.

Harackiewicz, J. M., Barron, K. E., & Elliot, A. J. (1998). Rethinking achievement goals: When are they adaptive for college students and why?. *Educational Psychologist, 33,* 1-21.

服部環 (1999)「Q70 反復主因子法と最小２乗法」 繁桝算男・柳井晴夫・森敏昭（編）『Q&A で知る 統計データ解析—Dos and DON'Ts—』(pp. 140-142) サイエンス社

速水敏彦 (1998)『自己形成の心理学－自律的動機づけ』 金子書房

速水敏彦・伊藤篤・吉崎一人 (1989)「中学生の達成目標傾向」『名古屋大學教育學部紀要 教育心理学科』36, 55-72.

Heckhausen, H. (1991). *Motivation and action.* Berlin: Springer-Verlag

Heckhausen, H., & Kuhl, J. (1985). From wishes to action: The dead ends and short cuts on the long way to action. In M. Frese, & J. Sabini (Eds.), *Goal-directed behavior: The concept of action in psychology* (pp. 134-159). Hillsdale, NJ: Lawrence Erlbaum Associates.

廣森友人 (2005)「外国語学習者の動機づけを高める3つの要因：全体傾向と個人差の観点から」 *JACET Bulletin, 41,* 37-50.

廣森友人 (2006)『外国語学習者の動機づけを高める理論と実践』 多賀出版

Hiromori, T. (2006). The effects of educational intervention on L2 learners' motivational development. *JACET Bulletin, 43,* 1-14.

堀野緑・市川伸一 (1997)「高校生の英語学習における学習動機と学習方略」『教育心理学研究』45, 140-147.

Horwitz, E. K. (1986). Preliminary evidence for the reliability and validity of a foreign language anxiety scale. *TESOL Quarterly, 20,* 559-562.

Horwitz, E. K. (1987). Surveying students' beliefs about language learning. In A. Wenden, & J. Rubin (Eds.), *Learner strategies in language learning* (pp. 119-129). Hemel Hempstead: Prentice Hall International.

Horwitz, E. K. (1988). The beliefs about language learning of beginning university foreign language students. *The Modern Language Journal, 72,* 283-294.

Horwitz, E. K. (1999). Cultural and situational influences on foreign language learners' beliefs about language learning: A review of BALLI studies. *System, 27,* 557-576.

Horwitz, E. K., Horwitz, M. B., & Cope, J. (1986). Foreign language classroom anxiety. *The Modern Language Journal, 70,* 125-132.

市川伸一 (1995)『現代心理学入門3 学習と教育の心理学』 岩波書店

市川伸一・堀野緑・久保信子 (1998)「学習を支える学習観と学習動機」 市川伸一（編）『認知カウンセリングから見た学習方法の相談と指導』(pp. 186-203) ブレーン出版

伊田勝憲 (2002)「学習動機づけの統合的理解に向けて」『名古屋大学大学院教育発達科学研究科紀要（心理発達科学）』49, 65-76.

池田央 (1989)「階層的クラスター分析」 池田央（編）『統計ガイドブック』(p.199) 新曜社

石川達朗 (1999)「ARCS モデルに基づく英語聴解力育成用教材の評価—短大生の LL 用教材に対する関心度—」『聖徳大学研究紀要 短期大学部』32, 141-147.

石川達朗 (2000) 「英語聴解力育成用教材に対する受講生の満足度―短大生のARCSモデルに基づく評価から―」 『聖徳大学研究紀要 短期大学部』33, 151-157.

石川達朗 (2001) 「英語聴解力育成用教材に対する受講生の合意度―短大生のARCSモデルに基づく評価から―」 『聖徳大学研究紀要 短期大学部』34, 73-80.

岩坪秀一 (1987) 『数量化の基礎』 朝倉書店

Jacobs B., & Schumann, J. (1992). Language acquisition and the neurosciences: Towards a more integrative perspective. *Applied Linguistics, 13*, 282-301.

Julkunen, K (2001). Situation- and task-specific motivation in foreign language learning. In Z. Dörnyei, & R. Schmidt (Eds.), *Motivation and second language acquisition* (Technical Report #23) (pp. 29-41). Honolulu: University of Hawai'i, Second Language Teaching and Curriculum Center.

鹿毛雅治 (1995a) 「内発的動機づけと学習意欲の発達」 『心理学評論』38, 146-170.

鹿毛雅治 (1995b) 「学習意欲再考」 東洋（編）『現代のエスプリ 333号 意欲：やる気と生きがい』(pp. 105-113) 至文社

鹿毛雅治 (1997) 「感情が個性を育む：動機づけ」 海保博之（編）『温かい認知の心理学』(pp. 141-159) 金子書房

鹿毛雅治 (2002) 「学びが躍動するフィールド」 森敏昭（編）『認知心理学者 新しい学びを語る』(pp. 14-23) 北大路書房

狩野裕・三浦麻子 (2002) 『AMOS, EQS, CALISによるグラフィカル多変量解析―目で見る共分散構造分析―（増補版）』 現代数学社

唐沢かおり (1996) 「認知的感情理論―感情生起にかかわる認知評価次元について」 土田昭司・竹村和久（編）『感情と行動・認知・整理―感情の心理学』(pp. 55-78) 誠信書房

Keller, J. M. (1983). Motivational design of instruction. In C. M. Reigeluth (Ed.), *Instructional-design theories and models: An overview of their current status* (pp. 386-434). Hillsdale, NJ: Lawrence Erlbaum Associates.

Keller, J. M. (1992). Enhancing the motivation to learn: Origins and applications of the ARCS model. 『東北学院大学教育研究所紀要』11, 45-67.

Keller, J. M. (1994). Motivation in instructional design. In *The international encyclopedia of education* (2nd. ed.) (Vol. 7, pp. 3943-3947). Oxford: Pergamon.

Kern, R. (1995). Students' and teachers' beliefs about language learning. *Foreign Language Annals, 28*, 71-92.

来嶋洋美・鈴木庸子 (2003) 「独習による日本語学習の支援：その方策とARCS動機づけモデルによる評価」 『日本教育工学雑誌』27, 347-356.

菊地一彦・中山勘次郎 (2006) 「外国映画のリスニングが中学生の学習意欲に及ぼす影響」 『教育心理学研究』54, 254-264.

金城辰夫 (1981) 「動機づけ」 『新版 心理学事典』(pp. 621-624) 平凡社

Klem, L. (2000). Structural equation modeling. In L. G. Grimm & P. R. Yarnold (Eds.), *Reading and understanding more multivariate statistics* (pp. 227-260). Washington, DC: American Psychological Association.

Koizumi, R., & Matsuo, K. (1993). A longitudinal study of attitudes and motivation in learning English among Japanese seventh-grade students. *Japanese Psychological Research, 35*, 1-11.

Kormos, J., & Dörnyei, Z. (2004). The Interaction of linguistic and motivational variables in second language task performance. *Zeitschrift für Interkulturellen Fremdsprachenunterricht, 9.* Retrieved December 22nd, 2005, from http://www.ualberta.ca/~german/ejournal/kormos2.htm

小杉孝司 (2005) 「テキストマイニングのカラクリ②―クロス集計表と数量化Ⅲ類―」 藤井美和・小杉孝司・李政元（編）『福祉・心理・看護のテキストマイニング入門』(pp. 59-73) 中央法規

Krashen, S. D. (1995). *Principles and practice in second language acquisition.* Hemel Hempstead: Prentice Hall (Original work published in 1982).

Krashen, S., & Terrell, T. (1983). *The natural approach: Language acquisition in the classroom.* Oxford: Pergamon.

久保信子 (1997) 「大学生の英語学習動機尺度の作成その検討」 『教育心理学研究』45, 449-455.

久保信子 (1999) 「大学生の英語学習における動機づけモデルの検討」 『教育心理学研究』47, 511-520.

Kuhl. J. (1987). Action control: The maintenance of motivational states. In F. Halish, & J. Kuhl (Eds.), *Motivation, intention, and volition* (pp. 279-291). Berlin: Springer-Verlag.

倉八順子 (1993) 「コミュニカティブ・アプローチ及び外国人講師とのティームティーチングが学習成果と学習意欲に及ぼす効果」 『教育心理学研究』41, 209-220.

倉八順子 (1994a) 「コミュニカティブ・アプローチにおける規則教授が学習成果及び学習意欲に及ぼす効果」 『教育心理学研究』42, 48-58.

倉八順子 (1994b) 「第二言語習得における個人差」 『教育心理学研究』 42, 227-239.

倉八順子 (1995) 「グラマティカル・アプローチとコミュニカティブ・アプローチが学習成果と学習意欲に及ぼす質的差異」 『教育心理学研究』43, 92-99.

倉八順子 (1998) 『コミュニケーション中心の教授法と学習意欲』 風間書房

倉八順子・安藤寿康・福永信義・須藤毅・中野隆司・鹿毛雅治 (1992) 「コミュニカティブ・アプローチと学習意欲」 『教育心理学研究』40, 304-314.

Lalonde, R. N., & Gardner, R. C. (1984). Investigating a causal model of second language acquisition: Where does personality fit? *Canadian Journal of Behavioural Science, 16*, 224-237.

Lambert, W. E., Gardner, R. C., Barik, H. C., & Tunstall, K. (1963). Attitudinal and cognitive aspects of intensive study of a second language. *Journal of Abnormal and Social Psychology, 66*, 358-368.

Larsen-Freeman, D., & Long, M. H. (1991). *An introduction to second language research.* London: Longman.

Lazarus, R. S., & Folkman, S. (1984). *Stress, appraisal, and coping.* New York: Springer. （本明寛・春木豊・織田正美（監訳） (1991) 『ストレスの心理学』 実務教育出版）

Lebart, L. (1994). Complementary use of correspondence analysis and cluster analysis. In M. Greenacre & J. Blasius (Eds.), *Correspondence analysis in the social sciences* (pp. 162-178). San Diego: Academic Press.

Lemos, M. S. (1996). Students' and teachers' goals in the classroom. *Learning and Instruction, 6*, 151-171.

Lemos, M. S. (1999). Students' goals and self-regulation in the classroom. *International Journal of Educational Research, 31*, 471-485.

Locke, E. A., & Latham, G. P. (1990). *A theory of goal setting and task performance.* Englewood Cliffs, NJ: Prentice Hall.

Long, M. H. & Robinson, P. (1998). Focus on form: Theory, research, and practice. In C. Doughty & J. Williams (Eds.), *Focus on form in classroom second language acquisition* (pp. 15-41). Cambridge: Cambridge University Press.

Lukmani, Y. M. (1972). Motivation to learn and language proficiency. *Language Learning, 22*, 261-273.

MacIntyre, P. D. (1994). Variables underlying willingness to communicate: A causal analysis. *Communication Research Reports, 11*, 135-142.

MacIntyre, P. D. (1999). Language anxiety: A review of the research for language teachers. In D. J. Young (Ed.), *Affect in foreign language and second language learning: A practical guide to creating a low-anxiety classroom atmosphere* (pp. 24-45). Boston: McGraw-Hill.

MacIntyre, P. D., Baker, S. C., Clément, R., & Donovan, L. A. (2002). Sex and age effects on willingness to communicate, anxiety, perceived competence, and L2 motivation among junior high school French immersion students. *Language Learning, 52*, 537-564.

MacIntyre, P. D., Clément, R., Dörnyei, Z., & Noels, K. A. (1998). Conceptualizing willingness to communicate in a L2: A situational model of L2 confidence and affiliation. *The Modern Language Journal, 82*, 545-562.

MacIntyre, P. D., & Gardner, R. C. (1989). Anxiety and second-language learning: Toward a theoretical clarification. *Language Learning, 39*, 251-275.

MacIntyre, P. D., & Gardner, R. C. (1991a). Investigating language class anxiety using the focused essay technique. *The Modern Language Journal, 75*, 296-304.

MacIntyre, P. D., & Gardner, R. C. (1991b). Language anxiety: Its relationship to other anxieties and to processing in native and second languages. *Language Learning, 41*, 513-534.

MacIntyre, P. D., & Gardner, R. C. (1994). The subtle effects of language anxiety on cognitive processing in the second language. *Language Learning, 44*, 283-305.

MacIntyre, P. D., & Noels, K. A. (1996). Using social-psychological variables to predict the use of language learning strategies. *Foreign Language Annals, 29*, 373-386.

MacIntyre, P. D., Noels, K. A., & Clément, R. (1997). Biases in self-ratings of second language proficiency: The role of language anxiety. *Language Learning, 47*, 265-287.

Maeda, H. (2003). Structure of learning motivation of Japanese high school EFL learners. *Annual Review of English Language Education in Japan, 14*, 61-70.

Maeda, H. (2004). Structure of learning motivation of Japanese high school EFL learners: Scale development and cross-validation. *Annual Review of English Language Education in Japan, 15*, 51-60.

Manolopoulou-Sergi, E. (2004). Motivation within the information processing model of foreign language learning. *System, 32*, 427-441.

Meece, J. L., Wigfield, A., & Eccles, J. S. (1990). Predictors of math anxiety and its influence on young adolescents' course enrollment intentions and performance in mathematics. *Journal of Educational Psychology, 82*, 60-70.

Midgley, C. (Ed.). (2002). *Goals, goal structures, and patterns of adaptive learning*. Mahwah, NJ: Lawrence Erlbaum Associates.

Midgley, C., Maehr, M. L., Hruda, L. Z., Anderman, E., Anderman, L., Freeman, K. E., Gheen, M., Kaplan, A., Kumar, R., Middleton, M. J., Nelson, J., Roeser, R., & Urdan, T. (2000). *Manual for patterns of adaptive learning scales*. Retrieved October 10, 2006 from http://www.umich.edu/~pals/PALS%202000_V13Word97.pdf

三木かおり・山内弘継 (2005) 「教室の目標構造の知覚，個人の達成目標志向，学習方略の関連性」 『心理学研究』76, 260-268.

Miller, G. A., Galanter, E., & Pribram, K. H. (1960). *Plans and the structure of behavior*. New York: Holt, Rinehart and Winston, Inc.

三浦省五 (1983) 「学習意欲と英語学習意欲に関する中・高校生の実情」 三浦省五（編）『英語の学習意欲』(pp. 1-25) 大修館書店

Mori, Y. (1999a). Epistemological beliefs about language learning beliefs: What do language learners believe about their learning?. *Language Learning, 49*, 377-415.

Mori, Y. (1999b). Beliefs about language learning and their relationship to the ability to integrate information from word parts and context in interpreting novel Kanji words. *The Modern Language Journal, 83*, 534-547.

Mowrer, O. H. (1950). *Learning theory and personality dynamics*. New York: Ronald Press.

村上隆・柳井晴夫 (1999) 「Q90 数量化3類と対応分析」 繁桝算男・柳井晴夫・森敏昭 (編)『Q&Aで知る 統計データ解析―Dos and DON'Ts―』(pp. 183-186) サイエンス社

村山航 (2003) 「達成目標理論の変遷と展望―「緩い統合」という視座からのアプローチ―」『心理学評論』46, 564-583.

室橋弘人 (2003a) 「χ^2検定」 豊田秀樹 (編)『共分散構造分析 [疑問偏] ―構造方程式モデリング』(pp. 120-121) 朝倉書店

室橋弘人 (2003b) 「適合度指標概論」 豊田秀樹 (編)『共分散構造分析 [疑問偏] ―構造方程式モデリング』(pp. 122-125) 朝倉書店

Murphy, P. K., & Alexander, P. A. (2000). A motivated exploration of motivation terminology. *Contemporary Educational Psychology, 25*, 3-53.

Murphy, R. (1998). *Essential grammar in use* (2nd ed.). Cambridge: Cambridge University Press.

永田靖・棟近雅彦 (2001) 『ライブラリ新数学体系＝E20 多変量解析法入門』サイエンス社

Naiman, N., Fröhlich, M., Stern, H. H., & Todesco, A. (1996). *The good language*

learner. Clevedon: Multilingual Matters. (Original work published in 1978).
中村純作 (1992) 「ブラウンコーパス等のコーパス利用による英語テキスト分析」 齋藤俊雄（編）『英語英文学研究とコンピュータ』(pp. 21-51) 英潮社
中村純作 (1998) 「検索したデータを分析する」 齋藤俊雄・中村純作・赤野一郎（編）『英語コーパス言語学―基礎と実践―』(pp. 77-102) 研究社出版
中村知靖 (2002) 「構成概念を測定する―因子分析」 渡部洋（編）『心理統計の技法』(pp. 128-150) 福村書店
中村嘉宏 (1983) 「学習者の要因と学習意欲」 三浦省五（編）『英語の学習意欲』(pp. 26-57) 大修館書店
中島優子・関屋康 (2005) 「学習ストラテジーの研究」 尾関直子・大和隆介・中島優子・廣森友人（編）『言語学習と学習ストラテジー』(pp. 46-69) リーベル出版
Nakayama, Y., & Yoshida, H. (2003). The influence of achievement goal orientations on learners' choice of strategies: English learners in Japanese high schools. *Educational Studies, 45*, 137-149. International Christian University.
並木博 (1986) 「適合的教育」 斉藤幸一郎・並木博（編）『教育心理学―個に帰する教育のために』(pp. 110-133) 慶應義塾大学出版会
並木博 (1991) 「個性と学習指導」 滝沢武久・東洋（編）『応用心理学講座 9 教授・学習の行動科学』(pp. 218-235) 福村出版
並木博 (1997) 『個性と教育環境の交互作用―教育心理学の課題―』 培風館
奈須正裕 (1995a) 「達成動機の理論―その現状と統合的理解の枠組み―」 宮本美沙子・奈須正裕（編）『達成動機の理論と展開　続・達成動機の心理学』(pp. 1-10) 金子書房
奈須正裕 (1995b) 「意欲研究の現状と問題」 東洋（編）『現代のエスプリ 333 号 意欲：やる気と生きがい』(pp. 35-45) 至文社
Newman, R. S. (1998). Students' help seeking during problem solving: Influences of personal and contextual achievement goals. *Journal of Educational Psychology, 90*, 644-658.
Noels, K. A. (2001). Learning Spanish as a second language: Learners' orientations and perceptions of their teachers' communicative style. *Language Learning, 51*, 107-144.
Noels, K. A., Clément, R., & Pelletier, L. G. (1999). Perceptions of teachers' communicative style and students' intrinsic and extrinsic motivation. *The Modern Language Journal, 83*, 23-34.
Noels, K. A., Pelletier, L. G., Clément, R., & Vallerand, R. J. (2000). Why are you learning a second language?: Motivational orientations and self-determination theory. *Language Learning, 50*, 57-85.
Nunan, D. (1989). Hidden agendas: the role of the learner in programme implementation. In R. K. Johnson (Ed.), *The second language curriculum* (pp. 176-186). Cambridge: Cambridge University Press.
Nunan, D. (1995). Closing the gap between learning and instruction. *TESOL Quarterly, 29*, 133-158.
小川俶子 (2000) 「インストラクショナル・デザイン・プロセス」 日本教育工学会（編）『教育工学事典』(pp. 38-40) 実教出版

岡崎眸 (1999)「学習者と教師の持つ言語学習についての確信」宮崎里司・J. V. ネウストプニー（編）『日本語教育と日本語学習：学習ストラテジー論にむけて』(pp.147-158) くろしお出版

O'Malley, J. M., & Chamot, A.U. (1990). *Learning strategies in second language acquisition.* Cambridge: Cambridge University Press.

大隅昇・Lebart, L. (2002) 「テキスト型データの多次元データ解析—Web 調査自由回答データの解析事例」 柳井晴夫・岡太彬訓・繁桝算男・高木廣文・岩崎学（編）『多変量解析実例ハンドブック』(pp. 757-783) 朝倉書店

Oxford, R. L. (1990). *Language learning strategies: What every teacher should know.* New York: Newbury House.

Oxford, R. L. (1994). Where are we regarding language learning motivation? *The Modern Language Journal, 78*. 512-514.

Oxford, R., & Burry-Stock, J. A. (1995). Assessing the use of language learning strategies worldwide with the ESL/EFL version of the Strategy Inventory for Language learning (SILL). *System, 23*, 1-23.

Oxford, R., & Nyikos, M. (1989). Variables affecting choice of language learning strategies by university students. *The Modern Language Journal, 73*, 291-300.

Oxford, R., & Shearin, J. (1994). Language learning motivation: Expanding the theoretical framework. *The Modern Language Journal, 78*, 12-28.

Oxford, R. L., & Shearin, J. (1996). Language learning motivation in a new key. In R. L. Oxford (Ed.), *Language learning motivation: Pathways to the new century* (Technical Report #11) (pp. 121-144). Honolulu: University of Hawai'i, Second Language Teaching & Curriculum Center.

Peacock, M. (1997). The effect of authentic materials on the motivation of EFL learners. *ELT Journal, 51*, 144-156.

Peacock, M. (1998). Exploring the gap between teachers' and learners' beliefs about 'useful' activities for EFL. *International Journal of Applied Linguistics, 8*, 233-250.

Peacock, M. (2001). Match or mismatch?: Learning styles and teaching styles in EFL. *International Journal of Applied Linguistics, 11*, 1-20.

Peal, E., & Lambert, W. E. (1962). The relation of bilingualism to intelligence. *Psychological Monographs: General and Applied, 76* (Reprinted in Gardner & Lambert, 1972),

Phillips, E. M. (1992). The effects of language anxiety on students' oral test performance and attitudes. *The Modern Language Journal, 76*, 14-26.

Pintrich. P. R. (2000a). The role of goal orientation in self-regulated learning. In M. Boekaerts, P. R. Pintrich, & M. Zeidner (Eds.), *Handbook of self-regulation* (pp. 13-39). San Diego: Academic Press.

Pintrich, P. R. (2000b). An achievement goal theory perspective on issues in motivation terminology, theory, and research. *Contemporary Educational Psychology, 25*, 92-104.

Pintrich, P. R., & Schunk, D. H. (2002). *Motivation in education* (2nd. ed.). Upper Saddle River, NJ: Pearson Education.

Pintrich, P. R., Wolters, C. A., & Baxter, G. P. (2000). Assessing metacognition and self-regulated learning. In G. Schraw & J. C. Impara (Eds.), *Issues in the measurement of metacognition* (pp. 43-97). Lincoln, NE: Buros Institute of Mental Measurements.

Piper, A. (1994). *Ecologia*: The assumptions, expectations and strategies of modern language students working in a self-access learning environment for the first time. *Language Awareness*, *3*, 11-27.

Politzer, R. L., & McGroarty, M. (1985). An exploratory study of learning behaviors and their relationship to gains in linguistic and communicative competence. *TESOL Quarterly*, *19*, 103-123.

Price, M. L. (1991). The subjective experience of foreign language anxiety: Interviews with highly anxious students. In E. K. Horwitz & D. J. Young (Eds.), *Language anxiety: From theory and research to classroom implications* (pp. 101-108). Upper Saddle River: NJ: Prentice Hall.

Pulvermüller, F., & Schumann, J. H. (1994). Neurobiological mechanisms of language acquisition. *Language Learning, 44*, 681-734.

Reid, J. M. (Ed.). (1995). *Learning styles in the ESL/EFL classroom*. Boston: Heinle & Heinle Publishers.

Reid, J. M. (Ed.). (1998). *Understanding learning styles in the second language classroom*. Upper Saddle River, NJ: Prentice Hall Regents.

Richards, J. C., & Lockhart, C. (1994). *Reflective teaching in second language classrooms*. Cambridge: Cambridge University Press.

Riding. R., & Rayner, S. (1998). *Cognitive styles and learning strategies: Understanding style differences in learning and behaviour*. London: David Fulton Publishers.

Ridley, J. (1997). *Learner autonomy 6: Developing learners' thinking skills*. Dublin: Authentik.

Rifkin, B. (2000). Revisiting beliefs about foreign language learning. *Foreign Language Annals*, *33*, 394-420.

Robinson, P. (2001). Individual differences, cognitive abilities, aptitude complexes and learning conditions in second language acquisition. *Second Language Research*, *17*, 368-392.

Rubin, J. (1975). What the "good language learner" can teach us. *TESOL Quarterly, 9*, 41-51.

Rubin, J., & Thompson, I. (1994). *How to be a more successful language learner* (2nd. ed.). Boston: Heinle & Heinle Publishers.

Ryan, R. M., & Deci, E. L. (2000). Intrinsic and extrinsic motivations: Classic definitions and new directions. *Contemporary Educational Psychology, 25*, 54-67.

Ryan, R. M., & Deci, E. L. (2002). Overview of self-determination theory: An organismic dialectical perspective. In E. L. Deci & R. M. Ryan (Eds.), *Handbook of self-determination research* (pp. 3-33). Rochester, NY: The University of Rochester Press.

Ryan, R. M., Gheen, M. H., & Midgley, C. (1998). Why do some students avoid asking for help?: An examination of the interplay among students' academic efficacy, teachers' social-emotional role, and the classroom goal structure. *Journal of Educational Psychology, 90*, 528-535.

Ryle, G. (1949). *The concept of mind*. London: Hutchinson's University Library. （坂本百大・宮下治子・服部裕幸（訳）(1987)『心の概念』みすず書房）

Sakui, K., & Gaies, S. J. (1999). Investigating Japanese learners' beliefs about language learning. *System, 27*, 473-492.

桜井茂男 (1997)『学習意欲の心理学：自ら学ぶ子どもを育てる』誠信書房

桜井茂男 (1998)『自ら学ぶ意欲を育む先生』図書文化

Scharle, Á., & Szabó, A. (2000). *Learner autonomy: A guide to developing learner responsibility*. Cambridge: Cambridge University Press.

Scherer, K. R. (1984). Emotion as a multicomponent process: A model and some cross-cultural data. In L. Wheeler, & P. Shaver (Series Eds.) & P. Shaver (Vol. Ed.), *Review of personality and social psychology Vol. 5: Emotions, relationships, and health* (37–63). Beverly Hills: Sage Publications.

Scherer, K. R. (1988). Criteria for emotion-antecedent appraisal: A review. In V. Hamilton, G. H. Bower, & N. H. Frijda (Eds.), *Cognitive perspectives on emotion and motivation* (pp. 89-126). Dordrecht: Kluwer Academic Publishers.

Scherer, K. R. (1999). Appraisal theory. In T. Dalgleish, & M. J. Power (Eds.), *Handbook of cognition and emotion* (pp. 637-663). Chichester: John Wiley & Sons.

Scherer, K. R. (2001). Appraisal considered as a process of multilevel sequential checking. In K. R. Schere, A. Schorr, & T. Johnston (Eds.), *Appraisal processes in emotion: Theory, methods, research* (pp. 92-120). New York: Oxford University Press.

Schmidt, R. W. (1983). Interaction, acculturation, and the acquisition of communicative competence: A case study of an adult. In N. Wolfson & E. Judd (Eds.), *Sociolinguistics and language acquisition* (pp. 137-174). Rowley, MA: Newbury House Publishers.

Schmidt, R. W. (1990). The role of consciousness in second language learning. *Applied Linguistics, 11*, 129-158.

Schmidt, R. W. (1993a). Awareness and second language acquisition. *Annual Review of Applied Linguistics, 13*, 206-226.

Schmidt, R. W. (1993b). Consciousness, learning and interlanguage pragmatics. In G. Kasper & S. Blum-Kulka (Eds.), *Interlanguage pragmatics* (pp. 21-42). New York: Oxford University Press.

Schmidt, R. (1995). Consciousness and foreign language learning: A tutorial on the role of attention and awareness in learning. In R. Schmidt (Ed.), *Attention and awareness in foreign language learning* (Technical Report # 9) (pp.1-63). Honolulu: University of Hawai'i, Second Language Teaching & Curriculum Center

Schmidt, R. (2001). Attention. In P. Robinson (Ed.), *Cognition and second language instruction* (pp. 3-32). Cambridge: Cambridge University Press.

Schmidt, R., Boraie, D., & Kassabgy, O. (1996). Foreign language motivation: Internal structure and external connections. In R. L. Oxford (Ed.), *Language *learning motivation: Pathways to the new century* (Technical Report #11) (pp. 9-70). Honolulu: University of Hawai'i, Second Language Teaching & Curriculum Center.

Schmidt, R. W., & Frota, S. N. (1986). Developing basic conversational ability in a second language: A case study of an adult learner of Portuguese. In R. R. Day (Ed.), *Talking to learn: Conversation in second language acquisition* (pp. 237-322). Rowley, MA: Newbury House Publishers.

Schmidt, R., & Watanabe, Y. (2001). Motivation, strategy use, and pedagogical preferences in foreign language learning. In Z. Dörnyei, & R. Schmidt (Eds.), *Motivation and second language acquisition* (Technical Report #23) (pp. 313-359). Honolulu: University of Hawai'i, Second Language Teaching and Curriculum Center.

Schumann, J. H. (1975). Affective factors and the problem of age in second language acquisition. *Language Learning, 25*, 209-235.

Schumann, J. H. (1990). The role of amygdale as a mediator of affect and cognition in second language acquisition. In J. E. Alatis (Ed.), *Georgetown University round table on language and linguistics* (pp. 169-176). Washington, D. C.: Georgetown University Press.

Schumann, J. H. (1994). Where is cognition?: Emotion and cognition in second language acquisition. *Studies in Second Language Acquisition, 16*, 231-242.

Schumann, J. H. (1997). *The neurobiology of affect in language*. Malden, MA: Blackwell Publishers.

Schumann, J. H. (1999). A neurobiological perspective on affect and methodology in second language learning. In J. Arnold (Ed.), *Affect in language learning* (pp. 28-42). Cambridge: Cambridge University Press.

Schumann, J. H. (2001). Appraisal psychology, neurobiology, and language. *Annual Review of Applied Linguistics, 21*, 23-42.

Schumann, J. H., & Wood, L. A. (2004). The neurobiology of motivation. In J. H. Schumann, S. E. Crowell, N. E. Jones, N. Lee, S. A. Schuchert, & L. A. Wood (Eds.), *The neurobiology of learning: Perspectives from second language acquisition* (pp. 23-42). Mahwah, NJ: Lawrence Erlbaum Associates.

Schulz, R. A. (1996). Focus on form in the foreign language classroom: students' and teachers' views on error correction and the role of grammar. *Foreign Language Annals, 29*, 343-364.

Schulz, R. A. (2001). Cultural differences in student and teacher perceptions concerning the role of grammar instruction and corrective feedback: USA-Colombia. *The Modern Language Journal, 85*, 244-258.

Schutz, P. A. (1994). Goals as the transactive between motivation and cognition. In P. R. Pintrich, D. R. Brown, & C. E. Weinstein (Eds.), *Student motivation, cognition, and learning: Essays in honor of Wilbert J. McKeachie* (pp. 135-156). Hillsdale, NJ: Lawrence Erlbaum Associates.

Seegers, G., & Boekaerts, M. (1993). Task motivation and mathematics achievement in actual task situations. *Learning and Instruction, 3*, 133-150.

下山剛（編）（1985）『学習意欲の見方・導き方』 教育出版

塩谷祥子 (1995) 「高校生のテスト不安及び学習行動と認知的評価との関連」『教育心理学研究』43, 125-133.

Skehan, P. (1989). *Individual differences in second-language learning*. London: Edward Arnold.

Skehan, P. (1991). Individual differences in second language learning. *Studies in Second Language Acquisition, 13*, 275-298.

Skehan, P. (1998). *A cognitive approach to language learning*. Oxford: Oxford University Press.

Soresi, S. (2005). SPM®: A new approach to achieving fluency. *Modern English Teacher, 14*, 39-43.

Spiel, C. (1998). Four methodological approaches to the study of stability and change in development [Electronic version]. *Methods of Psychological Research, 3*, 7-22.

Spielberger, C. D. (1966). Theory and research on anxiety. In C. D. Spielberger (Ed.), *Anxiety and Behavior*, (pp. 3-20). New York: Academic Press.

Spolsky, B. (1969). Attitudinal aspects of second language learning. *Language Learning, 19*, 271-283.

StatSoft, Inc. (2006). *Electronic statistics textbook*. Tulsa, OK: StatSoft. WEB: http://www.statsoft.com/textbook/stathome.html.

Stern, H. H. (1975). What can we learn from the good language learner?. *The Canadian Modern Language Review, 31*, 304-318.

Sternberg, R. J. (1997). *Thinking styles*. Cambridge: Cambridge University Press. （松村暢隆・比留間太白（訳）（2000）『思考スタイル―能力を生かすもの―』新曜社）

杉浦健 (1996) 「クラスの学習目標の認知が原因帰属と期待・無気力感に及ぼす影響について」『教育心理学研究』44, 269-277.

田畑智司 (1998) 「コーパスに基づく文体論研究」齋藤俊雄・中村純作・赤野一郎（編）『英語コーパス言語学―基礎と実践―』(pp. 167-187) 研究社出版

多鹿秀継 (1999) 「授業と個人差の理解」多鹿秀継（編）『認知心理学から見た授業過程の理解』(pp. 147-165) 北大路書房

高梨芳郎 (1991) 「英語学習における統合的動機づけと道具的動機づけの役割」『福岡教育大学紀要 第1分冊』40, 53-60.

高梨芳郎 (1993) 「態度、動機づけと英語学力との関係」『福岡教育大学紀要 第1分冊』42, 53-62.

Takeuchi, O. (2001). *What can we learn from good foreign language learners?: Qualitative studies in the Japanese FL context*. An invited lecture at the 29th JACET summer seminar. Kusatsu. August, 2001.

竹内理 (2001) 「外国語学習方略の使用に対して「有効性」、「コスト」、「好み」の認識が与える影響について」『ことばの科学研究』2, 23-33.

竹内理 (2003)『より良い外国語学習法を求めて：外国語学習成功者の研究』松伯社

辰野千寿 (1980) 「学習意欲を伸ばす指導の心理学」『教育心理』28, 426-431.

Teitelbaum, H., Edwards, A., & Hudson, A. (1975). Ethnic attitudes and the

acquisition of Spanish as a second language. *Language Learning, 25*, 255-266.
Tobias, S. (1979). Anxiety research in educational psychology. *Journal of Educational Psychology, 71*, 573-582.
Tomlin, R. S., & Villa, V. (1994). Attention in cognitive science and second language acquisition. *Studies in Second Language Acquisition, 16*, 183-203.
豊田秀樹 (1998) 『共分散構造分析［入門編］―構造方程式モデリング―』 朝倉書店
豊田秀樹 (2000) 『共分散構造分析［応用編］―構造方程式モデリング―』 朝倉書店
Tremblay, P. F., & Gardner, R. C. (1995). Expanding the motivation construct in language learning. *The Modern Language Journal, 79*, 505-520.
Tremblay, P. F., Goldberg, M. P., & Gardner, R. C. (1995). Trait and state motivation and the acquisition of Hebrew vocabulary. *Canadian Journal of Behavioural Science, 27*, 356-370.
Tudor, I. (1996). *Learner-centredness as language education*. Cambridge: Cambridge University Press.
上淵寿 (2003) 「達成目標理論の展望」 『心理学評論』46, 640-654.
上淵寿 (2004) 「「動機づけ研究」へのいざない」 上淵寿（編）『動機づけ研究の最前線』(pp. 1-28) 北大路書房
Vallerand, R. J. (1997). Toward a hierarchical model of intrinsic and extrinsic motivation. In D. M. P. Zanna (Ed), *Advances in Experimental Social Psychology* (pp. 271-360). New York: Academic Press.
Vallerand, R. J., & Ratelle, C. F. (2002). Intrinsic and extrinsic motivation: A hierachical model. In E. L. Deci & R. M. Ryan (Eds.), *Handbook of self-determination research* (pp. 37-63). Rochester, NY: The University of Rochester Press.
Vann, R. J., & Abraham, R. G. (1990). Strategies of unsuccessful learners. *TESOL Quarterly, 24*, 177-198.
VanPatten, B., & Cadierno, T. (1993a). Input processing and second language acquisition: A role for instruction. *The Modern Language Journal, 77*, 45-57.
VanPatten, B., & Cadierno, T. (1993b). Explicit instruction and input processing. *Studies in Second Language Acquisition, 15*, 225-243.
Vermeer, H. J., Boekaserts, B., & Seegers, G. (2000). Motivational and gender differences: Sixth-grade students' mathematical problem-solving behavior. *Journal of Educational Psychology, 92*, 308-315.
Victori, M. (1999). An analysis of writing knowledge in EFL composing: A case study of two effective and two less effective writers. *System, 27*, 537-555.
Victori, M., & Lockhart, W. (1995). Enhancing metacognition in self-directed language learning. *System, 23*, 223-234.
Vroom, V. H. (1964). *Work and motivation*. New York: Wiley.
渡辺弥生 (1990) 「クラスの学習目標の認知が生徒の学業達成に及ぼす影響について」 『教育心理学研究』38, 198-204.
Weiner, B. (1986). *An attributional theory of motivation and emotion*. New York: Springer-Verlag.

Weiner, B. (2000). Motivation. In *Encyclopedia of psychology* (Vol. 5, pp. 314-317). Washington DC: American Psychological Association, and New York: Oxford University Press.

Weinstein, C. E., & Mayer, R. E. (1986). The teaching of learning strategies. In M. C. Wittrock (Ed.), *Handbook of research on teaching (3rd. ed.)* (pp. 315-327). New York: Macmillan Publishing Company.

Wen, X. (1997). Motivation and Language Learning with Students of Chinese. *Foreign Language Annals, 30*, 235-251.

Wenden, A. (1986a). Helping language learners thnik about learning. *ELT Journal, 40*, 3-12.

Wenden, A. L. (1986b). What do second-language learners know about their learning?: A second look at retrospective accounts. *Applied Linguistics, 7*, 186-201.

Wenden, A. L. (1987a). Metacognition: An expanded view on the cognitive abilities of L2 learners. *Language Learning*, 37, 573-597.

Wenden, A. L. (1987b). How to be a successful language learner: Insights and perceptions from L2 learners. In A. L. Wenden, & J. Rubun (Eds.), *Learner strategies in language learning* (pp. 103-117). London: Prentice Hall.

Wenden, A. (1991). *Learner strategies for learner autonomy: Planning and implementing learner training for language learners*. Hemel Hempstead: Prentice Hall Europe.

Wenden, A. L. (1995). Learner training in context: a knowledge-based approach. *System, 23*, 183-194.

Wenden, A. L. (1998). Metacognitive knowledge and language learning. *Applied Linguistics, 19*, 515-537.

Wenden, A. L. (2002). Learner development in language learning. *Applied Linguistics, 23*, 32-55.

White, C. (1995). Autonomy and strategy use in distance foreign language learning: Research findings. *System, 23*, 207-221.

White, C. (1999). Expectations and emergent beliefs of self-instructed language learners. *System, 27*, 443-457.

Wigfield, A. (1994). Expectancy-value theory of achievement motivation: A developmental perspective. *Educational Psychology Review, 6*, 49-78.

Wigfield, A., & Eccles, J. S. (1992). The development of achievement task values: A theoretical analysis. *Developmental Review, 12*, 1-46.

Wigfield, A., & Eccles, J. S. (2000). Expectancy-value theory of achievement motivations. *Contemporary Educational Psychology, 25*, 68-81.

Wigfield, A., & Eccles, J. S. (2001). The development of competence beliefs, expectancies for success, and achievement values from childhood and adolescence. In A. Wigfield & J. S. Eccless (Eds.), *Development of achievement motivation* (pp. 91-120). San Diego: Academic Press.

Wigfield, A., Eccless, J. S., Yoon, K. S., Harold, R. D., Arbeton, A. J. A., Freedman-Doan, C., & Blumenfeld, P. C. (1997). Change in children's competence beliefs and subjective task values across the elementary school

years: A 3-year study. *Journal of Educational Psychology, 89*, 451-469.
Williams, M., & Burden, R. L. (1997). *Psychology for language teachers: A social constructivist approach.* Cambridge: Cambridge University Press.
Williams, M., & Burden, R. (1999). Students' developing conceptions of themselves as language learners. *The Modern Language Journal, 83*, 193-201.
Winne, P. H. (2001). Self-regulated learning viewed from models of information processing. In B. J. Zimmerman, & D. H. Schunk (Eds.), *Self-regulated leaning and academic achievement: Theoretical perspectives* (2nd ed.) (pp. 153-189).. Mahwah: Lawrence Erlbaum Associates.
Winne, P. H., & Hadwin, A. F. (1998). Studying as self-regulated learning. In D. J. Hacker, J. Dunlosky, & A. C. Graesser (Eds.), *Metacognition in educational theory and practice.* (pp. 277-304). Mahwah: Lawrence Erlbaum Associates.
Winne, P. H., & Marx, R. W. (1989). A cognitive processing analysis of motivation within classroom tasks. In C. Ames & R. Ames (Eds.), *Research on motivation in education (Vol. 3)* (pp. 223-257). Orlando, FL: Academic Press.
Winne, P. H., & Perry, N. E. (2000). Measuring self-regulated learning. In M. Boekaerts, P. R. Pintrich, & M. Zeidner (Eds.), *Handbook of self-regulation.* (pp. 531-566). San Diego: Academic Press.
Woods, D. (2003). The social construction of beliefs in the language classroom. In P. Kalaja, & A. M. F. Barcelos (Eds.), *Beliefs about SLA: New research approaches* (pp. 201-229). Dordrecht: Kluwer Academic Publishers.
Wu, X. (2003). Intrinsic motivation and young language learners: the impact of the classroom environment. *System, 31*, 501-517.
谷島弘仁 (1999)『動機づけの学校心理学―クラスの動機づけの構造化に関する実証的研究―』風間書房
山田文康 (1988)「数量化Ⅲ・Ⅳ類」渡部洋（編）『心理・教育のための多変量解析入門［基礎編］』(pp. 148-162) 福村出版
山田文康 (1989)「数量化Ⅲ類」池田央（編）『統計ガイドブック』(p. 187) 新曜社
山田文康 (2002a)「質的データの構造を探る―対応分析」渡部洋（編）『心理統計の技法』(pp. 230-245) 福村書店
山田文康 (2002b)「センター試験5教科の得点プロフィールに見る受験者の個性―主成分分析と双対尺度法の適用」柳井晴夫・岡太彬訓・繁桝算男・高木廣文・岩崎学（編）『多変量解析実例ハンドブック』(pp. 669-679) 朝倉書店
山際勇一郎・田中敏 (1997)『ユーザーのための心理データの多変量解析法―方法の理解から論文の書き方まで』教育出版
山森光陽 (2004)「中学校1年生の4月における英語学習に対する意欲はどこまで持続するのか」『教育心理学研究』52, 71-82.
Yamamori, K., Isoda, T., Hiromori, T., & Oxford, R. L. (2003). Using cluster analysis to uncover L2 learner differences in strategy use, will to learn, and achievement over time. *International Review of Applied Linguistics and Language Teaching (IRAL), 41*, 381-409.
Yang, N. (1999). The relationship between EFL learners' beliefs and learning strategy

use. *System, 27*, 515-535.
矢野環 (2002) 「『君台観左右帳記』の伝書解析―数量化理論による芸道関連写本群の数理的研究」柳井晴夫・岡太彬訓・繁桝算男・高木廣文・岩崎学（編）『多変量解析実例ハンドブック』(pp. 703-714)　朝倉書店
Yashima, T. (2002). Willingness to communicate in a second language: The Japanese EFL context. *The Modern Language Journal, 86*, 54-66.
八島智子 (2003).「第二言語コミュニケーションと情意要因：「言語使用不安」と「積極的にコミュニケーションを図ろうとする態度」についての考察」『外国語教育研究』5, 81-93. 関西大学外国語教育研究機構
八島智子 (2004).『外国語コミュニケーションの情意と動機：研究と教育の視点』関西大学出版部
Yashima, T., Zenuk-Nishide, L., & Shimizu, K. (2004). The influence of attitudes and affect on willingness to communicate and second language communication. *Language Learning, 54*, 119-152.
Zemach, D. E. & Rumisek, L. A. (2003). *Success with college writing*. Tokyo: Macmillan Language House.
Zimmerman, B. J. (2000). Attaining self-regulation: A social-cognitive perspective. In M. Boekaerts, P. R. Pintrich, & M. Zeidner (Eds.), *Handbook of self-regulation* (pp. 13-39). San Diego: Academic Press.

資料

資料1　音読についての認識尺度

それぞれ自分に当てはまるものをひとつ選んで、番号に○をつけてください

1（重要性1）　英語の力を伸ばす上で、音読をすることは
　　　7：とても必要なことだと思う　　6：必要なことだと思う
　　　5：やや必要なことだと思う　　　4：どちらでもない
　　　3：あまり必要ではないと思う　　2：ほとんど必要ではないと思う
　　　1：全く必要ではないと思う

2（重要性2）　英語の力を伸ばす上で、音読をすることは
　　　7：とても大切なことだと思う　　6：大切なことだと思う
　　　5：やや大切なことだと思う　　　4：どちらでもない
　　　3：あまり大切ではないと思う　　2：ほとんど大切ではないと思う
　　　1：全く大切ではないと思う

3（重要性3）　英語の力を伸ばす上で、音読をすることは
　　　7：とても役に立つことだと思う　6：役に立つことだと思う
　　　5：やや役に立つことだと思う　　4：どちらでもない
　　　3：あまり役に立たないと思う　　2：ほとんど役に立たないと思う
　　　1：全く役に立たないと思う

4（重要性4）　英語の力を伸ばす上で、音読をすることは
　　　7：とてもいい勉強法だと思う　　6：いい勉強法だと思う
　　　5：ややいい勉強法だと思う　　　4：どちらでもない
　　　3：あまりいい勉強法だとは思わない　　2：ほとんどいい勉強法だとは思わない
　　　1：全くいい勉強法だとは思わない

5（重要性5）　もし音読をしなかったら、英語の力を伸ばす上で
　　　7：とても不利なことだと思う　　6：不利なことだと思う
　　　5：やや不利なことだと思う　　　4：どちらでもない
　　　3：あまり不利なことだとは思わない　　2：ほとんど不利なことだとは思わない
　　　1：全く不利なことだとは思わない

6（自信1）　自分にとって、音読をすることは
　　　7：とてもやさしいこと　　　　6：やさしいこと
　　　5：やややさしいこと　　　　　4：どちらでもない
　　　3：やや難しいこと　　　　　　2：難しいこと
　　　1：とても難しいこと

7（自信2）　わたしは音読が
　　　7：すごく得意です　　　　　　6：得意です
　　　5：やや得意です　　　　　　　4：どちらでもない
　　　3：やや苦手です　　　　　　　2：苦手です
　　　1：とても苦手です

8（自信3）　音読をすることは自分にとって
　　　7：ぜんぜん苦労しないこと　　6：ほとんど苦労しないこと
　　　5：あまり苦労しないこと　　　4：どちらでもない
　　　3：やや苦労すること　　　　　2：苦労すること
　　　1：とても苦労すること

9（自信4）　わたしはすらすらと音読ができる自信が
　　　7：とてもある　　　　　　　　6：ある
　　　5：すこしある　　　　　　　　4：どちらでもない
　　　3：あまりない　　　　　　　　2：ほとんどない
　　　1：全くない

10（自信5）　がんばれば私は音読が上手になれると
　　　7：強く思う　　　　　　　　　6：思う
　　　5：やや思う　　　　　　　　　4：どちらでもない
　　　3：あまり思わない　　　　　　2：ほとんど思わない
　　　1：まったく思わない

資料2　音読時の動機づけ尺度

音読をしているとき、どういう気持ちでしたか？自分に当てはまるものに〇をつけてください

1（価値1）　今日の音読の練習を行うことは、自分にとって
　　　　7：とても役に立つと思った　　　6：役に立つと思った
　　　　5：やや役に立つと思った　　　　4：どちらでもない
　　　　3：あまり役に立つとは思わなかった
　　　　2：ほとんど役に立つとは思わなかった　　1：全く役に立つとは思わなかった

2（価値2）　今日の音読の練習を行うことは、自分にとって
　　　　7：とても必要なことだと思った　　6：必要なことだと思った
　　　　5：やや必要なことだと思った　　　4：どちらでもない
　　　　3：あまり必要なこととだとは思わなかった
　　　　2：ほとんど必要なことだとは思わなかった
　　　　1：全く必要なこととは思わなかった

3（価値3）　なぜ音読をするのか、その意義が
　　　　　　7：よく分かっていた　　　　　　　6：分かっていた
　　　　　　5：すこし分かっていた　　　　　　4：どちらでもない
　　　　　　3：あまり分からなかった　　　　　2：ほとんど分からなかった
　　　　　　1：全く分からなかった

4（価値4）　今日の音読の練習をすることは、自分にとって
　　　　　　7：とても大切なことと思った　　　6：大切なことと思った
　　　　　　5：やや大切なことと思った　　　　4：どちらでもない
　　　　　　3：それほど大切とは思わなかった　2：ほとんど大切とは思わなかった
　　　　　　1：全く大切とは思わなかった

5（価値5）　今日の音読の練習を行うことは、自分の英語の力を伸ばすことにつながると
　　　　　　7：強く思っていた　　　　　　　　6：思っていた
　　　　　　5：やや思っていた　　　　　　　　4：どちらでもない
　　　　　　3：あまり思っていなかった　　　　2：ほとんど思っていなかった
　　　　　　1：全く思っていなかった

6（価値6）　今日の音読の練習について、
　　　　　　7：とてもやりがいを感じていた　　6：やりがいを感じていた
　　　　　　5：すこしやりがいを感じていた　　4：どちらでもない
　　　　　　3：あまりやりがいを感じなかった　2：ほとんどやりがいを感じなかった
　　　　　　1：全くやりがいを感じなかった

7（期待1）　今日の音読の練習は
　　　　　　7：とてもやさしかった　　　　　　6：やさしかった
　　　　　　5：やややさしかった　　　　　　　4：どちらでもない
　　　　　　3：やや難しかった　　　　　　　　2：難しかった
　　　　　　1：とても難しかった

8（期待2）　自分はきちんと読める自信が
　　　　　　7：とてもあった　　　　　　　　　6：あった
　　　　　　5：少しあった　　　　　　　　　　4：どちらでもない
　　　　　　3：あまりなかった　　　　　　　　2：ほとんどなかった
　　　　　　1：まったくなかった

9（期待3）　がんばっても読めないだろうと
　　　　　　7：強く思った　　　　　　　　　　6：思った
　　　　　　5：少し思った　　　　　　　　　　4：どちらでもない
　　　　　　3：あまり思わなかった　　　　　　2：ほとんど思わなかった
　　　　　　1：まったく思わなかった

10（期待4）　きちんと音読するのは、自分の英語の力では無理だと
　　　　　　7：強く思った　　　　　　　　　　6：思った
　　　　　　5：少し思った　　　　　　　　　　4：どちらでもない
　　　　　　3：あまり思わなかった　　　　　　2：ほとんど思わなかった

資料

　　　　　　　1：まったく思わなかった

11（意図1）　読み方を覚えようと思って取り組んだ
　　　　　　　7：よく当てはまる　　　　　　　6：当てはまる
　　　　　　　5：やや当てはまる　　　　　　　4：どちらでもない
　　　　　　　3：あまり当てはまらない　　　　2：ほとんど当てはまらない
　　　　　　　1：まったく当てはまらない

12（意図2）　もし分からないことがあったら、分かるようになろうと思って取り組んだ
　　　　　　　7：よく当てはまる　　　　　　　6：当てはまる
　　　　　　　5：やや当てはまる　　　　　　　4：どちらでもない
　　　　　　　3：あまり当てはまらない　　　　2：ほとんど当てはまらない
　　　　　　　1：まったく当てはまらない

13（意図3）　うまく音読できるようになろうと思って取り組んだ
　　　　　　　7：よく当てはまる　　　　　　　6：当てはまる
　　　　　　　5：やや当てはまる　　　　　　　4：どちらでもない
　　　　　　　3：あまり当てはまらない　　　　2：ほとんど当てはまらない
　　　　　　　1：まったく当てはまらない

14（意図4）　自分の英語の力を伸ばそうと思って取り組んだ
　　　　　　　7：よく当てはまる　　　　　　　6：当てはまる
　　　　　　　5：やや当てはまる　　　　　　　4：どちらでもない
　　　　　　　3：あまり当てはまらない　　　　2：ほとんど当てはまらない
　　　　　　　1：まったく当てはまらない

15（意図5）　正確に音読できるようになろうと思って取り組んだ
　　　　　　　7：よく当てはまる　　　　　　　6：当てはまる
　　　　　　　5：やや当てはまる　　　　　　　4：どちらでもない
　　　　　　　3：あまり当てはまらない　　　　2：ほとんど当てはまらない
　　　　　　　1：まったく当てはまらない

16（強度1）　どの程度意欲的に取り組みましたか？
　　　　　　　7：とても意欲的に取り組んだ　　6：意欲的に取り組んだ
　　　　　　　5：やや意欲的に取り組んだ　　　4：どちらでもない
　　　　　　　3：あまり意欲的には取り組まなかった
　　　　　　　2：ほとんど意欲的には取り組まなかった
　　　　　　　1：全く意欲的には取り組まなかった

17（強度2）　どの程度がんばって取り組みましたか？
　　　　　　　7：とてもがんばって取り組んだ　6：がんばって取り組んだ
　　　　　　　5：ややがんばって取り組んだ　　4：どちらでもない
　　　　　　　3：あまりがんばっては取り組まなかった
　　　　　　　2：がんばっては取り組まなかった
　　　　　　　1：まったくがんばって取り組まなかった

18（強度3）　どの程度集中して取り組みましたか？
　　　　　　　7：とても集中していた　　　　　　6：集中していた
　　　　　　　5：やや集中していた　　　　　　　4：どちらでもない
　　　　　　　3：あまり集中してしなかった　　　2：ほとんど集中していなかった
　　　　　　　1：まったく集中していなかった

19（強度4）　どの程度積極的に取り組みましたか？
　　　　　　　7：とても積極的に取り組んだ　　　6：積極的に取り組んだ
　　　　　　　5：やや積極的に取り組んだ　　　　4：どちらでもない
　　　　　　　3：あまり積極的には取り組まなかった
　　　　　　　2：ほとんど積極的には取り組まなかった
　　　　　　　1：全く積極的には取り組まなかった

資料3　文法の練習問題における動機づけ尺度

問題を解いている時どういう気持ちでしたか？自分に当てはまるものに〇をつけてください

1（価値1）　今日の練習問題を解くことは、自分にとって
　　　　　　　7：とても役に立つと思った　　　　6：役に立つと思った
　　　　　　　5：やや役に立つと思った　　　　　4：どちらでもない
　　　　　　　3：あまり役に立つとは思わなかった
　　　　　　　2：ほとんど役に立つとは思わなかった
　　　　　　　1：全く役に立つとは思わなかった

2（価値2）　今日の練習問題の内容に、関心が
　　　　　　　7：とてもあった　　　　　　　　　6：あった
　　　　　　　5：ややあった　　　　　　　　　　4：どちらでもない
　　　　　　　3：あまりなかった　　　　　　　　2：ほとんどなかった
　　　　　　　1：全くなかった

3（価値）　今日の練習問題を解くことは、自分にとって
　　　　　　　7：とても大切なことと思った　　　6：大切なことと思った
　　　　　　　5：やや大切なことと思った　　　　4：どちらでもない
　　　　　　　3：それほど大切とは思わなかった　2：ほとんど大切とは思わなかった
　　　　　　　1：全く大切とは思わなかった

4（価値4）　今日のポイントの文法を、自分は勉強する必要があると
　　　　　　　7：強く思っていた　　　　　　　　6：思っていた
　　　　　　　5：やや思っていた　　　　　　　　4：どちらでもない
　　　　　　　3：あまり思っていなかった　　　　2：ほとんど思っていなかった
　　　　　　　1：全く思っていなかった

資料

5（価値5）　今日の練習問題について
　　　　　　7：とてもやりがいを感じていた　　6：やりがいを感じていた
　　　　　　5：すこしやりがいを感じていた　　4：どちらでもない
　　　　　　3：あまりやりがいを感じなかった　2：ほとんどやりがいを感じなかった
　　　　　　1：全くやりがいを感じなかった

6（期待1）　今日の練習問題は
　　　　　　7：とてもやさしかった　　6：やさしかった
　　　　　　5：やややさしかった　　　4：どちらでもない
　　　　　　3：やや難しかった　　　　2：難しかった
　　　　　　1：とても難しかった

7（期待2）　自分は問題を解ける自信が
　　　　　　7：とてもあった　　　　　6：あった
　　　　　　5：少しあった　　　　　　4：どちらでもない
　　　　　　3：あまりなかった　　　　2：ほとんどなかった
　　　　　　1：まったくなかった

8（期待3）　自分は問題を解けないだろうと
　　　　　　7：強く思った　　　　　　6：思った
　　　　　　5：少し思った　　　　　　4：どちらでもない
　　　　　　3：あまり思わなかった　　2：ほとんど思わなかった
　　　　　　1：まったく思わなかった

9（期待4）　問題を解けば、自分の英語力を伸ばせるだろうという見込みが
　　　　　　7：とてもあった　　　　　6：あった
　　　　　　5：少しあった　　　　　　4：どちらでもない
　　　　　　3：あまりなかった　　　　2：ほとんどなかった
　　　　　　1：全くなかった

10（期待5）　問題を解くのは、自分の英語の力では無理だと
　　　　　　7：強く思った　　　　　　6：思った
　　　　　　5：少し思った　　　　　　4：どちらでもない
　　　　　　3：あまり思わなかった　　2：ほとんど思わなかった
　　　　　　1：まったく思わなかった

11（意図1）　ポイントの文法を理解しようと思って取り組んだ
　　　　　　7：よく当てはまる　　　　6：当てはまる
　　　　　　5：やや当てはまる　　　　4：どちらでもない
　　　　　　3：あまり当てはまらない　2：ほとんど当てはまらない
　　　　　　1：まったく当てはまらない

12（意図2）　もし分からないことがあったら、分かるようになろうと思って取り組んだ
　　　　　　7：よく当てはまる　　　　6：当てはまる
　　　　　　5：やや当てはまる　　　　4：どちらでもない
　　　　　　3：あまり当てはまらない　2：ほとんど当てはまらない

資料編

      1：まったく当てはまらない

13（意図3）　分からないところは分からないままでいいやと思って取り組んだ
    7：よく当てはまる　　　　　　6：当てはまる
    5：やや当てはまる　　　　　　4：どちらでもない
    3：あまり当てはまらない　　　2：ほとんど当てはまらない
    1：まったく当てはまらない

14（意図4）　できるだけたくさんの問題で正解しようと思って解いた
    7：よく当てはまる　　　　　　6：当てはまる
    5：やや当てはまる　　　　　　4：どちらでもない
    3：あまり当てはまらない　　　2：ほとんど当てはまらない
    1：まったく当てはまらない

15（意図5）　とりあえず適当に解いておけばいいと思って解いた
    7：よく当てはまる　　　　　　6：当てはまる
    5：やや当てはまる　　　　　　4：どちらでもない
    3：あまり当てはまらない　　　2：ほとんど当てはまらない
    1：まったく当てはまらない

16（意図6）　たくさんのことを吸収しようと思って取り組んだ
    7：よく当てはまる　　　　　　6：当てはまる
    5：やや当てはまる　　　　　　4：どちらでもない
    3：あまり当てはまらない　　　2：ほとんど当てはまらない
    1：まったく当てはまらない

資料4　文法学習方略

問題を解く前

1　そのセクションの文法事項について自分がどれぐらい理解しているか考える（教科書・ノートをつかう。あるいは何も使わずに自分で考える）（セクションごと）
2　その問題を解く前に授業でやったことを復習して、まだよく理解していないところを理解する（セクションごと）
3　問題に取りかかる前に、授業でどのようなことを学んだか思い出す(セクションごと)
4　問題を見て、どれぐらい時間がかかるか考える（セクションごと）
5　問題を見て、自分にとって難しい問題かどうか考える（難易度を測る）（セクションごと）
6　その問題が何を聞いている問題なのか考える（問題のポイントは何か、重要な文法事項は何か考える）（一問ごと）

問題を解いている途中

7 意味がわからない単語を辞書で調べる（そういう必要がある時ごとに）
8 そのセクションの文法事項を頭に入れて、その文法事項がそれぞれの問題文の中でどのように使われているか考えながら解く（一問ごと）
9 わからない問題に印をつけて、あとで見直しやすいようにする（わからない問題があるとき、一問ごと）
10 わからない単語に印をつけて、あとで見直しやすいようにする（わからない単語があるとき、一問ごと）
11 答えを出してみて、これで正しい文かどうか考える（一問ごと）
12 それぞれの文がどういう意味であるか考える（一問ごと）
13 自分が解けない問題や、答えは出したけれども正しいかどうか自信がない場合、教科書やノートを使って調べる（わからない、自信がない問題があるとき、一問ごと）
14 出来上がった答えの文を声に出して読む、または声には出さないが頭の中で読む（一問ごと）
15 わからない問題もなるべく解く（わからない問題がある時、一問ごと）
16 前に出てきた内容かどうか考える（一問ごと）
17 時制、冠詞、スペルに気をつける（一問ごと）

問題を解いた後

18 教科書の解説、例文と照らし合わせて見直しをする（意味が通るか、形式は合っているかどうか）（一問ごと）
19 他に答えがないか考える（一問ごと）
20 解けなかった問題をもう一度解く（解けなかった問題があった場合、一問ごと）
21 わからない問題や意味のわからない単語について調べる（わからない問題、単語があった時ごとに）
22 わからなかった問題や難しかった問題に印をつける（そういう問題があった時ごとに）
23 授業で聞きたいポイントを整理する（セクションごと）
24 音読する（一問ごと）

授業中・答を聞く前

25 自分の答えがあっているかどうか見直す（一問ごと）
26 答えを聞く前に、答えを見ずに自分でもう一度その問題を解いてみる（一問ごと）
27 周りの人と答えあわせをする（一問ごと）
28 解いたときにわからなかった問題をもう一度解く（そういう問題があった場合、一問ごと）
29 解いたときに調べたこと（単語・文法）を思い出す（調べた事があった場合、一問ごと）
30 自分がなぜその答えを出したのか考える（一問ごと）
31 自分はどこが分かっていないか考える（分からないことがあった時、一問ごと）

答が合っていた時

32　重要と思う事柄をノートに書く（そういう必要があった時、一問ごと）
33　問題のポイントを考え、自分がそれを理解しているかどうか考える（一問ごと）
34　自信がなかった問題では、答えが合っていても、そこでもういちど学習しなおして理解する（自信がない問題があった時、一問ごと）
35　答えを入れた文を読む（声に出したり、頭の中で）（一問ごと）
36　他に答え方はないか考える（一問ごと）

答が間違えていたとき

37　自分が何を間違えていたのか、または何を知らなかったのか振り返る（教科書、ノート、解説を利用。あるいは何も使わず自分で考える）（間違えたとき、一問ごと）
38　なぜ答えがそうなるのか考え、その使い方を覚える（間違えたとき、一問ごと）
39　正解や重要な解説などをノートに書き留める（そういう必要があるとき、一問ごと）
40　間違えた問題に印をつけ、あとで復習しやすいようにする（間違えたとき、一問ごと）
41　正解に直した文を読む（声に出す、あるいは頭の中で）（間違えたとき、一問ごと）
42　わからないところを先生に質問する（各セクションごと）

この授業以外の利用

43　訳をするとき（訳を求められた時ごとに）
44　長文を読んで意味を理解するとき（長文を読むごとに）
45　長文を読んでいて難しい箇所に出くわしたとき（難しいことがあった時ごとに）

資料5　文章構成の重要性尺度

自分に当てはまるものをひとつ選んで、番号に〇をつけてください

1(必要)　英語の力を伸ばす上で、英語の文章の構成や展開の仕方を学ぶことは
　　　　　7：とても必要なことだと思う　　6：必要なことだと思う
　　　　　5：やや必要なことだと思う　　　4：どちらでもない
　　　　　3：あまり必要ではないと思う　　2：ほとんど必要ではないと思う
　　　　　1：全く必要ではないと思う

2(大切)　英語の力を伸ばす上で、英語の文章の構成や展開の仕方を学ぶことは
　　　　　7：とても大切なことだと思う　　6：大切なことだと思う
　　　　　5：やや大切なことだと思う　　　4：どちらでもない
　　　　　3：あまり大切ではないと思う　　2：ほとんど大切ではないと思う
　　　　　1：全く大切ではないと思う

3(役立つ)　英語の力を伸ばす上で、英語の文章の構成や展開の仕方を学ぶことは
　　　　　7：とても役に立つことだと思う　6：役に立つことだと思う

            5：やや役に立つことだと思う　　　4：どちらでもない
            3：あまり役に立たないと思う　　　2：ほとんど役に立たないと思う
            1：全く役に立たないと思う

4(不利)　英語の文章の構成や展開の仕方を学ばないと、英語の力を伸ばす上で
            7：とても不利なことだと思う　　　6：不利なことだと思う
            5：やや不利なことだと思う　　　　4：どちらでもない
            3：あまり不利なことではないと思う
            2：ほとんど不利なことではないと思う
            1：全く不利なことではないと思う

資料6　パラグラフ学習課題に対する認知的評価尺度

今日の授業はパラグラフの構成・展開を学ぶことが目的でしたが、今日の内容は・・・

1　どれほど役に立つと思いましたか？
            7：とても役に立つと思った　　　6：役に立つと思った
            5：やや役に立つと思った　　　　4：どちらでもない
            3：あまり役に立つとは思わなかった
            2：ほとんど役に立つとは思わなかった
            1：全く役に立つとは思わなかった

2　自分にとってどれぐらい必要なことだと思いましたか？
            7：とても必要なことだと思った　　6：必要なことだと思った
            5：やや必要なことだと思った　　　4：どちらでもない
            3：あまり必要なこととだとは思わなかった
            2：ほとんど必要なことだとは思わなかった
            1：全く必要なこととは思わなかった

3　なぜこういうことをするのか、その意義が
            7：よく分かっていた　　　　　　6：分かっていた
            5：すこし分かっていた　　　　　4：どちらでもない
            3：あまり分からなかった　　　　2：ほとんど分からなかった
            1：全く分からなかった

4　どれぐらい大事なことと思いましたか？
            7：とても大事なことと思った　　6：大事なことと思った
            5：やや大事なことと思った　　　4：どちらでもない
            3：それほど大事とは思わなかった
            2：ほとんど大事とは思わなかった
            1：全く大事とは思わなかった

資料編

5　私は今日の授業の内容を身につけるべきだと
　　　　　7：強く思った　　　　　　　　6：思った
　　　　　5：やや思った　　　　　　　　4：どちらでもない
　　　　　3：あまり思わなかった　　　　2：ほとんど思わなかった
　　　　　1：全く思わなかった

著者略歴

磯田 貴道（いそだ たかみち）

広島大学外国語教育研究センター　准教授

1975年　長崎県生まれ
1998年　早稲田大学教育学部英語英文学科　卒業
2000年　早稲田大学大学院教育学研究科英語教育専攻　修了
2004年　早稲田大学大学院教育学研究科教科教育学専攻　単位取得退学
　同年　広島大学外国語教育研究センター　助教授
2007年　博士（教育学）（早稲田大学）

授業への反応を通して捉える
英語学習者の動機づけ

平成20年11月15日　発行

著　者　磯田　貴道

発行所　㈱ 溪水社
　　　　広島市中区小町1-4（〒730-0041）
　　　　TEL（082）246-7909／FAX（082）246-7876
　　　　E-mail:info@keisui.co.jp
　　　　URL:http://www.keisui.co.jp

ISBN978-4-86327-037-4　C3082